Lebensmittel werden immer häufiger als Auslöser von allerlei Leiden identifiziert, sogar Todesfälle sind in zunehmender Zahl zu beklagen. Einigen Ärzten gelten diese durchs Essen verursachten Gesundheitsstörungen schon als neue Volkskrankheit. Besonders heimtückisch: die modernen Zutaten. Das Fachchinesisch auf den Etiketten hilft meist nicht weiter, allzuoft werden die industriellen Beigaben überhaupt nicht erwähnt. Kein Wunder, daß selbst die Behörden nicht mehr kontrollieren können, was bei uns auf den Tisch kommt.

Vorsicht Geschmack führt durch den Zutaten-Wirrwarr. Das Buch beschreibt die neuen Wundermittel der Bäcker, die Künste der Tütenköche in den Fabriken, die Tricks der Winzer. Und: Ein ausführliches Lexikon listet, erstmals in dieser Form, die modernen Ingredienzen auf und klärt die Risiken und Nebenwirkungen.

Udo Pollmer, Cornelia Hoicke, Hans-Ulrich Grimm

Vorsicht Geschmack

Was ist drin in Lebensmitteln

Mit einem Verbraucherlexikon der Zusatzstoffe

Rowohlt Taschenbuch Verlag

Ein Markenzeichen kann warenzeichenrechtlich geschützt sein, auch wenn ein Hinweis auf etwa bestehende Schutzrechte fehlt.

Veröffentlicht im Rowohlt Taschenbuch Verlag GmbH,
Reinbek bei Hamburg, August 2000
Copyright © 1998 by S. Hirzel Verlag, Stuttgart · Leipzig
Umschlaggestaltung Cordula Schmidt
Foto: Alphabet Symbols / Digital Vision
Gesamtherstellung Clausen & Bosse, Leck
Printed in Germany
ISBN 3 499 60790 5

Vorwort

Phosphat in der Wurst, Cystein im Brötchen vom Bäcker um die Ecke, PVPP im bayerischen Bier – Zusatzstoffe sind buchstäblich in unser aller Munde. Einschlägige Fachbücher listen bis zu 7.500 Präparate und Zusätze auf. Wozu brauchen wir – nein, wozu benötigen Industrie und Handwerk diese ungeheure Vielfalt von Emulgatoren und Stabilisatoren, von Hydrocolloiden, Schmelzsalzen und Antioxidantien? Wozu all die Geschmacksverstärker und Aromatisierungshilfen? Und das, obwohl es der Menschheit jahrtausendelang ohne weiteres möglich war, Brot ohne 'Kunstsauer' zu backen, Käse ohne 'E 160b' herzustellen und leckere Suppen ohne 'Emulgator E 471' zu kochen?

Ein seriöses Produkt braucht all dies eigentlich nicht. Aber wenn es ruck zuck gehen muß, weil traditionelle Verfahren zuviel Zeit kosten, wenn gute Rohstoffe zu teuer sind, wenn Wasser 'schnittfest' werden soll, dann werden Zusatzstoffe zunächst zum Retter in der Not und schließlich unentbehrlich. Der Lebensmittelwirtschaft geht es heute vornehmlich um ganz andere Dinge als um eine Konservierung. Sie muß sparen, und das vor allem an teuren Arbeitskräften. Sie braucht die vielen Zusätze, um ihre Rohstoffe und Produkte 'maschinabel', d. h. maschinenfreundlich zu machen. So können die natürlichen Rohstoffe mit ihren stets schwankenden Eigenschaften störungsfrei an die vollautomatischen Produktionsstraßen angepaßt werden.

Was für den Hersteller eine Selbstverständlichkeit, ist für den Verbraucher ein Buch mit sieben Siegeln. Kein Wunder: Die Deklaration verschleiert häufig mehr als sie offenlegt. So sind viele Zusatzstoffe zur Erleichterung der Produktion von der Kennzeichnung freigestellt. Und sogar Produkte mit dem Aufdruck 'ohne Konservierungsstoffe' dürfen durchaus Konservierungsmittel enthalten.

Wozu diese Heimlichtuerei, gelten die Stoffe doch von Amts wegen als 'unbedenklich'? Die meisten Zusätze sind ebenso ungiftig wie überflüssig. Aber das heißt wenig: Selbst von einem einfachen und gewöhnlich harmlosen Zusatz wie Milchzucker (Lactose) bekommen etwa 10 Millionen Deutsche Durchfälle und Bauchgrimmen – für alle anderen ist der Stoff sogar der Gesundheit förderlich. Ganz zu schweigen von den Leidenswegen vieler Allergiker, die auf Lebensmittel reagieren. Die Suche nach der Ursache ist für denjenigen, der nicht weiß, wie seine Lebensmittel wirklich zusammengesetzt sind, eine ebenso kostspielige wie zermürbende Angelegenheit.

Um so wichtiger ist es, daß der Verbraucher einen Einblick erhält, was seine Lebensmittel enthalten. Daß er weiß, zu welchen chemischen Tricks Hersteller greifen, um im Preiskampf konkurrenzfähig zu bleiben. Daß er nachschlagen kann, mit welchen gesundheitlichen Risiken ein allzu freizügiger Gebrauch dieser 'amtlich zugelassenen Chemie' im Kochtopf verbunden sein kann. Wir wünschen Ihnen dennoch eine unterhaltsame Lektüre, die wir Ihnen in ebenso nahrhafter wie bekömmlicher Form servieren wollen. Ganz ohne chemischen Hokuspokus.

Udo Pollmer
Cornelia Hoicke
Hans-Ulrich Grimm

Inhalt

Vorwort

1. Künstliche Genüsse 11
Essen aus der Retorte: Menü für Millionen / Tödliche Schokoriegel / Rätselhafte Migräne / Eßt Abfall!

2. Toast für die Welt 25
Die Globalisierung des Kochtopfs / Die Ohnmacht des Verbrauchers / Die Reise nach Rom: Pflichttermin für Konzerne / Macht das Würstchen aggressiv?

3. Die Mätressen des Bäckers: Backmittel 33
Backmittel: Unser täglich High-Tech-Brot / Schimpansenbäckerei / Der Schwindel mit den Körnern

4. Kunst im Darm 47
Sprengstoffwurst und Läusesalami / Die Metamorphose der Alge im Gulasch / Der Schinken und seine Schaumverhüter

5. Etikettenschwindel: In vino veritas 61
Wein und Wahrheit / Der Winzer und die Fischblase / Kabinettstückchen im Keller / Polyvinylpyrrolidon-Spätlese / Der Wein wird ganz blau

6. Guten Morgen, liebe Sorgen: Enzyme 75
Enzyme: Die tückischen Zwerge / Wenn Äpfel künstlich faulen / Magensaft vom Misthaufen / Don't worry – be happy

7. Geschmackvolles Nichts: Aromen 83
Mastkur für Dicke / Lightvolle Erfahrung / Der Betrug am Gaumen und der Bluff im Bauch

8. Allergien, Aggressionen, Additive 91

Kopf oder Zahl? Die Schwierigkeiten der Diagnose / Der Doktor als Detektiv / Atemberaubende Zusätze / Österreich, Du hast es besser

9. Die Milch macht's 105

Neues Wundermittel: Abwasser aus der Käserei / Das Milcherzeugnis als Tausendsassa / Kekse, Chips und Mayonnaise

Verbraucherlexikon der Lebensmittelzusatzstoffe 117

E-Nummern-Schlüssel 307

Literaturangaben 316

Sachverzeichnis 337

1.

Künstliche Genüsse

Essen aus der Retorte: Menue für Millionen / Tödliche Schokoriegel / Rätselhafte Migräne / Eßt Abfall!

Stefan war ein schlimmes Kind. Aufsässig, frech, schon mit vier Jahren. "Du alte Wildsau", das war aus seinem Repertoire an Schimpfworten noch "eines der harmloseren", sagt seine Mutter, eine elegante junge Frau aus einer Kleinstadt bei Augsburg. Ihr Mann ist Manager, doch an ein wohlsituiertes Familienleben war zuhause nicht zu denken. "Immer wenn wir beim Mittagessen saßen, hat er angefangen, wie ein Affe rumzuzappeln", sagt die junge Frau, die hauptberuflich als Stefans Mutter arbeitet – eine nervenzehrende Aufgabe: "Ich mußte immer hinter ihm herlaufen, weil ich nie wußte, was er anstellt." Stefan lebte gefährlich, und seine Umgebung auch. Mal steckt er das Bügeleisen ein und die Wohnung fast in Brand, mal wirft er mit Gegenständen um sich. Und im Straßenverkehr war er ein Sicherheitsrisiko: "Er ist blindlings losgelaufen, ob da ein Fahrrad kam oder ein Auto."
René war fünf, als die Schmerzen zum ersten Mal kamen. Unerträgliche Schmerzen. Und sie kamen wieder, jede Woche, manchmal tagelang, pausenlos. Unsägliche Kopfschmerzen, meist morgens schon: "Man wacht mit den Schmerzen auf", sagt René, der jetzt 13 ist und aufs Gymnasium geht in München. René ist in einem kleinen Dorf in Ostdeutschland aufgewachsen. Seine Mutter, eine nüchtern denkende Frau mit schütteren Locken, die gern bequeme Schuhe trägt und

praktische Hosen, wollte ihm erst gar nicht glauben. "Manchmal hab' ich gedacht, der spinnt. Der will nur nicht in den Kindergarten." Doch bald sah sie, daß der Junge wirklich Qualen litt: Er mußte sich übergeben, mehrmals täglich. "Wenn er dann zu spucken anfing, merkte man, der spinnt nicht, der hat wirklich was." René hatte Migräne, chronische Migräne.

Die Mutter mußte das Zimmer abdunkeln, weil jeder Reiz unerträglich war. Die Ärzte wußten sich auch nicht mehr zu helfen, sie verschrieben starke Schmerzmittel. Die nahm René täglich, doch die Schmerzen kamen wieder. Jahrelang.

Jetzt sind sie weg.

Auch Stefan, der jetzt fünf Jahre alt ist, wirkt wie verwandelt. Er sitzt ruhig auf dem Boden und beschäftigt sich gedankenversunken mit seinem Spiel: Er muß würfeln und dann mit seinen Spielfiguren übers Feld ziehen. In Tümpeln lauern grüne Krokodile, und wenn er zuwenig Augen gewürfelt hat, fressen die seine Spielfiguren auf. Seine Mutter beobachtet ihn. "Das ist faszinierend", sagt sie. "Der ist wie ein Musterkind. Früher hat er sowas nie gemacht, daß er sich selber ein Spiel holt." Spiele gibt es hier in großer Auswahl, auch Plüschfiguren: Affen, Bären, Dinosaurier. Sie zählen zum Krankenhausinventar, und sie werden häufig benutzt auf dieser Station an der Universitätskinderklinik in München: 600 neue kleine Patienten kommen jährlich in die Ambulanz. Sie leiden, wie René, an Migräne, oder sie sind 'hyperaktiv', wie Stefan. Manche quält Rheuma, andere Neurodermitis, und einige kommen gar mit epileptischen Anfällen. Und die meisten werden geheilt.

Das spricht sich herum, das Telefon klingelt beinahe pausenlos, die 'Hotline' für verzweifelte Mütter und Väter. "Die Eltern rennen uns die Türen ein", sagt Monika Popp, die junge Ärztin, die seit drei Jahren mit den Kindern arbeitet. Vor allem das sogenannte 'Hyperaktive Syndrom' bringt Eltern und Lehrer zum Verzweifeln. Das volkstümlich als Zappelphilipp-Syndrom auch früher schon bekannte Phänomen erlebe derzeit einen "extremen Zuwachs", sagt die Ärztin: "Das ist jetzt erst so richtig im Kommen."

Ihre Therapie zeigt erstaunliche Erfolge: Bei 60 Prozent der hyperaktiven Kinder sind die Symptome nach drei Wochen weg, bei den Migräne-Patienten sind gar 80 Prozent binnen kurzem beschwerdefrei.

Cola verboten, Pommes erlaubt

Dabei müssen die Kinder keinen Zaubertrank schlucken und keine bunten Pillen. Die Münchner Ärzte verschreiben ganz andere Rezepte: Hähnchen mit Pommes, Lamm mit Kartoffeln. Auch mal einen Salat oder Birnen oder Bananen. Selbst einen Gänsebraten mit Rotkohl läßt der Heil-Plan zu. Für jeden Patienten werden die Speisezettel individuell ausgetüftelt, für alle gleich sind die Verbote. Vor allem: Keine Fertigkost aus den Fabriken von Nestlé, Maggi, Knorr. Keine Würstchen, kein Rindfleisch, kein Schwein. Auch kein Ketchup, keine Cornflakes und keine Cola.

Für viele Eltern ist das eine einschneidende Umstellung, berichtet Edith Riemann, die Diätassistentin: "Die meisten Mütter stöhnen darüber, daß sie jetzt alles selber kochen müssen. Jo mei, sagen die, dann kann ich ja gar nicht mehr Maggi-Fix nehmen."

Wie eine gestrenge Diät-Gouvernante sieht Frau Riemann nicht aus: Sie ißt gern, kocht gern und steuert im Urlaub in Italien vorzugsweise feinschmeckerische Ziele an. Eine Idealbesetzung als Rezeptberaterin, fand ihr Chef, der sie letztes Jahr auf die Station geholt hat.

Der Chef heißt Joseph Egger, ist gebürtiger Südtiroler und 1,94 Meter groß. Der Professor trägt Kinnbart, eine geräumige Brille und den weißen Medizinermantel. Trotz seines hünenhaften Wesens wirkt der Kinderneurologe sanft, spricht mit ruhiger Stimme. Er hat den leichten alpinen Akzent seiner Heimat, manchmal, kaum merklich, mit leichtem englischen Touch. Den hat er sich in London angewöhnt, sechs Jahre lang hat er dort als Arzt am renommierten *Hospital for Sick Children* gearbeitet, vor allem mit kindlichen Migräne-Patienten und kleinen hyperaktiven Rabauken.

Damals, Anfang der achtziger Jahre, hatte Egger sich vorgenommen, den "Unsinn" von der Gefährlichkeit künstlicher Farbstoffe und Konservierungsstoffe in Lebensmitteln zu widerlegen: "Ich wollte beweisen, daß das nur Einbildung ist." Der aufstrebende Forscher wurde auch fündig, allerdings wies er exakt das Gegenteil dessen nach, was er erwartet hatte. Seine Erkenntnisse fanden internationale Anerkennung und wurden 1983 und 1985 in der angesehenen englischen Fachzeitschrift *The Lancet* [1,2] veröffentlicht.

Er hatte seine kleine Patienten zunächst mit der eigens ausgetüftelten Diät gefüttert, ohne Tütensuppen und Dosenravioli, ohne Hamburger und Fertigjoghurts, aber auch ohne die bekannten Allergie-Auslöser wie Soja, Kuhmilch, Fisch. Das Ergebnis: Bei 62 von 76 hyperaktiven Kindern verbesserte sich das Verhalten deutlich. In einer Gruppe von 88 kindlichen Migränepatienten schwanden die Beschwerden gar bei 93 Prozent, gleichzeitig heilten bei vielen Kindern zusätzliche lästige Leiden wie Asthma oder eklige Ekzeme.[1,2]

Um herauszufinden, welche Nahrungsmittel denn nun für die Krankheiten verantwortlich waren, durften seine Patienten nach der Drei-Wochen-Diät wieder die gewohnten Sachen essen, eins nach dem andern, damit die krankmachenden Bösewichter auch identifizierbar sind. Die Familien mußten täglich penibel Protokoll führen über die auftretenden Beschwerden.

Kleine Gangster werden brav

Zu Eggers Überraschung reagierten die Kinder genauso häufig auf – bislang nicht als krankheitsauslösend bekannte – Lebensmittelzusätze (Farb- und Konservierungsstoffe, Tartrazin und Benzoesäure) wie auf bekannte allergene Stoffe wie Soja, Kuhmilch, Erdnüsse, Fisch oder Eier. Als ein britischer Polizei-Inspektor davon hörte, schloß er messerscharf, daß dies auch bei jungen Ganoven mäßigend wirken könnte. Eine Studie im Städtchen Shipley in Yorkshire, so Egger, ergab tatsächlich, daß bei jugendlichen Kleinkriminellen die Neigung zu gesetzesbrecherischen Taten schwand, als sie Hausmannskost nach Joseph Egger bekamen. "Die Polizei hatte dann Ruhe vor denen", sagt Egger.

Immer häufiger stoßen Ärzte bei der Suche nach den Quellen quälender Beschwerden auf industrielle Zutaten: Freiburger Allergologen etwa fanden bei Patienten, die an Nesselsucht litten, in 31 Prozent aller Fälle als Ursache eine Empfindlichkeit gegenüber Nahrungsmittel-Additiven.³

Tödliche Schokoriegel

Die harmlos erscheinenden Schokoriegel vom Kiosk, Tiefkühlpizzen aus dem Supermarkt oder Frucht-Desserts im Restaurant können noch heimtückischere Folgen haben.

1992 forschte Dr. Hugh A. Sampson mit einigen Ärztekollegen von der Johns Hopkins Universität im US-amerikanischen Baltimore nach den Gründen für mysteriöse Todesfälle bei sechs Schulkindern. Die detektivische Suche brachte ein überraschendes Ergebnis: Todesursache waren ein Hamburger, ein Sandwich, Süßigkeiten. Die Kinder, alle Allergiker, hatten die für sie gefährlichen Stoffe bislang erfolgreich umgangen: Erdnüsse, Nüsse, Eier. Doch gegen die industriell hergestellten Leckereien waren sie wehrlos: Die für sie lebensgefährlichen Ingredienzen waren in den Lebensmitteln versteckt, ohne Warnhinweis, ohne Deklaration.⁴

Hunderte von Kindern und Jugendlichen, schätzt Dr. Sampson, sterben alljährlich an einem 'anaphylaktischen Schock' durch versteckte Allergene in Lebensmitteln. Auch in Europa: Im Oktober 1993 kam im englischen Städtchen Ash die 17jährige Sarah Redding zu Tode, nach dem Genuß eines Zitronen-Pies in einem Schnellrestaurant. Todesursache: Erdnußprotein in dem Fertigprodukt, für sie nicht zu erkennen und nicht deklariert. Ihr Vater, der Journalist David Redding, gründete daraufhin eine Selbsthilfegruppe, die "Anaphylaxis Campaign".⁵

1994 warnte das *Bundesgesundheitsblatt* vor "versteckten Allergenen in Lebensmitteln", die bei Allergikern "unter Umständen lebensbedrohliche Schockreaktionen" auslösen könnten.⁶ "Am brisantesten", meint Privatdozent Stefan Vieths, Mitautor der Studie und Lebensmittelchemiker am Paul-Ehrlich-Institut im hessischen Langen, seien Erdnüsse, häufig in Schokoriegeln versteckt. Eine "Zunahme der Sensibilisierung gegen Soja" vermerkte auch der Ernährungsbericht der Bundesregierung von 1992.

Risiko Fertigkost

Die meisten Verbraucher wissen nicht, wieviel Soja sie essen: Durchschnittlich fünf Kilo pro Kopf jedes Jahr, versteckt etwa als 'Lecithin' in tausenden von Nahrungsmitteln aus industrieller Produktion.

Als Auslöser allergischer Reaktionen reichen schon winzigste Mengen. Selbst die tödliche Dosis für einen anaphylaktischen Schock ist äußerst gering, berichtete im März 1996 das US-Fachblatt *Food Technology*: Bei Ei etwa wurden allergische Reaktionen schon bei einem Anteil von 0,003 Prozent in einem Lebensmittel beobachtet, ein Milchallergiker erlitt einen tödlichen Schock, weil in einem Würstchen ein Anteil von 0,06 Prozent Milcheiweiß enthalten war – insgesamt nur 60 Milligramm.[7]

Für immer mehr Menschen wird der Besuch im Supermarkt so zu einem Gesundheitsrisiko. Bis zu fünf Prozent der Bevölkerung gelten als Nahrungsmittel-Allergiker; der Bundesverband der Betriebskrankenkassen zählt gar 15 Prozent zur gefährdeten Gruppe. Bei Kindern können, so berichtete das Nachrichtenmagazin *Der Spiegel* schon 1992, bis zu 42 Prozent als latente Allergiker gelten. Und viele Allergien werden gar nicht erkannt: Der Schweizer Spezialist Professor Brunello Wüthrich vermutet, daß von 25 Millionen Deutschen, die als Allergiker gelten müssen, "der größte Teil an nichtdiagnostizierten Nahrungsmittelallergien" leide.[8]

Der Ernährungsbericht der Bundesregierung 1992 führt den Anstieg bei den Lebensmittelallergien auf die "Zunahme der Verwendung von Zusatzstoffen" zurück, die "stetigen Innovationen der Lebensmittelindustrie" und den "Trend zum Verzehr vorgefertigter Speisen". Denn im Freizeitpark Deutschland stellen sich immer weniger der Parkbewohner an den Herd.

Im täglichen Umgang mit hyperaktiven und migränekranken Kindern hat die Diätassistentin Riemann beobachtet: "Zwei Drittel unserer Kinder wachsen mit Fertigsuppen und Fertigsaucen auf." Das deckt sich mit alarmierenden Meldungen von der Umfragefront. "In den Niederungen der deutschen Alltagskochkunst macht sich Verfall bemerkbar", klagte die *Süddeutsche Zeitung* im Sommer 1996: "Ein ganzes Volk läuft Gefahr, sein Wissen über Fertigkeiten preiszugeben, das ihm von seinen Müttern und Vätern seit Urzeiten überliefert worden ist."

Fast 40 Prozent aller Deutschen können kaum mehr kochen, so hatte die Deutsche Presse Agentur gemeldet. Und bei den Deutschen zwischen 20 und 30 Jahren, so ergab eine andere Umfrage, ist nur noch jeder vierte in der Lage, einen Schokoladenpudding ohne Hilfe von Doktor Oetker und Kollegen zuzubereiten. In den USA, Vorreiter beim modernen Leben, wird schon in 60 Prozent aller Mittelstandshaushalte überhaupt nicht mehr gekocht.

Wenn Eltern nicht mehr kochen

"Schon in der nächsten Generation wird es niemanden mehr geben, der sich glücklich daran erinnert, wie seine Mutter gekocht hat", klagte im zuständigen Fachblatt *Der Feinschmecker* Deutschlands Vor-Koch Wolfram Siebeck: "Mutters spezielle Art, Pfannkuchen zu bakken, ihr Hausrezept für Rindsgulasch – all das wird nicht mehr existieren in der Welt von morgen."

Und dennoch werden die Leute satt: In Deutschland stammt schon 75 Prozent alles Verzehrten aus industrieller Produktion, in Amerika gar 95 Prozent. Am heimischen Herd gekochte Speisen, frohlockt das US-Branchenorgan *Food Technology*, haben schon ihren Platz auf der "Liste vom Aussterben bedrohter Arten".[9] In Europa kommen dafür jährlich 9000 neue Verzehr-Produkte auf den Markt, in Amerika 10 000, in Japan gar 20 000. Viele will allerdings niemand haben: Im Jahre 1995 hat Nestlé, der Welt größter Nahrungsmittelproduzent, beispielsweise 130 neue Produkte eingeführt – aber 100 wieder vom Markt genommen.[10] Beim Konkurrenten Unilever war das Verhältnis ähnlich. Dabei waren diese Innovationen noch relativ erfolgreich. Branchenweit liegt die 'Floprate' bei Neueinführungen bei 45 Prozent: Fast jeder zweite innovative Pausensnack und exotische Suppentopf bleibt unbeachtet, unverzehrt und wird wieder vom Markt genommen.[11]

Dabei ist ein gigantischer Werbe-Aufwand nötig, um die müden Konsumenten vom neuesten Chichi aus den Küchen der Konzerne zu überzeugen; die Nahrungsmittel-Industrie gehört weltweit zu den größten Reklametreibenden.

Die Mühen werden indessen nicht gelohnt, die Bilanzen der Food-Branche sind mager. Der Südzucker-Konzern, nach eigenen Angaben der größte deutsche Ernährungs-Riese, steigerte 1995/96 einen Umsatz um 20 Prozent auf 7,4 Milliarden – aber der Gewinn ging um 1,8 Prozent auf 223 Millionen zurück. In der Schweizer Ernährungsindustrie hat die *Neue Zürcher Zeitung* den "Eindruck von Stagnation". Und diejenigen, die die ganzen industriellen Leckereien verkaufen, verdienen schließlich kaum noch etwas, ausweislich ihrer Bilanzen: "Schlechter könnten diese gar nicht mehr sein", klagt Erwin Conradi, der Chef der Metro-Gruppe.

Weil die darbende Branche deshalb an den Rohstoffen sparen muß, greift sie immer häufiger zu künstlichem Ersatz. Satte Gewinne fahren dabei die Lieferanten der Nahrungsmittel-Industrie ein: BASF, Bayer, Hoechst. Sie liefern die Ingredienzen, ohne die eine Lebensmittel-Fabrik keinen Kartoffelbrei, keinen Knödel, keine Fünf-Minuten-Terrine zusammenrühren kann. Und sie bauen ihre Food-Dependancen aus, expandieren bei chemischen Süßstoffen, synthetischen Aromen, Backhilfsmitteln. Denn von derlei Kunst-Stoffen brauchen die Industrie-Köche immer mehr, um Fertigprodukte so 'natürlich' wie möglich schmecken zu lassen. 7500 verschiedene Zusätze listet das führende Branchenhandbuch auf, die in Joghurts und Drinks, Pralinen und Spaghettisaucen gemixt werden.[12] In Europa werden nach Berechnungen des Fachblatts *Food Ingredients Monitor* mit diesen industriellen Ingredienzen schon 3,3 Milliarden Dollar umgesetzt, weltweit rund 10 Milliarden.[941]

Klärschlamm auf den Tisch

Mit dem geballten Know-How aus den Experimentierküchen der Konzerne und Labors sind erstaunliche Ergebnisse möglich – und viele sogar verzehrfähig.

Technisch ist fast nichts mehr unmöglich. Weltweite Beachtung fand etwa der japanische Wissenschaftler Mitsuyuki Ikeda aus Okayama:

Er produzierte, wie das *Greenpeace-Magazin* berichtete, aus Klärschlamm einen Fleischersatz. Das Rezept: Man nehme die braune Brühe, inklusive der festen Bestandteile, verkoche und trockne die Masse. Gemahlen und ein paar Sojaproteine hinzugefügt – fertig ist das Imitat. Erste Testesser überwanden den natürlichen Würgereiz und gaben ihr Geschmackserlebnis preis: Das Produkt erinnere an alte Hähnchen mit einem leichten Hauch von Fisch.

Die Abfallverwertung zum Zwecke der Lebensmittelproduktion ist im Aufschwung. Zu den weitsichtigen Herstellern gehörte Unilever: Der Konzern hat, vor Jahren schon, ein Verfahren erfunden, mit dem "die Absicht verfolgt wird, natürliche Früchte vorzutäuschen" (Patentschrift Nummer DE 2167271). Dazu werden, laut Patent, beispielsweise "Himbeerabfälle" oder andere ausgepreßte Fruchtreste mit einem Gelee aus Algenextrakt, Geschmacks- und Farbstoffen zu einem bißfesten Etwas rekonstruiert. Diesen "simulierten Früchten" (Patentschrift) könne weder Backhitze noch das "Eindosen" etwas anhaben. Für das Patent hat der Konzern zwar jahrelang Gebühren bezahlt, doch in der Produktion, so beteuern die Verantwortlichen, sei es nie verwendet worden.

Dabei war das Verfahren geradezu avantgardistisch. Jetzt fahnden europaweit Wissenschaftler im Rahmen des EU-Projekts 'Abfallfreie Lebensmittelwirtschaft' nach Wegen, noch den letzten Müll aus den Foodfabriken in die Mägen der Verbraucher zu befördern. Preßrückstände aus der Produktion von Karottensäften beispielsweise findet der Bonner Uni-Lebensmitteltechnologe Benno Kunz "zu schade zum Wegwerfen". Immerhin fallen von derlei Abfällen 100 000 Tonnen im Jahr an, und daraus will der Wissenschaftler ein "Ballaststoffkonzentrat" gewinnen, mit dem man Fruchtsäfte oder Instant-Getränke anreichern könne. Auch Brot bliebe mit den Überresten der Rüben länger frisch.

Die modernen Kunstgriffe der Technologen, Chemiker, Biologen, die millionenschweren Forschungsetats der Industrie und die staatlich geförderte Forschung an Universitäten und Hochschulen erschließen immer neue Quellen. Und dank fachkundiger Manipulationen findet sich manches, bislang als ungenießbar geltende, Rohprodukt in vielfachen Metamorphosen wieder. Vor allem die bisher ungenutzten Rohstoffe des Meeres bieten erstaunliche Möglichkeiten. Und immer häufiger werden die Verbraucher damit gefüttert – ohne es zu merken.

Leckerer Leuchtkrebs

Mancher Meeresbewohner, der bislang ein Schattendasein im Dunkel der Ozeane führte, wird jetzt herausgefischt. Der Mintai etwa, ein naher Verwandter des Dorschs. Oder der Krill, ein winziger Leuchtkrebs, der dem Bartwal als Sättigungsbeilage im Plankton dient. Die Geschmähten kommen jetzt zu neuen Ehren, werden zerlegt, gepreßt, gefärbt und vertreten auf den Tellern vornehmste Meeresbewohner wie Hummer und Garnelen. 'Surimi' heißt das Ersatzerzeugnis, das in Deutschland meist unbemerkt verspeist wird: Bei einer Stichprobe fand die Hamburger Bundesforschungsanstalt für Fischerei 1994 in sieben von zehn angeblichen Garnelen Surimi.

In Amerika ist das Imitat schon längst aus der Under-Cover-Existenz herausgetreten, fährt jährlich einen Umsatz von 500 Millionen Dollar ein. Seit 1992 versammeln sich in Oregon an der State University alljährlich Nachwuchs-Ingenieure zur 'Sumuri-Technologieschule', gesponsert von namhaften Konzernen wie dem Gentechnik-Pionier Monsanto. Die technologischen Innovationen sind weltweit verfügbar, übers Internet (http://www.orst.edu/dept/seafood/surimi.html).

Der Phantasie aufstrebender Lebensmitteltechnologen hat das gepreßte Meerestierprodukt kaum etwas entgegenzusetzen: Zermahlen und neu zusammengefügt, seiner vom Schöpfer vorgesehenen Gestalt beraubt, ist es universeller Rohstoff für kühnste Food-Designwünsche. Surimi kann als Rohstoff für Schweinswürste oder Frankfurter dienen, in Backwaren, Milchprodukten oder Pasta zum Einsatz kommen. "Die Möglichkeiten sind endlos", schwärmt das Kunstnahrungs-Magazin *Food Ingredients*. Daß das Produkt einen leichten Meeres-Geschmack hat, ist nicht zu befürchten, der kann mit den modernen Aromen aus der Fabrik problemlos 'maskiert' (Fachjargon) und in die gewünschte Richtung getrimmt werden.

Die industriell produzierten Geschmacks-Ersatzstoffe sind die wichtigsten Hilfsmittel der Ernährungsindustrie. Mit ihnen lassen sich geschmacklose, billige Industrieprodukte so aufpeppen, daß die Verbraucher die Illusion einer echten Suppe, eines natürlichen Joghurts, eines leckeren Schoko-Snacks haben. Ohne sie wäre ein Großteil der Supermarkt-Angebote unverkäuflich, da ungenießbar. Aroma ist die Leitsubstanz der industriellen Nahrungsproduktion. 15 Millionen Tonnen industriell aromatisierter Speisen verzehren die Deutschen im Jahr – jeder einzelne pro Tag etwa ein Pfund.

Europas Hauptstadt des Geschmacks liegt zwischen Bielefeld, Göttingen und Salzgitter, landschaftlich reizvoll inmitten grüner Hügel und idyllischer Wäldchen. Kulinarisch ist Holzminden bislang nicht aufgefallen, doch in Fachkreisen gelten die Menschen dort als begnadete Geschmackskünstler. Dem Besucher erschließt sich das schon bald, nachdem er die Stadt betreten hat: Mal liegt der Duft von Himbeeren in der Luft, mal sind es Erdbeeren, und manchmal hängt eine Wolke von Kaugummi-Dunst über der Stadt.

Hier gehen zwei der weltweit führenden Geschmacksfabriken ihren Geschäften nach: Dragoco und Haarmann & Reimer. Beide setzen weltweit hunderte von Millionen Mark um, beide haben über 7000 verschiedene Geschmäcker im Angebot: Joghurt und Schinken, Rindfleisch und Hummer, Orange und Pfirsich.

Ihre Kunden sind die ersten Adressen der deutschen Food-Industrie. Denn keiner von ihnen kommt ohne die Aroma-Kunst der professionellen Geschmacksmixer aus. Pfannis 'Bauernfrühstück' beispielsweise stammt zwar, laut Packungsaufdruck, aus speziell angebauten Kartoffeln – aber Geschmack geben die offenbar zu wenig: Aroma muß rein. Eine Dose Erbsen Marke 'Bonduelle' extra fein enthält zwar nichts außer den grünen Kügelchen – und ein bißchen Aroma. Die 5-Minuten-Terrine 'Asia', die Tomatensuppe 'Kids' mit Aladin-Nudelfiguren, alles mit Aroma. Selbst der Hummerfond aus dem edlen Hause Lacroix kommt ohne Fabrik-Geschmack nicht aus. Und auch die Maggi Rindsbouillon verdankt ihren Geschmack nicht nur jenen 670 Milligramm 'Fleischextrakt', die sich in einem Liter Brühe verlieren, sondern – dem Aroma. Sogar die Bio-Branche ist mittlerweile auf den industriellen Geschmack gekommen: Der 'Bioland'-Erdbeerjoghurt von der Andechser Molkerei aus Bayern enthält die Frucht-Illusion aus der Fabrik.

Erdbeer-Aroma aus Sägespänen

Die Holzmindener Geschmacks-Ingenieure sind global tätig und technisch auf dem neuesten Stand. Haarmann & Reimer beispielsweise bezieht seine Rohstoffe sogar aus Australien: Sägespäne. Da kommt ein bißchen Alkohol und Wasser dazu, bis ein Brei entsteht. "Das kocht man ein wenig", sagt einer der kreativen Angestellten, mischt noch ein paar "andere Komponenten" dazu, die unter das Firmengeheimnis fallen, und "dann haben wir ein schönes natürliches Aroma", Geschmacksrichtung wahlweise Himbeere oder Erdbeere. Daß ein laut Packungsaufdruck 'natürliches Aroma' etwa im Erdbeerjoghurt aus Sägespänen gewonnen wird, ist nicht gesetzwidrig: Schließlich ist Holz ein natürliches pflanzliches Produkt. (siehe Kapitel 'Geschmackloses Nichts', Seite 85).

Die Liebe der Hersteller zur 'Natur', zumindest auf dem Etikett, hat einen simplen Grund: Die meisten Verbraucher lehnen, wie eine bei Knorr unter Verschluß gehaltene Studie ergab, 'künstliche' Aromastoffe ab – also werden, mit voller Unterstützung des Gesetzgebers, noch die kühnsten Kunstprodukte unter dem 'Natur'-Label verkauft.

Viele Verbraucher fühlen sich dadurch getäuscht, sie werden zu Etiketten-Experten und drehen jedes Gurkenglas fünfmal um, um das Kleingedruckte zu studieren. Die industrielle Avantgarde hat dies sensibel bemerkt – und reagiert. Mancher Suppenfreund beispielsweise schnuppert begeistert an der Brühe – und findet wundersamerweise keine künstlichen Zutaten auf der Packung:

"Er fühlte sich schuldig. Dieses Aroma, es erinnerte ihn an seine Kindheit. Jene Gerüche, die aus dem gußeisernen Topf wehten, der langsam köchelte, damals, in der Küche seiner Großmutter auf dem Land. Das war es, woran ihn dieser Geschmack erinnerte. Der köstliche, hausgemachte Geschmack, der großartige, feine Duft." Es ist aber keine Hausmachersuppe, sondern eine aus der Fabrik, für die der Feinschmecker in einer Anzeige wirbt.

"Wie immer hatte er das Etikett gelesen, nach Glutamat und anderen unerwünschten Zusätzen überflogen. Er wunderte sich, warum diese Suppe sich nicht auf solche Zusatzstoffe verließ, um so einen wunderbaren Geschmack zu erzielen.

Kann sein, daß es der natürliche Wohlgeschmack war, der diese Suppe so ... nun ja ... natürlich schmecken ließ. Wie könnten sich sonst all diese anderen, künstlich schmeckenden Suppen je mit der seiner Großmutter vergleichen. Was ihm ein bißchen von seinem Schuldgefühl nahm."

Der sentimentale Fertigsuppenfreund trat in einer Anzeige auf, in der Juli-Ausgabe 1996 der Zeitschrift *Food Technology*, dem Zentralorgan der US-Lebensmittelingenieure. Sie warb für die neuen Ingredienzien der Firma Gist-brocades: "Fügen Sie Ihrem nächsten neuen Produkt unseren großartigen hausgemachten Geschmack bei. Wir sind die Experten in Geschmacksverstärkung."

Warum der ansonsten so kritische Suppenesser auf dem Etikett so wenig las? Ganz einfach, Gist-brocades ist ein niederländischer Konzern, der vorwiegend mit Biotechnologie arbeitet. Er hat Geschmacksverbesserer für Wein im Angebot, für die Milch-Industrie, Käseproduzenten und Babynahrungshersteller. Auch das gesunde Beta-Karotin bietet der Konzern feil, gewonnen aus dem speziell dressierten Pilz *Blakeslea trispora*. Vor allem ist der Konzern berühmt für seine Enzyme, die neuesten Helfer der Tüten-und-Dosen-Branche. (Siehe Kapitel 'Guten Morgen, liebe Sorgen', S. 75). Besonders günstig für Gist-brocades ist der Umstand, daß diese hilfreichen Erzeugnisse auf dem Etikett gar nicht auftauchen müssen.

2.

Toast für die Welt

Die Globalisierung des Kochtopfs / Die Ohnmacht des Verbrauchers / Die Reise nach Rom: Pflichttermin für Konzerne / Macht das Würstchen aggressiv?

Eines Tages gab es Wiener Würstchen. Diätassistentin Riemann hatte nach Lektüre des Etiketts keine Bedenken, weil "das Kind alles, was drauf steht, eigentlich vertragen müßte". Es war nach der dreiwöchigen Diät nach Professor Eggers Münchner Rezept von seinem hyperaktiven Syndrom weitgehend geheilt gewesen. Nach und nach durfte es die normalen Lebensmittel wieder essen, eins nach dem andern. Das Würstchen erschien ungefährlich. Die einzelnen Inhaltsstoffe waren ja zuvor schon verabreicht worden.

Doch unerwartet rief die Mutter an. Das Kind sei plötzlich "fuchsteufelswild", verhalte sich aggressiv, knalle mit Türen. Der unerwartete Stimmungsumschwung kam kurz nach dem Mittagessen, für Frau Riemann rätselhafterweise: "Vorher war es friedlich, dann kriegt es am Mittag Wiener, und am Nachmittag flippt es aus." Das Prekäre: Die Beteiligten haben bis heute keine Ahnung, worauf die plötzliche Reaktion zurückzuführen war: "Wir wissen ja nicht, was da drin war", sagt die Ernährungsberaterin.

In der komplizierten Welt der modernen Nahrungsmittel weiß kaum ein Konsument, was er eigentlich zu sich nimmt; und oft kennen nicht einmal die Hersteller die Details der Rezepturen ihrer Lieferanten.

Verborgene Zutaten

Leider geben die Etiketten nicht immer Auskunft über die Ingredienzen in den Lebensmitteln. Schlimmer noch: Die Zutaten im Brot des Bäckers müssen bis heute überhaupt nicht deklariert werden, auch über die Wurst beim Metzger erfährt der Verbraucher fast nichts. Schnaps braucht kein Ingredienzen-Etikett, Likör nicht. Die Insassen von Krankenhäusern erfahren ebensowenig über die Zusammensetzung ihrer Kost wie die Gäste von Restaurants und die Besucher von Betriebskantinen. (Siehe Kapitel 'Kunst im Darm', S. 47).

Um unliebsame Überraschungen wie die Aggressionen nach Würstchengenuß zu vermeiden, haben einige skandinavische Länder einen Vorstoß zu einer internationalen Neuregelung gestartet: Unter anderem sollten weltweit, um Allergiker zu schützen, auf allen Produkten die einschlägig bekannten Allergie-Auslöser kenntlich gemacht werden: Ingredienzen aus Eiern, Milch, Soja, Erdnüssen und dergleichen. Die bislang gültige 25-Prozent-Regel, wonach zusammengesetzte Zusätze (etwa eine 'Fruchtzubereitung') mit einem Anteil von weniger als 25 Prozent des Lebensmittels ihre Einzelbestandteile verschweigen dürfen, sollte auf fünf Prozent herabgesetzt werden. Und wenn bei den Zutaten auch in geringen Mengen Allergie-Auslöser darunter sind, sollten dieselben namentlich benannt werden.

Ein vernünftiges Anliegen – das indessen nicht so leicht durchzusetzen ist: In der globalisierten Welt sind die Entscheidungsprozesse kompliziert geworden. 1993 trugen die Skandinavier ihr Anliegen beim Codex Alimentarius Komitee der Welternährungsorganisation (FAO) vor. Der 'Codex Alimentarius' legt, von der Öffentlichkeit weitgehend unbemerkt, weltweite Standards für Lebensmittel fest: Rückstandsmengen an Giften, Kennzeichnungsvorschriften. Seit das Welthandelsabkommen GATT in Kraft getreten ist, kann sich kein Land mehr mit strengen Lebensmittelvorschriften gegen die Einfuhr von Cornflakes, Bier, Milch oder Suppen schützen, die nach laxeren Vorschriften produziert worden sind: Das gilt als Vorstoß gegen den freien Welthandel und unzulässiges 'Handelshemmnis'. Nur die vom Codex Alimentarius gesetzten Normen gelten weltweit als verbindlich.

Solche weltweiten Standards sind dringend nötig. Denn weltweit gleichen sich die Lebens- und Ernährungsverhältnisse an. Wer durch Singapur wandelt, fühlt sich kaum anders als in Frankfurt oder Zürich, nur daß die Straßen sauberer sind. Die Hochhäuser in Honolulu sehen aus wie die Wolkenkratzer in Tokio. Wer dort für Mitsubishi arbeitet, hat fast den gleichen Tagesablauf wie der Kollege in Düsseldorf. Coca Cola versüßt die Pausen in Moskau wie in Madrid, Knorrs Suppenwürfel sorgen für turboschnelle Sättigung in New York wie Nairobi.

Im gleichen Maß, wie sich die Lebensverhältnisse rund um den Globus angleichen, ähneln sich mehr und mehr auch die Beschwerden und Gebrechen, die die Menschen plagen. Vorbei die Zeiten, da die Menschen in der westlichen Welt neben vielen anderen Privilegien auch das Vorrecht auf eine moderne Todesursache hatten: Die Weltgesundheitsorganisation (WHO) hat in einem Bericht, der 1996 im *Bulletin* der WHO veröffentlicht wurde, festgestellt, daß die Zahl der Todesfälle, die aus 'Lifestyle-Krankheiten' resultieren wie Herzkrankheiten, Bluthochdruck, Krebs, Übergewicht, Diabetes und Osteoporosis, in den Entwicklungsländern schon größer ist als in den industrialisierten Ländern. Weltweit, so ein Papier der Welternährungsorganisation FAO aus dem Jahre 1995, nehmen auch bestimmte Nahrungsmittelallergien zu, weil das 'moderne Alltagsleben' mit neuen Lebensmitteln, neuen Zusätzen und neuen Technologien neue Allergie-Risiken berge, die zudem aufgrund des 'internationalen Handels' und der Einführung neuer Lebensmittel in manchen Ländern auch gleich weltweit verteilt würden.[942]

Die Globalisierung der Gebrechen folgt der Modernisierung der Lebenswelten. Doch mit der weltweiten Annäherung der Lebens- (und Todes-) Verhältnisse schwindet die Selbstbestimmung des einzelnen. Je mehr sich die Menschen in Köln und Kyoto von ihren lokalen Traditionen entfernen, desto mehr entgleitet ihnen die Kontrolle über ihr eigenes Leben und die Möglichkeit zur demokratischen Teilhabe. Während sich in Europa allerdings noch Bayern und Briten über die Machtanmaßungen aus Brüssel beklagen, wird in Wahrheit längst woanders entschieden: an Orten, an denen keine Fernsehkameras warten, wo keine Korrespondenten der Weltpresse lauern. In Manila beispielsweise. In Ottawa. In Kulmbach (Bayern). In Kopenhagen. Und oft auch in Rom: Bei den internationalen Codex-Alimentarius-Konferenzen.

Sie entscheiden über Kennzeichnungsregeln, über die Qualitätsanforderungen für Fleisch, über erlaubte Rückstandsmengen, über die Qualität von Schokolade, Fruchtsaft, Cornflakes, Milch und Quark.

Wie die Schoko-Freaks, Schnitzel-Fans, Suppen-Freunde ihre Lieblingsspeisen gern hätten, das interessiert bei diesen Zusammenkünften nicht so sehr. Und sie erfahren auch nichts über die Verhandlungen, denn die Öffentlichkeit ist ausgeschlossen.

In den Sitzungen des Codex Alimentarius haben vor allem die Industrieverbände Gewicht. Im Zeitraum von 1989 bis 1991 etwa nahmen, so zählten englische Verbraucherschützer penibel zusammen, an den Fachausschußsitzungen 2578 Vertreter teil, davon waren nur 26 von Umwelt- und Verbraucherorganisationen entsandt. Insgesamt waren 105 Staaten vertreten, aber 108 transnationale Unternehmen. In den Ausschuß 'Lebensmittel-Zusatzstoffe und Schadstoffe' entsandte die Industrie fast doppelt so viele Delegierte wie die europäischen Regierungen zusammen. Auch beim Etikettierungs-Ausschuß waren die Konzerne hochkarätig vertreten: Kraft, Hoffmann-La Roche, die Knorr-Mutter CPC – der Codex-Alimentarius-Termin ist für die Konzerne ein Muß.

Die Studie reichte nur bis 1991, doch an den Verhältnissen hat sich auch danach nichts geändert: In der 21. Sitzung der Codex-Alimentarius-Kommission vom 3. bis zum 8. Juli 1995 in Rom beispielsweise ging es unter anderem um Gesundheits- und Diätprodukte, Milchprodukte, Zusatzstoffe und Zucker.

Die Liste der Teilnehmer aus aller Welt füllt im Protokoll 40 Seiten. Angereist waren aus Deutschland neben fünf Regierungsvertretern fünf Abgesandte der interessierten Wirtschaft: einer von Coca Cola, einer von Südzucker, einer von der Milchindustrie, einer vom Diätverband und ein Lobbyist vom industrienahen Bund für Lebensmittelrecht und Lebensmittelkunde.

Auch die Schweizer Delegation war paritätisch besetzt: Eine Dame von der Regierung und eine von Nestlé, ein Herr von der Regierung und einer von Hoffmann-La Roche.

Angesichts solcher Mehrheitsverhältnisse klagte eine Abordnung von Verbraucher- und Umweltverbänden aus Bangladesh, Pakistan, Indien, Sri Lanka und Nepal beim Welternährungsgipfel 1996 in Rom: "Wir fordern, daß die Vertreter transnationaler Nahrungsmittelkonzerne daran gehindert werden, international so schwache Standards zu setzen, wie ihnen das in der Vergangenheit gelungen ist."

Strengere Regeln für Tierfutter

Gregory D. Orriss, der zuständige Beamte für den Codex Alimentarius bei der Welternährungsorganisaton FAO, ist ein wohlmeinender Mann, für Verbraucherinteressen durchaus aufgeschlossen. Er sitzt in einem Büro in Rom, doch vom nahen Collosseum sieht er nichts, und auch nichts von den alten Villen auf dem nahegelegenen Hügel: Sein Fenster reicht zum Innenhof des riesigen FAO-Gebäudes. In seinem Zimmer stapeln sich Berge von Papieren.

Der Mann kommt aus Kanada, früher war er bei der Lebensmittelaufsicht dort, fahndete nach versteckten und verbotenen Ingredienzen in Lebensmitteln. "Die Einbeziehung der Konsumenten" in den Entscheidungsprozeß, meint der Kanadier, sei ein "demokratisches Recht", sie fördere die Transparenz der Entscheidungen und verbessere überdies die Lebensmittel-Sicherheit.

Ein hehres Ziel. Doch angesichts einer Flut von Akten und einer rund um den Globus jettenden Gruppe von Entscheidungsträgern können die Konsumentenschützer kaum etwas ausrichten.

"Wir bemühen uns, das zu verfolgen", sagt, leicht resigniert, Gerd Spelsberg, der zuständige Mann der Bonner Verbraucher-Initiative. Doch die Bewältigung der Papierberge und die regelmäßige Teilnahme an den Sitzungen sei für eine Verbraucher-Organisation mangels Finanzen und personeller Ausstattung "nahezu unmöglich".

Das Ergebnis dieser ungleichen Machtverteilung, so ein Vertreter der Weltgesundheitsorganisation WHO: "Was die Etikettierung von

Lebensmitteln angeht, läßt der Codex eine Kauderwelsch-Beschriftung von Giftstoffen zu, die nur ein Chemiker verstehen kann." Und das US-Verbrauchermagazin *Consumer's Research Magazin* meinte gar, "in gewisser Weise" sei Tierfutter durch Gesetze und Verordnungen "strenger geregelt als menschliche Lebensmittel".

So konnten sich auch die Skandinavier mit ihrem Schutzprogramm für Allergiker gegen die Industrie-Interessen nicht durchsetzen. Der Europäische Lebensmittel- und Getränke-Branchenverband CIAA widersprach dem Vorstoß aus dem Norden, bessere Kennzeichnungsvorschriften für Allergiker einzuführen. "Selbst wenn es möglich wäre, alle potentiellen Allergene zu identifizieren", so ein Vertreter des Food-Giganten Unilever, "würden die Informationen auf dem Etikett so kompliziert werden, daß es für den Verbraucher erst recht schwierig wäre, das auszumachen, was wirklich wichtig ist". Außerdem könnten die Angaben über Allergene in Lebensmitteln die normalen Konsumenten "verwirren". Und schließlich könnten die Etiketten, die sich an alle Verbraucher richteten, nicht nach den speziellen Anforderungen einer empfindlichen "Minderheit" ausgerichtet werden.[943]

Der Industrieverband sprach sich deshalb dafür aus, über eine Europäische Datenbank den empfindlichen Konsumenten Informationen über die Inhaltsstoffe in Industrie-Lebensmitteln zugänglich zu machen. Das 'European Food Intolerance Databanks Projekt' (Efid) sollte bis 1996 alle Ingredienzen so auflisten, daß Allergikern damit ein sicherer Schutz gewährleistet sei.

Die Vertreter aus Regierungen und Firmenverbänden trafen sich auch einige Male, beispielsweise 1995 in Dublin. Sie absolvierten ihr Konferenzprogramm, daneben "genossen" sie aber auch, laut Rundbrief, ein "geselliges Programm", inklusive einem "Konferenz Dinner" im Grand Hotel in Malahide sowie, "am Ende des Treffens, ein Bankett in Malahide Castle, mit Entertainment durch eine örtliche Irish Folk Band."

Der Arbeitsertrag war indessen eher dürftig. Im August 1996 wurde die Tagungsrunde aufgelöst, ohne daß es eine europaweite Datenbank gäbe. Die Kostenfrage blieb ungelöst, außerdem war die Haftungsfrage nicht zu klären: Wer muß zahlen, wenn die Datenbank einen Schokoriegel als garantiert frei von Soja ausweist – und aufgrund einer plötzlichen Änderung der Rezeptur ein Sojaallergiker dennoch infolge Schocks umfällt? Die Beteiligten plädieren jetzt doch wieder lieber für ausführliche Kennzeichnung auf dem Etikett.

Die Zeitschrift *Allergo-Journal* hat angesichts der riskanten Unübersichtlichkeit bei Industriekost einen simplen Rat parat: Sie empfiehlt, zum Schutz vor Allergien "möglichst alle Speisen selbst zuzubereiten".

Auf Fruchtzwerge-Entzug

Die Mutter des kleinen Stefan, jene elegante Dame aus einer Kleinstadt bei Augsburg, hat sich daran gehalten – und seither einen normalfrechen Sohn ohne Neigung zu hyperaktiver Aggressivität. Anfangs hatte er noch 'Entzugserscheinungen', rannte häufig zum Kühlschrank, wo er ehedem immer seine 'Fruchtzwerge' geholt hat. Das hat sich gelegt. Die junge Mutter hat sich auch daran gewöhnt, alles selbst zuzubereiten. Mittlerweile freut sie sich sogar über diese Entwicklung: "Es macht Spaß, für ihn zu kochen", sagt sie: "Er ißt jetzt gerne, er freut sich auch aufs Essen und fragt, Mama, was hast du heute gekocht?"

3.

Die Mätressen des Bäckers: Backmittel

Backmittel: Unser täglich High-Tech-Brot / Schimpansenbäckerei / Der Schwindel mit den Körnern

Wo sind sie geblieben, die heimeligen Backstuben, in denen flinke Bäckerhände nächtens den Sauerteig kneten, wo der leckere Kuchen nach dem Bilderbuch-Rezept aus Mehl, Butter, Zucker, Eiern und Rosinen gebacken und mit Safran 'gel' wurde? Die gute alte Zeit gehört in unseren Backstuben längst der Vergangenheit an. Statt 'backe, backe Kuchen, der Bäcker hat gerufen', lockt heute die Backmittelindustrie mit dem Zauberwort: 'Fertigmehl'. Und sie winkt mit bequemer 'Tütenbäckerei'. Klammheimlich wurden Brot wie Kuchen von Grund auf neu gestaltet. Jahr für Jahr vertilgen ahnungslose Bäckerkunden weit über zweihunderttausend Tonnen dieser Pülverchen und Pasten. Mal frühstückshalber in Form knuspriger 'Brötchen', mal als 'Brot' oder als 'Hörnchen' und 'Plunder' zum Kaffeekränzchen oder zwischendurch. Der Umsatz der Backmittelbranche beläuft sich inzwischen auf eine Milliarde Mark.[19]

"Man will Arbeitszeit sparen", erläutert Dr. Walter Freund, Konditormeister und Dozent an der Uni Hannover. "Da macht man die Tüte auf, wiegt das Fertigmehl und Wasser ab, gibt noch Hefe oder sonst noch irgendetwas dazu und stellt das Produkt her."[27] So einfach ist das. Fertigmehle haben Backtechnik wie Rezepte revolutioniert. Sackweise geliefert, enthalten sie alles, was das 'Produkt' braucht. Natürlich auch die richtigen Zusatzstoffe, damit aus den zum Verwechseln ähnlichen Instantpulvern wirklich eine Müslistange, die Käsesahne oder das Holzofenbrot gelingt.

"Ohne Backmittel geht es nicht", bekennt das *Bäko-Magazin*, das Offizielle Organ der Wirtschaftsorganisation des Bäcker- und Konditorenhandwerks, wie es sich selbst gerne tituliert. "Für den Bäcker sind sie eine unentbehrliche Hilfe, um Brötchen, Brot mit mehr als 10 Prozent Roggenanteil, Toastbrot und Weißbrot, Hefefeingebäcke oder Sand- und Bisquitmassen herzustellen."[46] Inzwischen gibt es eine solche Fülle an Mixturen, daß die Branche das von ihr geschaffene 'Dickicht der Angebotsvielfalt' beklagt.[38]

'Convenience-Produkte' nennt die Industrie die Fertigware für Faule. "Mittlerweile ist wohl allen Bäckern und Konditoren insgeheim klar", bekennt die Bäckerpostille *Backjournal*, "daß ohne Convenience-Produkte heute in der täglichen Praxis nichts mehr geht."[20] 98 Prozent aller Bäcker stellen fleißig ihr Sortiment aus den bunten Katalogen zusammen und greifen zu diesen wohlfeilen Hilfen aus Chemie und Biotechnologie.[18] Jeder weiß es, (fast) jeder nimmt es, nur gegenüber dem Kunden schweigt die Branche wie ein Grab. Lediglich die klingenden, appetitlichen Namen, die Werbezettel auf der Theke, die Aufkleber im Schaufenster 'Aus eigener Herstellung' und die bunten Plakate, die alte Handwerkstradition beschwören, verraten dem Insider den wahren Ursprung.

Beim Backmittelhersteller Jung vergleicht man die Heimlichtuerei der Bäcker mit ihren Backmitteln "mit einer Mätresse: Jeder hat sie, aber keiner gibt es zu."[20] Stimmt. Wenn der Kunde danach fragt, reagieren viele Bäcker, als ob sie die Gattin in flagranti erwischt hätte. Korrekte Auskünfte sind selten. Woher soll er es auch wissen? Jahrelang verheimlichten die Backmittelfirmen ihre Rezepturen. Und unser Lebensmittelrecht drückt beide Augen zu. Kein Bäcker ist verpflichtet, seine heimlichen Hilfen zu deklarieren. Denn er verkauft 'lose Ware', und die ist laut Lebensmittelrecht von der Kennzeichnung ihrer Zutaten befreit. Die Hersteller geben den Schwarzen Peter an die Bäcker weiter und werfen ihnen Scheinheiligkeit vor: Sie würden zwar jede

Menge Convenience einsetzen, "doch wegen des schlechten Images" schämen sich viele Bäcker, das auch "öffentlich zuzugeben".[24]
Sogar die zuständige Bundesforschungsanstalt für Getreide- und Kartoffelverarbeitung in Detmold fabuliert: "Backmittel bestehen aus vielerlei Substanzen, deren Wirkung es für die Herstellung von Backwaren auszunutzen gilt." Damit stünde dem Bäcker "heute ein umfangreiches Sortiment an Backmitteln zur Verfügung."[22] Für den Leiter des Hauses, Professor Jürgen-Michael Brümmer ist die Kritik an dem ausufernden Einsatz von Backmitteln nicht einsichtig. Ein "Reinheitsgebot für Brot" kommt für ihn nicht infrage. Diese Forderung sei zwar "sehr publikumswirksam, aber entspricht nicht den Tatsachen".[32] Wüßte man nicht definitiv, daß es sich um eine staatliche Institution handelt, der unbefangene Beobachter könnte das Haus glatt für eine Agentur der Backmittelwirtschaft halten.

Es gibt auf dem Convenience-Sektor praktisch alles für den Bäcker: Vollkornbrötchen und Apfeltaschen, Baguette und Nußecken. Für jeden Teig und jede Füllung steht eine Palette von Fertigprodukten zur Verfügung. Bei Windbeuteln hat der Bäcker die Qual der Wahl zwischen einem Fertigmehl, das noch mit Wasser und Eiern verrührt wird, einem Fertigmehl, das nur noch Wasser braucht, vorgefertigten Windbeuteln, die noch gefüllt werden müssen. Dafür gibt's natürlich auch Fertigfüllungen. Oder er greift gleich zu gefüllten Windbeuteln, die tiefgefroren angeliefert werden.[27] Bäckt sie der Bäcker vor den Augen des Kunden, ahnen die Verbraucher kaum, daß sie Zeugen einer wundersamen Wandlung von Fabrikware in Handwerksqualität werden. Rein theoretisch könnte er sie natürlich auch selber backen.

'Schimpansenbäckerei'

Die wenigen Bäcker, die ohne solche Tricks schaffen, sprechen bissig von 'Schimpansenbäckerei'. Tütenöffnen und umrühren könne genausogut dressierten Affen überlassen werden, meinen die Kritiker. Das hört niemand gerne. Ausreden müssen her: "Der Bäcker muß sich heute", verteidigt der Hamburger Backmittellieferant Phönix seine Kunden, "um ganz andere Dinge kümmern, wie den Verkauf, die Organisation, den Einkauf, die Abrechnung und Steuern."[20] Mag sein, aber warum läßt er sich das Backen abnehmen und nicht die Buchführung? Backmittel "tut man rein und verschweigt es am liebsten", klagt Dr. Manfred Dirndorfer von Diamalt, einst eine Tochter des Pharmariesen Schering, heute ein Anhängsel des Unilever-Konzerns.[20] Zur Verschwiegenheit hat der Bäcker allen Grund. Denn es geht auch ohne. Das beweisen nicht nur einige Jahrtausende Bäckertradition, die ohne Chemie auskam, und viele Haushalte, in denen wieder Brot gebacken wird, sondern auch die Backmittelfirmen selbst. Unter dem Slogan "Ja zur Natur" gesteht Diamalt, Brötchen ohne Emulgatoren schmecken deutlich besser als solche mit den üblichen Backmitteln.[25]

Wie verträgt sich solch ketzerisches Gedankengut mit den guten Geschäften der Firma mit ebendiesen Produkten? Man habe sich eben der Marktentwicklung gebeugt, 'die in eine chemische Richtung lief.' Wird jetzt alles wieder gut? Die Zwischentöne machen die Musik. Marketingleiter Bernd Glowig rückt zurecht: Das neu gewählte Schlagwort heiße nicht einfach 'Chemie durch Natur' zu ersetzen, vielmehr sollen in Zukunft 'natürliche Inhaltsbestandteile im Brot' verwendet, sprich zugesetzt werden.[25] Frage: Warum dann nicht gleich Brot aus den üblichen Rohstoffen backen?

Ein paar alteingesessene Berufsschullehrer wollen sich nicht damit abfinden, daß dieses Handwerk keins mehr ist. "Wie soll ich einem Auszubildenden begreiflich machen" klagt Hartwig Enderstein aus Cuxhaven, "daß er für das Tütenaufreißen drei Jahre lernen muß?"[21] "Eine gründliche Handwerksausbildung" ist, so monierte der BÄKO-Workshop 1990, "aufgrund der vielfältig vorhandenen Convenience-Produkte kaum noch möglich."[930] Die Unilevertochter Meistermarken, rät zu positivem Denken, statt sich mit "Wertvorstellungen aus dem vergangenen Jahrhundert" aufzuhalten.[20] "Statt die Lehrlinge in den Schulen zu verunsichern, sollten sich die Lehrer darauf konzentrieren, den Auszubildenen die Möglichkeiten aufzuzeigen, die sie mit Vormischungen haben."[24]

Gefühlloser Angriff

In Minutenschnelle kneten heute Hochgeschwindigkeitsmixer den Teig. "Dies bedeutet den Ersatz der gefühlvollen Hand des Bäckers durch die gefühllose Maschine", erläutert Professor Ludwig Wassermann vom Backmittelhaus Ulmer Spatz. "Die Teige gegen diesen gefühllosen Angriff stabil zu machen, ist deshalb eine wesentliche Aufgabe der Bäckereitechnologie."[48] Für Dr. Werner Schäfer vom Düsseldorfer Entwicklungsbüro für Getreideverarbeitung sind Brot und Backwaren in der Tat "keine Devotionalien unserer agrarischen Vergangenheit – sie sind heute weitestgehend technische Produkte eines hoch mechanisierten Gewerbes."[52] Das ist die schlichte Wahrheit.

Aus dem simplen Backpulver wurden Präzisions-Triebsysteme, mit High-Chem auf die Minute genau programmiert. Für Bisquitböden oder Sandkuchen empfiehlt der Anbieter FMC "Triebmittelsysteme, die schnellen Vortrieb während des Mischens liefern, während der Gare schlummern und beim Backen wieder zu vollem Trieb erwachen". Die erste Stufe reagiert im Hochgeschwindigkeitsmixer: Monocalciumphosphat-Monohydrat setzt aus Natriumhydrogencarbonat winzige Gasbläschen frei, die im Teig an der Grenzfläche zwischen Fett und Wasser in Wartestellung verharren. Die zweite Stufe, mit Wachs imprägniertes Natriumpyrophosphat, erhält erst im Ofen ihr Startsignal. Bei etwa 60°C schmilzt ihr Schutzmantel, und das freigesetzte Pyrophosphat reagiert mit dem restlichen Natriumhydrogencarbonat. Das wiederum setzt Kohlendioxid frei und pumpt damit die präparierten winzigen Bläschen zu ihrer endgültigen Porengröße auf. Wird der richtige Zeitpunkt verpaßt, zerreißt das Gebäck, weil die schnell steigende Ofentemperatur den Teig außen verfestigt hat.[47,49]

Die Phosphatexperten von Dr. Oetker verkaufen der Industrie 'für gefrostete Hefeteige' andere Systeme als für 'flüssige pumpfähige Massen'. Allein der Unterschied, ob für Krapfen Eipulver oder Frischei verwendet wird, verschafft den Technologen Arbeit. Je nachdem, welche Phosphate zum Einsatz kommen, halten sie das Gebäck saftig, regulieren Porung, dienen der Hefe als Nährsalz oder wirken als Kunstsauer. In Füllungen steuern sie die Textur, indem sie program-

miert Calcium freisetzen, das seinerseits die Gelierung der Füllung einleitet. Daneben verhindern sie in Fertigmehlen das Verklumpen. Speziell das Phosphat E 341 schützt die Pulver sogar vor Motten- und Käferfraß, die Insekten gehen davon ein.[54-56]
Die bekannte Ascorbinsäure (Vitamin C) ist ein echter Tausendsassa im Mehl.[53] Eine Prise und die Teige werden elastisch. Das vermindert den Energiebedarf für den Kneter und erhöht zugleich die Dehnbarkeit des Teiges, was wiederum das Volumen vergrößert. Zugleich erlaubt sie eine höhere Wasserzugabe, was sich nicht nur vorteilhaft auf's Gewicht auswirkt, sondern auch die Frischhaltung verbessert, weil es mit mehr Wasser drin halt länger braucht bis es austrocknet.[17] Selbst ein harmloser Geselle wie Vitamin C ist als Backmittel nicht automatisch 'gesund'. Der Backprozess zersetzt es zu Threonsäure.[57] Und diese Threonsäure hat eine recht pikante Nebenwirkung: Im Tierversuch ruft sie Skorbut, also Vitamin C-Mangel hervor.[43] Im Falle der Threonsäure ist die Wirksamkeit noch zu gering, um beim Gelegenheits-Brotesser Spuren zu hinterlassen. Aber es zeigt, wie schnell aus einem vermeintlich gesunden Stoff ein vermeidbares Risiko entstehen kann.

Gesundheitsrisiko: Unbekannt
Zusatzstoffe werden nur im Rohzustand auf ihre gesundheitlichen Wirkungen geprüft. Beim Backen, also bei Temperaturen von bis zu 250°C, können aus manch einem harmlos erscheinenden Stoff ganze 'Schwärme' fragwürdiger 'Abbauprodukte' entstehen. Das trifft beispielsweise auf das in manchen Gebäcken enthaltene Antioxidans BHA zu.[58] Für die meisten Stoffe liegen bis heute keine Untersuchungen darüber vor, was damit im Backofen passiert, noch niemand wagte es, das Sortiment des Bäckers an Versuchstiere zu verfüttern. "Die vielfältigen Umsetzungen und Reaktionen", meint Dr. Kläui vom Chemiekonzern Hoffmann-La Roche, die beim Erhitzen "eintreten können, die möglichen physiologischen Auswirkungen und die Bedeutung der zahlreichen neugebildeten Produkte für die gesundheitliche Verträglichkeit sind noch weitgehend unbekannt".[30]

Und ein Zusatz zieht oft den nächsten nach sich. Die Ascorbinsäure etwa wird, weil Ihre Wirkungen ausgeprägt und günstig sind, schon mal überdosiert. Die Folge: die Teige bleiben an den Maschinen und Fließbändern kleben. Kein Problem für einen erfahrenen Zusatzstoffchemiker. Er gibt eine Prise Cystein zu, und der Teig verliert seine Klebrigkeit.[44] Cystein hat schon einen Stammplatz im Fertigmix erobert. Nicht nur, daß ein Zusatz im Brötchenbackmittel für den appetitanregenden Brötchenduft sorgt, es dient auch als Antischnurrmittel für Kekse. Walzt man einen Teig aus, pflegt er sich wieder zusammenzuziehen. Dies nennt man das 'Schnurren' des Teiges. In automatischen Backstraßen stört das den ganzen Betriebsablauf. Die Teige müssen länger geknetet werden und vor allem solange ruhen bis sich das Eiweiß, der 'Kleber', entspannt hat. Zudem besteht die Gefahr, daß Kekse, Plätzchen oder Cracker auch noch nach dem Ausformen 'schnurren'.[60]

Stellen Sie sich einmal Kekse vor, die durch das 'Schnurren' allesamt um einen halben Millimeter zu dick ausfallen. Bei einer Rolle von 20 Keksen ist das bereits ein ganzer Zentimeter zuviel. Damit paßt die teure, durchgestylte Verpackung nicht mehr, und der computergesteuerte Einwickelautomat spielt verrückt. Mit ein wenig Cystein wird der Kleber entspannt, der Teig schlapp. Dabei ist Cystein nicht einmal körperfremd. Es wird entweder aus Schweineborsten oder aus asiatischem Menschenhaar extrahiert.[13,50,51] Mittlerweile steht auch eine chemische Synthese zur Verfügung.

Obwohl das Bleichen von Mehl längst verboten ist, strahlt unser Toastbrot mit einer Weiße, die einem Waschpulver zur Ehre gereichen würde. Wie gelingt die helle Krume? Man verwendet 'zum Aufhellen' sogenannte Lipoxygenasen. Das sind Enzyme, die das Carotin im Mehl zersetzen.[53] Und das ist dank des neuen Wirkprinzips wieder erlaubt. 'Primatoasta' von Backaldrin in Linz ist ein 'spezielles Backmittel für Toastbrot mit großem Rösteffekt. Bringt feine Krustenbildung und schnittfeste, gleichmäßige Krume, sowie kräftiges Toastaroma'. 'Hellamalt' von Ratjen sorgt für "gleichmäßig gebräunte Toastscheiben mit kurzem Bruch und zartem Biß", für "maschinenfreundliche Teige" und eine "lange Frischhaltung". Wichtig ist ein gleichmäßiges Röstergebnis, auch wenn der alte Toaster dazu neigt, den Scheiben zwei schwarze Streifen einzubrennen. Hierzu wird dem Fertigmehl ein Mix aus 'Bräunungs-Präkursoren' zugesetzt. Die feine gleichmäßige Porung von Toast, der eher an Kuchen erinnert, läßt sich beispielsweise durch die richtige Kombination von Phosphaten mit geeigneten Emulgatoren erzielen.

Die Show des Bäckers

Gerade das Frühstücksbrötchen erfreut sich einer so intensiven Pflege der Backmittelchemiker, daß 'chemiefreie' Brötchen beinahe so selten geworden sind wie die Blaue Mauritius. Die simple Rezeptur der Firma Ireks liest sich wie das Angebot eines Lieferanten von Feinchemikalien: "Zucker, Verdickungsmittel Guarkernmehl, Sojamehl, Emulgator verestertes Mono- und Diglycerid, Lecithin, Säureregulator Phosphat, Malzmehl, Malzextrakt, Molkenpulver, Weizenmehl, pflanzliches Öl, gehärtet, Mehlbehandlungsmittel Ascorbinsäure, Cystein, Enzyme". Und dabei sind Zusätze wie Rieselhilfsstoffe noch gar nicht erwähnt.

Und weil's so schön war, noch ein Vorschlag seines Konkurrenten Ulmer Spatz zum Thema 'echtes Roggenbrötchen'. Die leckeren Zutaten in absteigender Reihenfolge, wie sich's gehört: "Roggenmehl, Roggenvollkornsauerteig getrocknet, Weizenkleber, Roggenmalzschrot, pflanzliches Fett gehärtet, jodiertes Speisesalz, Roggenkeimkleie, Zucker, Emulgator (veresterte Mono- und Diglyceride), Malzextrakt getrocknet, Sojamehl, Verdickungsmittel (Guarkernmehl), Mehlbehandlungsmittel (Ascorbinsäure), Enzyme". Natürlich ist in jeder Rezeptur auch noch Mehl enthalten, also dann guten Appetit!

Neue Zusatzstoffe stehen gewöhnlich am Anfang neuer Produkte und ganzer Trends. Nicht anders bei der 'Schaubäckerei'. Im Verkaufsraum steht ein Backofen, aus dem vor den Augen der Kunden 'ofenfrische' Brezeln, Berliner oder Croissants kommen. Ihr Geheimnis sind Tiefkühlteige, die industriell vorgefertigt, gefrostet und erst bei Bedarf gebacken werden. Gefrostet wird mit Kohlendioxid. Kälteberater Hubert Jünger wirft den Firmen vor, kaum natürliche Kohlensäure zu verwenden, sondern das Gas der Chemieindustrie zu entsorgen.[26] Diese Technik stellt enorme Anforderungen an die Temperaturbelastbarkeit von Gebäcken. Normalerweise splittert die Kruste beim Aufbacken von Tiefkühlware, die Krume löst sich ab, wird trocken und unelastisch. Erst ein Zusatz modifizierter Stärken verhindert das. Sie regulieren den Wasserhaushalt im Gebäck und schützen die Teigstruktur vor dem Krümeln.

Noch wichtiger sind solche Tricks für Füllungen von Apfeltaschen oder Kirschplunder. Der US-Konzern Dow Chemical empfiehlt modifizierte Cellulosen. Denn beim Tiefgefrieren bilden sich gewöhnlich Eiskristalle, das verändert das Kaugefühl. Macht nichts. "Methocel verhindert auch das Wachsen von Eiskristallen, so daß das Produkt beim Auftauen stabil bleibt." Doch das Produkt kann mehr. Ein besonderes Problem ist das 'Durchsuppen' aufgetauter saftiger Füllungen in die Kruste. Methocel läßt das Innenleben in der Hitze wieder fest werden, damit er nicht kocht und zum Platzen des Teigmantels führt. Frappanter Vorteil, so Dow Chemical: "Weniger Schweinerei in ihrem Ofen." Besonderes Merkmal: Bei Verzehrstemperatur ist die Füllung wieder saftig wie eh und je.

Da bleibt dem Bäcker die Luft weg: Enzyme

"Rezeptfrei vom Bäcker" heißt ein Slogan der Hamburger Backmittelfirma Phönix ('Aurora-Mehle').[16] Da ist was dran. So darf der Käse auf den Käsestangen noch etwas Konservierungsmittel Natamycin enthalten. Und den gibt's sonst tatsächlich nur auf Rezept: Natamycin ist ein Antibiotikum gegen Mundfäule und Fußpilz. "Wer heute noch Backmittel als unbedenklich hinstellt, hat sich nicht sachkundig gemacht", meint Berufsschullehrer Enderstein mit Hinweis auf die zahlreichen Allergien der Bäcker.[21] Unter ihnen sind Mehlstäube und Backmittel nach wie vor die häufigste Ursache für berufsbedingtes Asthma bronchiale. Das Bäckerasthma schlägt jährlich mit etwa 2.000 Verdachtsfällen zu Buche. Dazu kommen noch einmal eine ähnlich hohe Anzahl an Dermatosen, d.h. Hautausschlägen, verursacht durch die gleichen Allergene.[39]

Die Backmittelbranche versucht, dem Mehl die Schuld anzudichten und spricht stets von 'Mehlstauballergien'. Das Argument ist wenig stichhaltig. Mit Mehl wurde schließlich schon immer gebacken. Die steile Zunahme allergischer Erkrankungen im Backgewerbe in den Jahren 1984 bis 1990 verlief parallel zum Absatz von Backmitteln.[39,45,15] Besonders auffallend ist die zunehmende Sensibilisierung gegen die Backmittelenzyme. Dieser Zusammenhang konnte durch die allergologische Forschung bestätigt werden: Bestandteile der Backmittel, insbesondere Enzyme wie Alpha-Amylasen, wurden als Allergene erkannt.[37,40] Darüberhinaus ist aber auch an Sojamehl, Lecithin und Guarkernmehl (E 412) als Allergieauslöser zu denken.[38,41]

Kaum eine Backware, die nicht mit Enzymen aufgepeppt wäre: Mit Lipoxygenasen wird das Mehl gebleicht – wichtig für unser Toastbrot, Endoglucosidasen machen den Teig maschinenfreundlich, mit Pentosanasen wird Roggenbrot saftiger, Glucosidasen verbessern die Bräunung, Transglutaminasen machen schwachen Mehlen Beine, und mit Amyloglucosidasen lassen sich die stärkehaltigen Reste einer Bäckerei in Zucker umwandeln.[15]

In diesem Jahrhundert war es interessanterweise schon einmal zu einer Zunahme bei den Bäcker-Allergien gekommen, speziell bei Dermatosen: Dieser erste Anstieg fand mit dem Verbot von Mehlverbesserungsmitteln im Jahr 1957 ein jähes Ende. Damals galten vor allem Oxidantien wie Chlor, Stickoxide und Benzoylperoxid, die als Bleichmittel Verwendung fanden, sowie Perborate, Jodate, Persulfate und Phosphate (zur Verbesserung der Backfähigkeit) als Allergieauslöser.[35]

 'Gifte, die sich rentieren'

Die modernen Helfer der Bäcker waren anfangs von Skepsis begleitet. Die Geschichte der Backmittel beginnt mit der Herstellung von Malzprodukten, um die Enzymaktivität schwacher Mehle zu erhöhen, Mehle, die damals typisch für unsere Landwirtschaft waren. Die Malzmehle waren weiland ein Segen für das Backgewerbe. Um 1920 begannen allerlei chemische Mehlbehandlungsmittel aufzutauchen, insbesondere Oxidantien zur Bleichung und Verbesserung der Backfähigkeit. In Deutschland fanden sie bei den Mühlen starkes Interesse. Nach dem Krieg forderte gerade das alteingesessene Backmittel-Unternehmen Diamalt ein striktes Verbot aller 'chemischen' Behandlungsstoffe. Unterstützung bekam es von den Lebensmittelchemikern, die im Januar 1952 erklärten: "Die Mehlbehandlung ist grundsätzlich abzulehnen." In der DDR war bereits per Rundverfügung vom 31.5.1951 "jegliches Bleichen und Behandeln von Mehlen verboten."[36]

Der Nobelpreisträger Otto Warburg befürwortete ein generelles Verbot und erreichte, daß die deutschen Laureaten aus Chemie und Medizin eine entsprechende Petition an Kanzler Adenauer unterschrieben. Warburg: "Diese Substanzen sind bei ständigem Genuß gefährlich ... Wenn die Backfähigkeit nur auf Kosten der Gesundheit erreicht werden kann, so müssen sich die Bäcker mit der natürlichen Backfähigkeit des Mehles begnügen. Bekanntlich ist Brot auch schon vor der chemischen Mehlbehandlung gebacken worden." Die Zusatzstoff-Diskussion führte zur Gründung der Deutschen Forschungsgemeinschaft, deren Fachkommission auch das Verbot der Behandlung von Roggenmehlen forderte.[36]

Zwar wurden im Laufe der Jahre viele Oxidantien verboten. Aber der Siegeszug der Chemie war nicht aufzuhalten, wie Warburg resignierend einsah: "Die ganze Sache hat sich als völlig zwecklos erwiesen, weil für alle Gifte, die sich rentieren, Ausnahmen gemacht wurden."[36]

Neben der Erkenntnis, daß offenbar in Chemie und Medizin ein Generationswechsel stattgefunden hat, sind zwei Dinge bemerkenswert: Erstens ist die Backqualität unserer Weizensorten durch züchterische Bearbeitung so gut wie nie zuvor. Zweitens verhalf gerade der Roggen den Backmitteln zum Durchbruch. Dank des Kunstsauers war es möglich, Roggenbrot auch großtechnisch herzustellen, weil die Mixtur aus allerlei Feinchemikalien die Teigbildung berechenbar und damit automatisierbar machte. Ganz im Gegensatz zum Sauerteig, dessen Eigenleben 'gepflegt' werden mußte.

Bald setzte sich der Kunstsauer auch in der handwerklichen Bäckerei durch. Die Backmittelwirtschaft prosperierte. Vergessen waren die guten Vorsätze der Vergangenheit. Sorge bereitete allerdings das 'Bäckersterben', das einen schrumpfenden Markt erwarten ließ. Deshalb kamen die Fertigmischungen, die nur noch mit Wasser und Hefe versetzt, umgerührt und abgebacken werden müssen. Die Körnerwelle verhalf ihnen zum endgültigen Durchbruch. Schließlich stellt Vollkornbrot gewisse fachliche Anforderungen an den Bäcker und das nötige Körner-Know-How war längst verlorengegangen.

Führende Allergologen beklagen zu Recht das Fehlen geeigneter Deklarationsvorschriften für Backmittel und Bäckereierzeugnisse.[41] Da die Rezepturen als Betriebsgeheimnis gelten, führen auch Nachfragen bei den Herstellern kaum weiter. Nicht einmal die auf den ersten Blick überzeugend klingende Angabe 'Alpha-Amylase' ist präzise genug, da Alpha-Amylasen verschiedenster Herkunft (aus Bakterien, Pilzen und tierischen Organextrakten) und damit auch mit unterschiedlichen allergenen Eigenschaften verwendet werden. Wie soll sich ein Bäcker, der mit diesen Hilfsstoffen arbeitet – selbst wenn er weiß, wogegen er allergisch ist – gezielt schützen? Und wie soll der behandelnde Arzt eine entsprechende Diagnose stellen, wenn ihm die Inhaltsstoffe der Backmischungen unbekannt sind?

Professor Martin Schata aus Mönchengladbach stellte fest, daß jeder Zehnte Nahrungsmittel-Allergiker auf die Alpha-Amylase reagierte.[23] In einer Detail-Untersuchung mit 58 gegen Alpha-Amylase allergischen Personen besserte sich das Leiden bei vier von fünf Betroffenen durch eine brot- und backwarenfreie Ernährung bzw. verschwand gänzlich.[42] Demnach stellen manche Enzyme auch nach dem Backen ein Risiko dar.[28,29,31,34] Rainer Wettig, Geschäftsführer des Bonner Backmittelinstituts, eine Einrichtung der einschlägigen Industrie, sah ein, "daß es sträflicher Leichtsinn wäre, nicht zu sagen, was verwendet wird". Aber freiwillige Kennzeichnungen, wie er sie anstrebt, helfen indessen nicht weiter. Dem Schutz des Allergikers kann es nur dienen, wenn eine Deklaration für alle Bäcker gesetzlich verpflichtend ist und bei einem Verstoß auch geahndet werden kann.

Der Schwindel mit den Körnern

Vor allem das abwechslungsreiche Angebot an Vollkorn beim konventionellen Bäcker wäre ohne Backmittel undenkbar. "Gerade wenn es in die Bereiche geht, die für die Qualität kritisch sind, wie zum Beispiel beim Vollkorn", gibt das Haus Ulmer Spatz zu bedenken, "bringen unsere Produkte Sicherheit." Deshalb bietet es seinen Bäckern als "Schlüssel zum Erfolg" wahlweise den "Goldkorn-Mix, die Backmischung für Mehrkornbrote" oder den fertigen "Kraftkorn-Mix – für den ernährungsbewußten Brotgenuß". Das fast aufs Wort gleiche 'Saftkorn-Brot' von Ireks-Arkady wird aus 'Sovital-Mix' gerührt. Die Konkurrenz rührt mit. Meistermarken beispielsweise mit 'Vollkorn-Osterlämmern' aus 'Meistermix Vollkorn *Rühr*'. Sie sind der Pionier des industriellen Geschäfts mit Fertigvollkorn. Mit der Neueinführung von 'Meistermix-Vollkorn *Wiener*' und 'Meistermix Vollkorn *Mürb*' im Jahre 1989 deckt Unilever heute die gesamte Spannbreite der Feinen Backwaren beim Bäcker um die Ecke ab.[24]

Wie wär's mit einem 'Kornknacker-Mix' von Ireks-Arkady oder einem 'Malzkrönchen'? "Unser Produkt Malzkrone enthält bereits alle erforderlichen Bestandteile". Wie praktisch. Und woraus macht man 'Dinkelberger Keimkornbrot'? Na klar, aus 'Dinkelberger Keimkorn-Mix'. Ratjen setzt auf Understatement: In seinem 'Weizenvollkorn' und 'Das Korn' sind trotz der unverfänglichen Namen 'Backmittel und Salz enthalten'. Über 'Kernbeißer' verriet Phönix nur soviel : Ein Konzentrat 'mit viel drin'. Sollte der Bäcker nicht anbeißen, bleibt ihm immer noch der 25 kg Sack 'fixfertige Backvormischung' von Diamalt, gefüllt mit 'Korntaler Bauernbrot'.

"Das volle Getreidekorn ist reich an lebenswichtigen Vitaminen und Mineralstoffen. Alle diese natürlichen Vital- und Aufbaustoffe sind in Bäcker's Vollwertgebäcken enthalten." Der Kunde liest's und glaubt es gern. Was der Prospekt verschweigt, ist die Synthese dieses 'Vollwertbrotes', von Backen mag man gar nicht reden. Sie gelingt auch dem begriffsstutzigen Bäckerstift: 10 kg 'Vollwert Brot und Brötchenmehl', 6,5 kg Wasser und ein Pfund Hefe. Umrühren, ein paar Minuten gehen lassen und ab in den Ofen. Wohlgemerkt : 'Bäcker's Vollwert' ist der Name eines bewährten Fertig-Backmittels aus dem Hause Abel & Schäfer. Das Chemieunternehmen Boehringer Ingelheim kontert mit 'Rustikal Boehringer', aus dem sich ein gutes Dutzend "rustikaler Gebäcke aus einem Teig" zaubern läßt. Die deutsche Brotvielfalt läßt grüßen.

Wer will, kann auch seine gewöhnliche Backmischung rustikal gestalten. Für den gesunden Teint kerniger Brotsorten hätte die Firma Sonneveld etwas in petto: 'Brotbraun'. Das Pulverbackmittel garantiert eine 'natürliche Brotfärbung'. Bereits ein Prozent genügt, um gewöhnlichen Brötchen einen Vollkorntouch zu verleihen. Fragt der Kunde seinen Bäcker nach dessen Färbemitteln, so bekommt er wenn überhaupt die Floskel zu hören, das Brot sei "mit Malz gebräunt". Farbe allein reicht beim besser informierten Kunden nicht mehr. Unter dem Slogan "Machen Sie Ihr handwerkliches Können sichtbar" vollenden "Dekorflocken" das Stilleben. Noch eine Handvoll Körner in den Teig, und die Verbraucheraufklärung feiert Triumphe: Hat sie nicht jahrelang gepredigt, dunkle Brotsorten mit Vollkorn zu kaufen?

Beim Ausschöpfen der vorteilhaften Wirkungen von Ballaststoffen auf den trägen Darm übertraf sich die einfallsreiche Branche selbst. Glaubt man den Marktdaten, dann füllt das Abführimage Kasse wie Klo. Seit sich der Wert der Rohfaser als 'Ballaststoffe' herumgesprochen hat, wetteifern die Abfallverwerter um den Zugang in den gesundheitsbewußten Darm. Statt Vollkorn deponieren Trittbrettfahrer in den Teigen Biertreber, sprich ausgelaugte Gerstenschalen aus den Brauereien. Andere verhökern wertlose Sojaspelzen unter der Vollkornflagge und entsorgen damit gewisse Überreste der Margarinefabrikation. Der US-Waschmittelkonzern Procter & Gamble ließ sich sogar einen Zusatz an Baumwollfasern für Light-Brote patentieren.[14] Die sozialistische Mangelwirtschaft läßt grüßen: Das Technologische Institut der Lebensmittelindustrie in Odessa am Schwarzen Meer prüfte schon mal Maisstengel, Weizenstroh und Birkensägemehl als "nichttraditionelle Pflanzenrohstoffe zur Brotherstellung".[59] Es gibt viel zu tun. Backen wir's rein.

4.

Kunst im Darm

Sprengstoffwurst und Läusesalami / Die Metamorphose der Alge im Gulasch / Der Schinken und sein Schaumverhüter

"Wurst ist eine Götterspeise, denn nur ein Gott weiß, was drin ist", spottete einmal der Dichter Jean Paul. Heute scheint dieser Gott seinen Sitz in Brüssel zu haben, denn dort werden die Gebote für die europäischen Würstchen ausgeheckt. Von nun an soll es keine himmlischen Extrawürste mehr beim Metzger geben. Die irdischen Verbraucherschützer sind mit diesem Gesetzeswerk wenig glücklich. Sie fürchten die vielen neu zugelassenen Zusatzstoffe wie der Teufel das Weihwasser. Der guten deutschen Wurst drohen Alginate (E 400–404), Natamycin (E 235), ein Antibiotikum gegen Mundfäule und Fußpilz, oder gar diverse Farbstoffe.[100,304]

Keine Angst, auch die Fleischwirtschaft kennt die Sorgen des Verbrauchers: Er "reagiert auf Zusatzstoffe eher sensibel und würde kräftig gefärbte Lebensmittel, wie sie in Großbritannien oder Dänemark seit langem üblich sind, derzeit noch ablehnen". Daher laufen bereits Versuche, wieviel Farbstoff künftig verwendet werden kann, damit der Deutsche seinen Brotbelag noch als natürlich empfindet.[101] Bis es allerdings soweit ist, erwecken die Metzger gerne den Anschein eines 'Reinheitsgebotes für Deutsche Wurst'. Ganz so rein sind Lyoner und Leberwurst indessen nicht. Denn schon heute werden 95 Prozent der deutschen Wurstwaren mit Nitrat und Nitrit 'umgerötet'.[102] Dieser als

'Pökeln' bezeichnete Vorgang verlängert nicht nur die Haltbarkeit, sondern verhilft Schinken, Salami und Mettwurst auch zu ihrer 'verkaufsaktiven' roten Farbe. Mit diesem Versprechen köderte die *Neue Fleischer Zeitung* die Metzger noch 1975.[103]

Würstchenstrategie

Das war nicht immer so. Ursprünglich pökelte man Fleisch nur mit einfachem Kochsalz. Die auf diese Weise angelegten Fleischvorräte waren zwar nicht so schön rot wie die heutigen Würste, aber sie erfüllten ihren Zweck: Sie halfen über lange Winter hinweg. Im Laufe der Zeit mischte man etwas Salpeter (Nitrat, E 252 und 253) zu, damit – wie ein altes Lehrbuch vermerkt – "das Pökelfleisch seine schöne rote Farbe behält".[104] Da man mit Nitrat auch Sprengstoff herstellen kann, beschlagnahmte das Militär im 1. Weltkrieg sämtliche Vorräte bei den Schlachtern. Die suchten nicht lange nach einem Ersatz, sondern griffen zum giftigeren Nitrit.[105] Während der nitrathaltige Sprengstoff die gegnerische Front schwächte, lichteten die nitrithaltigen Fleischerzeugnisse gelegentlich die eigenen Reihen. Immerhin reichen 0,25 bis 5 Gramm Nitrit aus, um einen Menschen zu töten.[106-109] Noch in der Nachkriegszeit führte die Ähnlichkeit von Nitrit mit Kochsalz zu fatalen Verwechslungen: Mit reinem Nitrit 'gesalzene' Fleischbrühe oder Fleischkäse führten zu einigen Massenvergiftungen. So zum Beispiel 1946 in Leipzig, als 71 Personen nach Genuß einer Fleischbrühe übel wurde. Der Griff des Fleischermeisters in den falschen Sack kostete sieben von ihnen das Leben. Mehr Glück hatten 146 Badener, die im Jahr darauf stark nitrithaltige Wurstsuppe verzehrten. Obwohl 65 Betroffene vorübergehend wegen starker Vergiftungserscheinungen ins Krankenhaus mußten, wurden alle wieder gesund.[110,215]

Trotz derartiger 'Zwischenfälle' fügte sich der Gesetzgeber in das scheinbar Unvermeidbare und legalisierte 1930 die bis dato bereits gängige Praxis der Nitritpökelung.[111] Um den Gesundheitsschaden zu begrenzen, darf heute nur noch Nitritpökelsalz verwendet werden, eine Mischung von Kochsalz mit maximal einem halben Prozent Nitrit.[112] Damit schien die Vergiftungsgefahr vorerst gebannt. Allerdings erkannte man vor einigen Jahren, daß Nitrit mit bestimmten Inhaltsstoffen des Fleisches krebserregende Nitrosamine bilden kann. Sie kommen in jeder dritten umgeröteten Wurst vor.[113-115] Besonders viele Nitrosamine entstehen, wenn das verwendete Fleisch nicht mehr ganz frisch war oder wenn die Umrötung nicht ordnungsgemäß vorgenommen wurde.[116] Und auch im Magen können unter bestimmten Bedingungen aus aufgenommenem Nitrit Nitrosamine entstehen.[117] Warum also graut uns noch vor den Farbstoffen in der Wurst, die wir zudem im Urlaub genüßlich in französischen Merguez- oder spanischen Chorizo-Würstchen verzehren?

Es ist nicht nur die Tatsache, daß die deutsche Wurst gefärbt werden soll, vor allem das Wie erbost den eingefleischten Wurstesser. Sein Grauen hat einen Namen: Cochenille oder E 120. Der rote Farbstoff wird aus getrockneten Schildläusen gewonnen. Genaugenommen aus den befruchteten Weibchen.

Was verleitet die Spanier nur dazu, ihre Würste mit Läuseextrakt zu versetzen? Eigentlich eine scheinheilige Frage. Denn auch die Deutschen färben viele Lebensmittel stillschweigend mit Cochenille – viele Süßwaren, Diätkonfitüre und Lachsersatz leuchten bei uns schon lange läuserot aus den Regalen.[118]

Und auch viele andere der verteufelten neuen Wurstzusätze sind hierzulande längst in anderen Lebensmitteln zugelassen. So umhüllt Natamycin bereits deutschen Käse und Alginate verbessern das Mundgefühl von Eiscreme und Eierlikör.[119,120]

Nationale Extrawürste

Vor lauter grausigem Ungeziefer in seiner Wurst vergißt der Esser schnell, daß in dem Darm, aus dem nun die Blutwurst quillt, einst wenig appetitliche Verdauungsprodukte ihren Weg nach draußen nahmen. Damit wir in diese Verpackung dennoch appetitlich reinbeißen können, wird der Darm schlachtwarm entleert, durchgespült und entschleimt. Durch Einlegen in Milchsäure wird er schön zart und elastisch. Damit er nicht so schnell fault, wird er mit Salz eingerieben und getrocknet.[121]

Gegen die Faulheit einiger Naturdarmhersteller ist schwerer anzukommen. Die Arbeit der gründlichen Darmreinigung scheint bei ihnen nicht immer sehr beliebt. So bemerkten die beamteten Spürnasen des Staatlichen Medizinal-, Lebensmittel- und Veterinäruntersuchungsamtes Südhessen 1988 bei einigen Naturdärmen einen deutlichen Geruch nach Kot. Einmal mißtrauisch geworden, fanden die Experten auch die entsprechenden Hinterlassenschaften des Darminhaltes darin.[122]

Daneben können Naturdärme – ihrem Namen zum Trotz – ein Sammelsurium an Chemikalien enthalten. Mit Salzen von Milch-, Wein- und Citronensäure sind sie beispielsweise länger haltbar; Sorbit (E 420) hält sie weich. Kunstdärme dagegen halten, was ihr Name verspricht: Sie dürfen nicht nur mit mehr als der siebenfachen Sorbitmenge weichgehalten werden, sondern auch mit Glyzerin (E 422). Die künstliche Pelle kann außerdem Carboxymethylcellulose (E 466), Cellulose (E 460), Aluminiumammoniumsulfat (E 523) und Aluminiumsulfat (E 520) enthalten.[123]

Für den Fleischer haben Kunstdärme viele Vorteile: Sie sind länger haltbar und lassen sich besser einfärben. Bestimmte Därme schützen die Wurst zudem vor einem Wasser– und damit für die Händler kostspieligen Gewichtsverlust. Besonders ein deutscher Hersteller ist daher höchst emsig darum bemüht, den Markt mit neuen patentierten Pellen zu bereichern.[124-127] Da werden Hüllen auf Papierbasis oder aus Polyethylen, Polyamid und Polyester hergestellt – Kunststoffen, die einst in Form von Feinstrumpfhosen Männerherzen höher schlagen ließen.

Die Cellulosehüllen werden mit unaussprechlichen Di-n-decyldimethylammonium- und Isothioazolon-Verbindungen beschichtet, um Schimmelbefall zu verhindern. Manchmal enthält die Beschichtung "zweckmäßigerweise noch einen oder mehrere Weichmacher".[126] Da inzwischen wieder mehr 'Natur' gefragt ist, experimentieren die Hersteller mit eßbaren Wursthüllen auf der Basis von Soja- oder Milcheiweiß. Damit dieses Eiweißgemenge seine Funktion erfüllen kann, ist jedoch ein Zusatz von Formaldehyd, Glyoxal oder Glutaraldehyd erforderlich.[124] Erst dann sitzen die delikaten Stützstrümpfe der prallen deutschen Wurst wie angegossen.

Enthüllungen

Was bleibt auf dem Vesperbrett zurück, wenn die Pelle abgezogen ist? Erhitzen sich die Gemüter beispielsweise über 'Fremdeiweiß' in Römerbraten und Touristenwurst, dann geht es nicht um kannibalische Riten, sondern darum, teures Fleischeiweiß gegen billigeres Eiweiß auszutauschen. In Deutschland sind zu diesem Zweck bisher nur Hühnereiweiß und aufgeschlossenes Milcheiweiß (siehe Kapitel 'Die Milch macht's') zugelassen. Nun sollen sich auch zahlreiche pflanzliche Eiweiße aus Bohnen, Erbsen, Kartoffeln, Lupinen, Baumwollsaat oder Weizen dazugesellen. Diese pflanzlichen Lebensmittel werden also zukünftig nicht mehr über den Umweg Schwein 'veredelt', sondern wandern direkt in die Wurst.[143]

Natürlich bestimmt dennoch vor allem das Fleisch den Charakter der Wurst. Haben Sie sich mal überlegt, was mit den Fleischteilen passiert, die nicht als teures Steak, Kotelett oder Filet in der Pfanne landen? Also mit den Hälsen, Beinen und Schwänzen? Den ganzen Innereien, die oft übrigbleiben, weil sie heute kaum noch jemand essen mag?

Die Deutsche Lebensmittelbuchkommision hat das Problem erkannt und mit einem Kunstgriff aus der Welt geschafft: All die Dinge, die im Supermarkt liegen bleiben würden, werden lebensmittelrechtlich zu 'Fleisch' ernannt und können als solches verwurstet werden.[128] So erscheinen durchaus wertvolle Teile des Tieres wie Leber, Herz, Zunge, Schweinemicker, Hirn, Bries, Milz, Niere, Magen und Vormagen als edles 'Fleisch' auf dem Wurstetikett. Der Verbraucher denkt an saftige Steaks statt an Lymphknoten, Speiseröhren und Speicheldrüsen. Und in Form von Wienern fehlt das ungeliebte 'Lüngerl' dann auf keinem Kindergeburtstag. Weggeworfen wird so schnell nichts – letztendlich stimmt dann auch die Ökobilanz.

Der Verbraucher muß sich eben damit abfinden, daß altbekannte Begriffe im Deutschen Lebensmittelrecht mit einer anderen Bedeutung belegt werden.

Der Appetit kommt beim Essen

Ein Schelm, wer jetzt bei einer Kalbsleberwurst noch an die Kalbsleber denkt. Das war einmal. Schweineleber ist billiger. Außerdem schmeckt Kalbsleber relativ bitter und ist dunkel in der Farbe, was kaum verkaufsfördernd wäre. Der Name kann heute allenfalls als Hinweis auf einen gewissen Kalbfleischzusatz interpretiert werden. Früher nahm der Meister einfach beste Zutaten, mindestens 20 Prozent frische Leber und eine Portion Geduld. Das Ergebnis war eine gleichmäßige Leberwurst ohne unschönen Fettrand. Sein moderner Metzgerkollege schüttelt darüber nur den Kopf. Schließlich ist auch Schweineleber vergleichsweise teuer. Billiger ist es, mit weniger Leber und dafür bei höheren Temperaturen zu arbeiten. Für den appetitlichen Anblick der Wurst sorgen nun Emulgatoren wie aufgeschlossenes Milcheiweiß oder Mono- und Diglyceride. Aromen, Geschmacksverstärker und eine Prise Vanillin vervollkommnen den Geschmack.

Durch chemische Behandlung mit den Geschmacksverstärkern Glutaminsäure, Inosinat und Guanylat wird der Zunge ein besonders pikantes Essen vorgegaukelt. Die Stoffe verstärken den Eigengeschmack des Fleisches und unterdrücken unerwünschte Geschmackseindrücke wie Bitterkeit oder Schärfe. Die Weltgesundheitsorganisation (WHO) hält bis zu acht Gramm Glutamat täglich für völlig harmlos. Dennoch treten bei empfindlichen Personen bereits in niedrigeren Dosen Nebenwirkungen auf. Auf dieses Paradoxon angesprochen erklärte ein Mitglied der WHO-Kommission, die angeblich unbedenkliche Menge sei eben "nicht dafür gedacht, auf einmal auf nüchternen Magen eingenommen zu werden".[129] Eine Glutamatmahlzeit ist demnach unbedenklich, vorausgesetzt, Sie haben sich vorher glutamatfrei sattgegessen.

Das Bild der unberührten deutschen Wurst ist also allenfalls eine Fata Morgana hitziger Stammtischdebatten. Sie löst sich nach Art dieser Erscheinungen bei näherem Hinsehen in Luft auf. Eine reibungslos funktionierende Fleischwirtschaft erfordert eben so manchen chemischen Kompromiß und vermehrten Zusatzstoffeinsatz. Der Kunde merkt davon wenig: So werden beispielsweise Brühwürste heute nicht mehr aus frischem schlachtwarmem Fleisch hergestellt, sondern meistens mit tiefgekühltem aus der Versandschlachterei. Gefrierfleisch läßt sich jedoch schlecht verwursten. Um es genauso gut verarbeiten zu können wie schlachtwarmes Fleisch, benötigt man sogenannte Kutterhilfsmittel. Das sind etwa die allseits bekannten Phosphate – bekannt, weil kennzeichnungspflichtig.

Die Phosphate stellen für den Metzger einen steten Quell der Versuchung dar. Er kann damit nicht nur mehr Wasser in der Wurst unterbringen, sondern auch manch technologisches Problem lösen. Um den Metzgern entgegenzukommen, wurden Diphosphate auch für den Kochschinken zugelassen, in dem sie bis dahin oft illegal eingesetzt wurden. Doch schon beklagt sich die Fachzeitung *Fleischwirtschaft* wieder. Werden im Schinken nur die jetzt zugelassenen Diphosphate zur Herstellung von Pökellake eingesetzt, "dann besteht die Gefahr von Trübungen und Ausfällungen in der Lake, wodurch die Injektionsnadeln verstopft werden können".[130] Bleibt abzuwarten, wann auch die die Löslichkeit verbessernden Pyro-Tripolyphosphate zugelassen werden, um die Rentabilität der Anlagen zu ermöglichen.

Zusatzstoff-TÜV?

Des Metzgers Tagwerk ist heute oft ein hochtechnisierter Prozeß. So spritzt zum Beispiel eine mit Dutzenden von Injektionsnadeln gespickte Maschine die phosphat- und nitrithaltige Pökellake im Abstand von einem Zentimeter in die vorbeilaufenden Fleischteile. Was früher beim Einlegen in die Lake noch Wochen dauerte, gelingt jetzt binnen weniger Sekunden. Gleichmäßig verteilt sich die salzige Brühe von innen nach außen, der Schinken wird schön saftig. Das maschinelle Schnellpökeln spart Arbeitskräfte, umgeht lange Produktions- und Lagerzeiten und hilft, das Gewicht des Schinkens zu optimieren. Doch das nächste Problem läßt nicht lange auf sich warten. Unter dem Druck fängt die Pökellake an zu schäumen. Dadurch wird Luft in die Spritzen gezogen und die Menge der eingespritzten Lake kann nicht mehr exakt dosiert werden. Also muß ein Schaumverhütungsmittel her.

Ist kein entsprechender Zusatzstoff zugelassen, steht dem Metzger immer noch ein juristisches Hintertürchen offen. Er sucht sich einen geeigneten Zusatz und verwendet ihn als Technischen Hilfsstoff (siehe Kasten S. 64). Rechtliche Bedingung: Im Schinken dürfen nur noch "technologisch unwirksame Reste in gesundheitlich, geruchlich und geschmacklich unbedenklichen Anteilen" vorhanden sein.[131] In der Praxis werden geruchs- und geschmacksneutrale Fettalkohole auf Silikonbasis verwendet. Technologisch haben sie im Schinken tatsächlich keine Wirkung mehr. Doch was ist eine 'geruchliche Unbedenklichkeit'? Der Gesetzgeber überläßt es der Phantasie und dem Näschen des sachverständigen Paragraphenlesers. Und auch zur 'gesundheitlichen Unbedenklichkeit' hat unser Lebensmittelrecht keine Definition parat.

Oft genug wird ein Zusatzstoff nur deshalb als Technischer Hilfsstoff toleriert, weil es noch keine geeignete Labormethode zu seiner Bestimmung gibt und so auch keine Kontrollmöglichkeit besteht. So geschehen bei der industriellen Konfitürenherstellung: Der beim Kochen entstehende störende Schaum fällt seit langem unter Zusatz von Dimethylpolysiloxan (E 900) in sich zusammen. Der Entschäumer ist dann natürlich im fertigen Erzeugnis enthalten. Mangels Nachweismethode wurde Dimethylpolysiloxan zum Technischen Hilfsstoff erklärt und geflissentlich übersehen. Dank einer neuen Analysenmethode aus der Schweiz wurde E 900 inzwischen mit Grenzwert in die EU-Zusatzstoffliste aufgenommen und ist nun 'richtig' zugelassen.[132] Das Lebensmittelrecht versichert uns, Zusatzstoffe nur nach strengster Indikationsstellung zuzulassen. Und was nicht ausdrücklich zugelassen ist, ist dann automatisch verboten – heißt es. Schön wär's. Längst hat die Lebensmittelbranche die Lücken im Gesetzestext entdeckt. Das Verbot kann umgangen werden, indem der Zusatzstoff zum 'Nichtzusatzstoff' uminterpretiert wird. Und ist es erst einmal gelungen, eine Chemikalie zum 'Nichtzusatzstoff' zu erheben, darf sie ohne ausdrückliche Erlaubnis unsere Lebensmittel bereichern. Auf diese Art werden erheblich mehr Stoffe als vermutet eingesetzt. Die scheinbar kleine Gesetzeslücke gleicht bereits einem offenen Scheunentor.

Von Zusatzstoffen und Nichtzusatzstoffen

Unser Lebensmittelrecht steckt voller sprachlicher List und Tücke. Um den besorgten Bürger zu beruhigen, der möglichst wenig Zusatzstoffe im Essen haben will, schuf der Gesetzgeber den 'Nichtzusatzstoff'. Da Zusatzstoffe eigens zugelassen werden müssen, liegt der Nutzen dieser 'Nicht'-Stoffe nahe: Sie bedürfen allesamt keiner Zulassung.

So hat jeder, was er will: der Bürger seine zusatzstoffarme Nahrung, der Hersteller eine breite Auswahl von chemischen Hilfen und der Gesetzgeber eine weiße Weste.

Nichtzusatzstoffe gemäß Lebensmittelgesetz (LMBG) sind Stoffe, die natürlichen Ursprungs sind wie zum Beispiel das Vanillin aus der Vanilleschote. Aber auch Stoffe, die den natürlichen chemisch gleich sind.[131] Damit werden zunächst einmal alle synthetischen, also im Labor nachgebauten Stoffe erfaßt, wie etwa ein Vanillin aus Sägespänen. Das bedeutet, daß zahlreiche chemisch oder biotechnologisch erzeugten Aromastoffe von der Zulassung befreit sind.

Auch alle Enzyme werden wie Nichtzusatzstoffe behandelt, sind streng genommen aber Zusatzstoffe. So hat der Gesetzgeber selbst noch gar nicht entdeckte Enzyme von der Zulassung befreit – einschließlich aller gentechnisch erzeugten. Ein deutscher Enzymhersteller beantragte dennoch unnötigerweise sein gentechnisch hergestelltes Chymosin für die Käseherstellung verwenden zu dürfen. Und wirbelte damit unangenehmen Staub von den Paragraphenwerken auf. In den USA werden übrigens bereits 40 Prozent des Käses mit Gen-Chymosin hergestellt, und auch die schweizer und britischen Molkereien bedienen sich längst aus dem Gentopf.[133]

Dank des Tricks mit den Nichtzusatzstoffen können Lebensmittelwirtschaft und Bundesregierung treuherzig betonen, hierzulande seien nur wenige und streng geprüfte Stoffe zugelassen. Die meisten in deutsche Lebensmittel gerührten Fremdstoffe sind rechtlich gesehen eben 'Nichtzusatzstoffe'. Rechnet man sie mit dazu, dann sind es nicht mehr einige hundert, sondern viele tausend Substanzen, die tagtäglich bei der Lebensmittelherstellung eingesetzt werden.

Ein armes Würstchen: Der 'aufgeklärte' Verbraucher

Rund 60 Prozent der Fleischerzeugnisse gehen in Deutschland unverpackt über die Theken von Metzgereien oder Supermärkten.[134] Sie müssen im Gegensatz zu der verpackten Version nur minimal gekennzeichnet werden. Auch bei allen Getränken (mit Ausnahme von Bier), die mehr als 1,2 Prozent Alkohol enthalten, ist ein Zutatenverzeichnis nicht vorgeschrieben. Und aus praktischen Gründen auch bei Lebensmittelpackungen, deren Flächen kleiner als zehn Quadratzentimeter sind. Denn da müßte man wohl eine Lupe zur Hilfe nehmen. Leider ist das ein Freifahrtschein für viele Süßigkeiten, die in Kassennähe der Kinderhände harren.[135]

Auch in Kantine und Restaurant bleibt dem Gast die Wahrheit erspart. Keine E-Nummer trübt den Blick auf die geschmackvoll gestaltete Speisekarte. In seltenen Fällen weist ein kleines Sternchen an dem 'Linseneintopf mit Spätzle' darauf hin, daß die ebenfalls enthaltenen Würstchen 'mit Phosphat' hergestellt wurden. Viel wichtiger wäre es, dem erwartungsfrohen Gast zu verraten, ob sich hinter einem klangvollen Namen ein Fertiggericht verbirgt. Schließlich wird in unseren 'gutbürgerlichen' Restaurants nur noch in Ausnahmefällen selbst gekocht. Das Angebot der Speisekarte deckt sich nicht selten mit dem Sortiment des Lieferanten an Vorprodukten und Fertiggerichten – vorproduziert unter dem Einsatz aller kostensparenden Errungenschaften moderner Lebensmittelwissenschaften. Bei einer vollständigen Deklaration wirklich aller Zutaten würde das Lesen der Speisekarte den Abend füllen und der Magen ginge leer aus.

Es ist schon eine Crux: Dort wo die meisten Zusatzstoffe eingesetzt werden, in Bäckerei, Metzgerei und Kantine, muß am wenigsten gekennzeichnet werden. Man muß kein Hellseher sein, um den Grund dafür zu erkennen: Mit einer vollständigen und wahrheitsgemäßen Deklaration konfrontiert, würden viele Deutsche sich wieder selbst an Herd und Backofen stellen. Und das ist nicht im Sinne der Wirtschaft.

Andersherum gedacht: Was wäre, wenn unsere Metzger, Bäcker und Köche wieder nach handwerklicher Sitte produzieren würden? Durchaus mit modernen Maschinen, um die körperliche Arbeit zu ersetzen und gerne auch mit dem einen oder anderen wirklich erforderlichen Zusatzstoff? Manch ein mit Hilfe von Zusatzstoffen wegrationalisierter Arbeitsplatz stünde wieder zu besetzen – und das Essen wäre besser.

Der Gesetzgeber hat es verstanden, die Deklaration so zu gestalten, daß selbst ein Fachmann nicht mehr in der Lage ist, aus den Angaben die tatsächliche Zusammensetzung eines Produktes zu ermitteln, und daß der Kunde stets das beruhigende Gefühl hat, informiert zu sein. Besonders pfiffig ist die 'Beruhigungspille' bei unverpackter Ware. Obwohl eigentlich ohne Deklaration, müssen ganz wenige ausgewählte Zusätze doch wieder gekennzeichnet werden. Ist die Wurstoberfläche beispielsweise mit Kaliumsorbat (E 202) behandelt, um sie vor dem Verschimmeln zu schützen, dann muß in der Kühltheke ein Schild darauf hinweisen. Keine Regel ohne Ausnahme. Entfernt die Verkäuferin die behandelte Pelle, kann sie sich das Schilderschreiben sparen. In der Zwischenzeit ist der Konservierungsstoff jedoch längst ins Wurstinnere eingewandert und landet auf dem Vesperbrot.[136]

Bei abgepackter Ware verlangt der Gesetzgeber, daß alle Zutaten in absteigender Reihenfolge nach Masse deklariert werden. Doch gibt es neben den 'Zutaten' auch 'Nichtzutaten'. Ob ein Stoff das eine oder das andere ist, hängt von seiner technologischen Wirkung ab. Hat er im Enderzeugnis noch eine technische Funktion, dann ist er eine Zutat und damit kennzeichnungspflichtig. Wird beispielsweise ein Fischsalat konserviert, so wirkt der Konservierungsstoff auch noch nach der Produktion. Wird hingegen ein Kuchen mit Backpulver gebacken, dann hat dieses bei Verlassen des Ofens seine Schuldigkeit getan – eine Deklaration ist nicht mehr zwingend vorgeschrieben.

Ähnlich in der Wurstfabrik: Zum Beschleunigen der Umrötung wird Ascorbinsäure (E 300) verwendet. Ist die Wurst erst einmal rot, hat die Säure keine Aufgabe mehr und muß daher nicht im Zutatenverzeichnis erscheinen. Nun gibt es aber auch abgepackte Würste mit einer als 'Ascorbinsäure' deklarierten Zutat. Dies muß nicht unbedingt an einer ungewöhnlichen Mitteilungsfreudigkeit des Unternehmens liegen. Denn zur Verlängerung der Haltbarkeit wird der Wurst Ascorbylpalmitat (E 304) zugesetzt. E 304 verhindert, daß die Wurst beim Kunden zu schnell ranzig wird.[137] Da die beiden Stoffe chemisch miteinander verwandt sind, darf der Hersteller die harmloser klingende 'Ascorbinsäure' auf sein Produkt schreiben.[138] Im Klartext: Was drin ist, muß nicht immer drauf stehen – aber auch das, was draufsteht, muß nicht immer drin sein.

Matthias Horst, Lobbyist der Lebensmittelindustrie, läßt durchblicken, was er von dieser Form der Kennzeichnung hält: Das Zutatenverzeichnis sagt "nur wenig oder gar nichts über die Qualität des Lebensmittels aus, denn welche 'Güte' die Zutaten haben, welche technologischen Verfahren zur Herstellung des Erzeugnisses angewandt wurden, ist der Auflistung nicht zu entnehmen". Und da sage noch einer unsere Lebensmittelwirtschaft wäre nicht ehrlich.[139]

ⓘ Algengulasch ohne Alge: Von Zutaten und Nichtzutaten

Ob ein Stoff im Zutatenverzeichnis landet oder nicht, hängt davon ab, ob es sich bei ihm um eine 'Zutat' oder eine 'Nichtzutat' handelt. Während alle Zutaten gekennzeichnet werden müssen, sind die Nichtzutaten selbstredend von der Deklaration befreit.

Als Nichtzutaten gelten zum Beispiel alle Zusatzstoffe, die wegen ihrer Maschinengängigkeit zugesetzt werden und damit eine einfachere Herstellung ermöglichen. Sie sind zwar im fertigen Lebensmittel enthalten, haben darin aber keine Funktion mehr.

So sorgt Cystein (E 920) bei der Keksherstellung dafür, daß der Teig nicht zusammenschnurrt. Die damit gebackenen Kekse haben eine einheitliche Form und können daher leichter verpackt werden.[140]

Manchmal entscheidet allein die Verpackungsgröße über den Einsatz von Zusatzstoffen. So bei der Abfüllung von Marmelade in kleine Portionsbecher: Damit der Becherrand nicht durch nachfließende Marmelade verkleckert, muß der süße Fluß schnell gestoppt werden. Diese exakte Dosierung gelingt mit zugesetzten Alginaten.[141]

Auch bei der Gulaschsuppe ist die Abfüllung problematisch: Während in den ersten Suppenbüchsen fast kein Fleisch landet, sind die letzten voll davon. Sie kennen das sicher vom selbstgekochten Eintopf. Wird der aus dem Topf in die Suppenschüssel umgefüllt, dann kommt zunächst nur Brühe. Erst zum Schluß platschen die Gemüse- und Fleischeinlagen hinein. Der Hersteller muß jedoch auf dem Etikett eine Mindestfleischeinwaage garantieren. Damit die auch in jeder Büchse drin ist, halten Alginate die fleischigen Stückchen in der Schwebe. Beim anschließenden Sterilisieren der Konserven zersetzen sich die Alginate, die Schwebeteilchen sinken zu Boden. Eine Kennzeichnung des Zusatzstoffes ist daher überflüssig.[129]

Auch Zusatzstoffe, die über eine andere Zutat ins Lebensmittel gelangen, gelten selbst nicht als Zutaten, wenn sie im Enderzeugnis nicht mehr wirksam sind. Wird die Limonade beispielsweise aus einem konservierten Limonadengrundstoff hergestellt, dann reicht dieser Konservierungsstoff unter Umständen nicht aus, um das fertige Getränk haltbar zu machen und muß daher auch nicht ins Zutatenverzeichnis. "Bestandteile einer Zutat, die während der Herstellung vorübergehend entfernt und dem Lebensmittel wieder hinzugefügt werden, ohne daß sie mengenmäßig ihren ursprünglichen Anteil überschreiten" bleiben ebenfalls ungenannt.[135] So werden dem Wein mit Leichtbenzinen Aromastoffe entzogen, die dann (mit geringfügigen Lösungsmittelresten) dem alkoholfreien Wein wieder zugesetzt werden.[144] Weder das zugesetzte Aroma, geschweige denn die Lösungsmittelreste, müssen gekennzeichnet werden.

5.

Etikettenschwindel: In vino veritas
Wein und Wahrheit / Der Winzer und die Fischblase / Kabinettstückchen im Keller / Polyvinylpyrrolidon-Spätlese / Der Wein wird ganz blau

Das Gemüse ist geputzt, die Kartoffeln sind gepellt. Seit einer Stunde schmort der Braten im Ofen und das hausgemachte Apfelkompott mit Zimt und Rosinen steht fertig im Kühlschrank. Zur Feier des Tages wird das Silberbesteck aus dem Fach gekramt und blank poliert. Auch Servietten dürfen nicht fehlen. Sogar die Serviettenringe, ein Geschenk von, sagen wir, Tante Mathilde, werden endlich mal benutzt. Zu so einem Festmahl gehört auch der richtige Wein. Wohltemperiert funkelt ein grasiger Lemberger in der geschliffenen Karaffe. Bevor die Gäste kommen, bleibt noch etwas Zeit. Nutzen wir sie und steigen die Stufen hinab in das Reich des Kellermeisters.
In einem düsteren Gewölbe sorgt er dafür, daß der servierte Wein zur Krönung der Tafel wird. Ein Wein soll im Glase funkeln. Rotwein muß Feuer haben, Weißwein Brillanz. Das Auge trinkt schließlich mit. Doch besonders bei der maschinellen Pressung der Trauben geraten aus den zerquetschten Kernen und Stielen viele Trübstoffe in den Traubenmost. Bis sich das stimmungsvolle Kerzenlicht so richtig in unserem guten Tropfen verfängt und kein Schwebeteilchen mehr den Kennerblick trübt, bedarf es nicht nur einer geübten Zunge, sondern auch der richtigen Zutaten.

Nicht nur der Weißwein gehört zum Fisch. Nein, auch der Fisch gehört zum, Pardon, in den Weißwein. Die Schwimmblase von Fischen liefert nicht nur einen teuren Fischleim, der als Klebstoff für Papier und Kittmaterial für Glas und Porzellan verwendet wurde. Sie ist auch ein hervorragendes Mittel, um Trübstoffe und unliebsame Brauntöne aus unserem Weißwein zu entfernen. Für einen edlen Tropfen ist natürlich das Beste gerade gut genug: Nur die Schwimmblasen vom Hausen, einer Störart, werden verwendet. Bekannter sind die Eier des Fisches: der Beluga-Kaviar. Und selbst bei der Schwimmblase ist Qualität oberstes Gebot: Fischblasen für Wein dürfen nach Auskunft von Professor Dr. Kurt Hennig "weder faulig noch seifig riechen", ein für den Winzer sicher wertvoller Hinweis.

Zu einem guten Kellermeister gehört bekanntlich eine feine Nase. Damit ihm die nicht verlorengeht, sollte er vor der Geruchsprobe die 'reizende' schweflige Säure entfernen, die den fischigen Hilfsstoff konserviert. Denn die ist nicht nur für Bakterien giftig, sondern auch für Kellermeisters Nasenschleimhaut.[189]

Die Köchin hat auf die zunächst geplante Scholle zugunsten eines Kalbsbratens verzichtet, schließlich ist unter den Gästen auch Tante Mathilde, die fest davon überzeugt ist, keinen Fisch zu vertragen. Ein fischiger Weißwein kann ihr dennoch gefährlich werden.[182] Und wenn ein Hühnereiallergiker zum Bekanntenkreis gehört, wäre für ihn der gute Rote tabu: Was die Hausenblase für den Weißwein, ist das Hühnereiklar für den Rotwein. Denn auch er braucht ein wenig Nachhilfe, um jene funkelnde Klarheit zu gewinnen, die dem Weinkenner den guten Tropfen verrät.

Wer Hühnereier nicht verträgt, dürfte nun ahnen, warum so manches Mal auch ein garantiert eifreies Dinner nicht ohne Folgen blieb. Es lag vielleicht gar nicht am Essen, sondern am Bordeaux. Generell hat der EU-Gesetzgeber die Behandlung des Rebensaftes mit tierischem Eiweiß aller Art zugelassen.[190] Nicht immer greift der Winzer zu Eiern oder Fischblasen. Auch die Molkereien helfen ihm bei seiner verzwickten Arbeit an den Fässern und Tanks. Sie liefern Casein und Caseinate – Milcheiweiße, die bräunende Stoffe und Bitterstoffe entfernen, ohne das gewünschte Weinrot anzugreifen. Und die Schlachtereien dienen dem Kellermeister mit billigen Nebenprodukten wie Gelatine und Blutmehl.[190,191]

Gegen all diese Praktiken ist im Grunde nichts einzuwenden – solange sie deklariert werden. Und genau darauf hat der EU-Gesetzgeber verzichtet: Denn die Eiweiße würden ja größtenteils wieder entfernt. Doch selbst geringste 'Spuren' reichen aus, so ein Bericht der EU-Kommission, um "bei sensibilisierten Individuen Erscheinungen von Allergie oder schlechter Verträglichkeit auszulösen".[192]

Das EU-Weinrecht ist nicht nur für Allergiker ein Stein des Anstoßes, auch der Vegetarier fühlt sich verraten. Doch auch er muß nicht auf einen feinen Tropfen verzichten. Denn gut geeignet und völlig harmlos, um Trübstoffe zu entfernen, ist auch Erde. Hat der eigene Nachwuchs eine Handvoll in den Mund gesteckt, heißt es schließlich beruhigend, das reinige den Magen. Das gleiche Prinzip gilt auch für den Wein. Natürlich wird nicht profane Weinbergerde in den Traubenmost geworfen, sondern ein vorgereinigtes Mineral namens Bentonit. Es quillt auf und bildet ein Gel, in dem sich eiweißartige Schwebeteilchen einlagern und gemeinsam mit dem Gel abfiltriert werden können. Ähnliche Eigenschaften haben auch Kaolin, Tannin oder Siliciumdioxid.

Entscheidend für die Wahl eines Stoffes zum 'Schönen', wie das im Fachjargon heißt, sind vor allem gewisse Nebeneffekte: So verringert Bentonit beispielsweise auch die Spritzmittelrückstände im Most. Dabei sorgt sich der Kellermeister weniger um das Wohlergehen der Trinker als um das seiner Hefen. Die Mikroben vertragen pestizidhaltigen Most nicht besonders gut, so daß die Gärung zum Wein nur schleppend vorwärts geht.[193] Da nützen dann auch die zur Förderung des Hefewachstums zugesetzten Mittel wie Diammoniumphosphat, Ammoniumsulfit und Thiaminium-Dichlorhydrat nicht mehr viel.

Der Verbraucher erfährt nichts von alledem. Wein benötigt kein Zutatenverzeichnis. Doch selbst wenn, würden diese Stoffe nicht darin zu finden sein. Sie gelten als 'Technische Hilfsstoffe' und benötigen im Wein zwar eine Zulassung aber keine Kennzeichnung. Bei den meisten anderen Lebensmitteln entfällt auch die Zulassung. Das ist der Grund, warum die Lebensmittelindustrie mengenmäßig sehr viel mehr Technische Hilfsstoffe einsetzt als bekanntere Zusatzstoffe.

 Schaumbremse, Anti-Klumpmittel, Frostbeschleuniger: Technische Hilfsstoffe und ihre wunderbaren Wirkungen
Nach unserem Recht kann fast jeder Stoff zur Lebensmittelverarbeitung verwendet werden. Wichtigste Bedingung: Die Stoffe müssen so weit wieder aus dem Lebensmittel entfernt werden, daß man sie weder schmeckt noch riecht. Die Grenzen zwischen einem üblichen Zusatzstoff und einem Technischen Hilfsstoff sind fließend und letztlich eine Frage der Interpretation. In vielen Lebensmitteln übersteigt die Zahl der verwendeten Verarbeitungshilfen die der eingesetzten Zusatzstoffe.[194]

Beispiele für technische Hilfsstoffe:
SCHAUMVERHÜTER: Sie verhindern während der Mostgärung, daß die Bottiche überschäumen, sie sorgen für Entschäumung bei der Obstverarbeitung, Zuckergewinnung und dem Umpumpen von Frischmilch.

KATALYSATOREN: Nickel beschleunigt die Fetthärtung in der Margarineindustrie.

KLÄR- UND FILTERHILFSMITTEL: Sorgen für klaren Wein und Fruchtsaft, werden anschließend abfiltriert.

KONTAKT-GEFRIERMITTEL: 'Kohlendioxidschnee' läßt Fleischscheiben schneller gefrieren und ist im gekauften Tiefkühlsteak nicht mehr vorhanden.

ANTIKLUMPMITTEL: Wirken wie das Reiskorn im Salzstreuer.

LÖSUNGSMITTEL: Hexan dient zur Extraktion von Speiseöl oder zur Gewinnung von Hopfenextrakten für die Brauereien.

ENZYME: Können fast jeden Schritt in der Lebensmittelherstellung erleichtern (siehe Kapitel 'Guten Morgen, liebe Sorgen').

FÄLLUNGSMITTEL, KOMPLEXIERUNGSMITTEL: Entfernen beispielsweise bei der mikrobiellen Zusatzstoffherstellung störende Schwermetallionen (z. B. Kaliumhexacyanoferrat, E 536)

TREIBGASE, PACKGASE: Fluorchlorkohlenwasserstoffe gelangen in das sprühbare Trennfett, mit dem der Bäckermeister verhindert, daß seine Teilchen am Blech haften bleiben.

OBERFLÄCHENBEHANDLUNGSMITTEL: Zur Schnelltrocknung von Rosinen wird die natürliche Wachsschicht der Trauben mit Kaliumcarbonat (E 501) entfernt. So kann die Feuchtigkeit schneller verdunsten.

MIKROORGANISMEN-KONTROLLMITTEL: Damit sie besser wachsen, werden Backhefen mit Phosphat 'gedopt'. Penicillin verhindert, daß auch unerwünschte Bakterien sich am Nährstoff gütlich tun.

SCHÄLMITTEL: Mit Lauge sind Kartoffeln und Tomaten schnell gepellt und gehäutet. Das Schälmittel wird anschließend abgewaschen.

Ein guter Kellermeister handelt vorausschauend. Er stabilisiert seinen Wein gegen jede später eventuell noch auftretende Trübung. So hat er für den Fall, daß zuviel Kupfer, Eisen, Zink oder Blei den Wein allmählich schmutzig verfärben, ein Mittelchen parat: die Citronensäure (E 330). Sie hält die Metalle in Lösung, schleust sie aber auch leichter durch die Darmwand in den Körper des Genießers.[195] Alternativ gibt es die sogenannte Blauschönung. Dabei werden die störenden Metalle mit 'gelbem Blutlaugensalz' vertrieben. Der abseitige Name hat Geschichte: Früher wurde das Salz durch Glühen von eingetrocknetem Blut, Hornspänen und anderen stickstoffhaltigen, tierischen Substanzen mit Eisenspänen und Pottasche (E 501) hergestellt. Mit Kupfer bildet Blutlaugensalz eine rotbraune, mit Eisen eine blaue Verbindung, die anschließend abgetrennt werden. Das farbenprächtige Ereignis bleibt uns leider verwehrt. Wenn es soweit ist, schließt der Meister seinen Keller und öffnet ihn erst wieder zur Weinprobe.

Wer schön sein will muß leiden: Kellerkosmetik

Um die schöne tiefrote Farbe aus den Trauben in den Wein zu bekommen, ließ man früher die Maische einige Tage stehen, damit der Saft und der sich nun schon bildende Alkohol den Farbstoff aus den Trauben laugen konnte. Dies ist heute nicht mehr möglich. Durch die vielen Spritzungen gegen Pilzkrankheiten würden dadurch so viele Rückstände aus der Schale gelöst, daß die Hefe nicht mehr richtig gedeihen würde. Deshalb wird heute die Traubenmaische kurzzeitig erhitzt. Dadurch tritt das kräftige Rot unseres Lembergers in den Saft über. Soweit so gut. Dabei werden aber die natürlichen traubeneigenen Enzyme zerstört. Und die braucht der Kellermeister sowohl zum Abbau von Trübstoffen als auch zum Ausbau des Weines.[196]

Nach der unerwünschten Ausschaltung der natürlichen Enzyme müssen daher aus Bakterien oder Schimmelpilzen neue gewonnen werden. Hierfür stehen sogenannte Pektinasen zur Verfügung. Das Schöne: setzt man diese Enzyme schon während der Pressung zu, dann liefern die Trauben mehr Saft. Und nicht zuletzt gibt es durch die geringeren Rückstände in den Pressen weniger lästige Reinigungsarbeit.[196,197] Inzwischen wurden auch andere Enzympräparate für die Weinbereitung entwickelt: Proteasen verhindern die Schaumbildung während der Gärung und führen so den Kellermeister nicht in Versuchung, Schaumverhütungsmittel wie Polyoxyethylen-40-stearat (E 431) oder Sorbitanmonostearat (E 491) zuzusetzten.[196,197] Ganz besonders haben es die Glucosidasen Europas Weinkellern angetan. Sie setzen mehr Aroma frei – eine schier unverzichtbare Voraussetzung für einen echten Spitzenwein.[199] So ist gewährleistet, daß der erfahrene Weinkenner ebenso auf seine Kosten kommt wie der ahnungslose Gelegenheitstrinker.

Zum Leidwesen deutscher Kellermeister sind jedoch nur Pektinasen für ihre Zwecke erlaubt. Alle anderen Enzyme sind für sie tabu. Wie gut, daß die Industrie geübt ist im Interpretieren von Gesetzestexten: Bei der Gewinnung von Pektinasen aus Schimmelpilzen gibt es immer Verunreinigungen mit anderen Pilzenzymen. Also werden die Präparate gezielt 'verunreinigt'. Der Darmstädter Enzymhersteller Röhm wirbt stolz für seine Produkte: "Bei unserem Präparat ROHAPECT VRF gelang es, weinwirksame β-Glucanase-Aktivitäten in einem Pektinasepräparat aus Aspergillus spez. (Anmerkung: Schimmelpilzarten) zu kultivieren. Es bestehen deshalb keine weinrechtlichen Zulassungsbeschränkungen."[197]

Stöbern wir noch ein wenig im Weinkeller. Was sind denn das für weiße Körner in den Säcken neben den Weintanks? Sie sehen ähnlich aus wie Popcorn; auf der Tüte steht aber 'Polyvinylpolypyrrolidon (PVPP)'. Widerstrebend erklärt der Kellermeister, daß es sich um einen Kunststoff handelt, der braune Farbstoffe aus dem Wein entfernt. "Dann wird er aber wieder abgetrennt". Also noch ein Technischer Hilfsstoff. Er verschweigt, daß der Zusatz besonders wichtig ist, wenn das sauerfaule Lesegut eines verregneten Sommers die gewohnte Weinfarbe ergeben soll.[191,200]

Auch für einen harmonischen Geschmack stehen mal abgesehen von den oben genannten Enzymen ausreichend Hilfsstoffe zur Verfügung. Schließlich muß ein Wein, der als Qualitätswein verkauft werden soll, eine strenge Geschmacksprüfung bestehen. Und erst recht, wenn der Winzer mit Prädikaten wie 'Kabinett' oder 'Spätlese' einen höheren Preis erzielen will, stecken die Qualitätsweinprüfer die Köpfe zusammen und die Nasen ins Weinglas.

Die Kunst des guten Geschmacks

In der alkoholgeschwängerten Luft eines kleinen Raumes sitzen Vertreter aus Überwachung und Weinwirtschaft zusammen an einem Tisch und leeren ein Glas nach dem anderen: Das Glas wird geschwenkt – ein Schnuppern – dann wird ein Schluck in den Mund genommen. Geräuschvoll saugt ein Prüfer Luft dazu. Die Wein-Luft-Mischung wird im Mund hin und her gewälzt, damit der volle Weingeschmack die Zunge umspielen kann. Ist der Zeitpunkt gekommen, an dem unsereins das Tröpfchen spätestens genußvoll die Kehle hinunterrinnen läßt, dann spucken die Damen und Herren es meistens aus und geben ihr Urteil ab. Mit Wasser werden die Geschmacksknospen für den nächsten Prüfling freigespült. Die ganze Prozedur dauert nur etwa zwei Minuten. Schließlich sollen an einem Nachmittag etwa 50 Weine verkostet werden. Und der Nachhauseweg zu Fuß ist lang.

Die meisten der zahlreichen Hilfsstoffreste passieren die Zunge des geschulten Prüfers unerkannt. Ganz im Gegenteil: Ein entdeckter Geschmacksfehler ist oft genug Indiz dafür, daß zuwenig Technische Hilfsstoffe eingesetzt wurden. So gewährleisten die üblichen Prüfsiegel vor allem eins: den gekonnten Einsatz von Chemie.

'Mäuselt' der Wein beispielsweise, dann ist das nicht etwa eine Liebeserklärung des Genießers, sondern ein Grund, den Wein durch die Prüfung rasseln zu lassen. Zu dem unsauberen Geschmack kommt es auch nicht durch trunkene Nagetiere in den Kellerräumen, sondern durch wilde Hefen auf der Traubenoberfläche, die mangels Mostschwefelung die Oberhand über die Reinzuchthefen gewinnen konnten. In den heutigen Edelstahltanks der Winzergenossenschaften dürfte es den Mäusen auch viel zu ungemütlich sein. Im alten Rom kam es dagegen schon eher vor, daß sich eine Maus oder auch eine Schlange in ein eichenes Weinfaß verirrten. Kein Problem: Der Kadaver wurde verbrannt und die Asche wurde ins Gefäß gestreut, damit der Wein keinen Fremdgeschmack bekam.[201]

Dieses Prinzip der Fehlervertreibung gibt es heute noch. Statt Asche wird jedoch Aktivkohle zugegeben. Dieses Universalreagenz erlaubt die Verarbeitung schimmeliger oder durch Hagel oder Insekten geschädigter Trauben. Selbst Müllverbrennungsanlagen in der Nähe des Weinbergs, Autoverkehr oder Industrieabgase bleiben so unentdeckt.[191] Quälen dagegen schwefelhaltige Verbindungen die Geschmacksnerven der Prüfer, lautet das abwertende Urteil 'Böckser'. Aus der Traum des Weinbergbesitzers vom Qualitätswein. Denn der unangenehme Faule-Eier-Ton wird auch vom Laien leicht wahrgenommen und ist fast nur mit einem Dauerschnupfen des Kellermeisters zu erklären. Sonst hätte der den harmonischen Weingeschmack sicher mit einem Zusatz von Kupfersulfat wieder hergestellt. Was in der Medizin als Brechmittel gut ist, kann doch für den Wein nicht schlecht sein?

Ein bis dato unbekannter Geschmack in südbadischen Weinen überraschte die Prüfer 1994 zunächst. Die Untersuchungsanstalt Freiburg entlarvte den Fremdton schließlich: Verantwortlich war ein erhöhter

Chloroformgehalt des Rebensaftes. In einigen Betrieben waren chlorhaltige Desinfektionsmittel nicht sorgfältig genug aus den Anlagen gespült worden, so daß sich daraus im Wein lebertoxisches Chloroform bildete.[202] Die Entdeckung zog weitere Untersuchungen nach sich. Die Chemische Landesuntersuchungsanstalt Sigmaringen kam zu dem Ergebnis, daß auch in gebleichten Korken manchmal Chloroform enthalten ist.[203]

Schwerwiegend: Blei im Wein

Nicht immer ging der giftige Kelch an den Weintrinkern vorüber. Nach Berichten römischer Ärzte tranken etwa zwei Drittel der zwischen 30 v. Chr. bis 220 n. Chr. regierenden Herrscher durch Blei vergifteten Wein. Schuld waren weder die böse Ehefrau noch der machthungrige Nachfolger. Das Blei kam ungewollt in den Wein – über einen Traubensirup, der in mit Blei ausgekleideten Gefäßen hergestellt wurde. Dieser 'gute' süße Wein wurde vor allem von den besseren Bürgern getrunken und zwar in großen Mengen. Ob die durch die chronische Bleizufuhr entstandenen Gehirnschäden zu dem 'Caesarenwahn' führten, ist nicht bekannt.[209]

Auch in Deutschland schädigte bleihaltiger Wein das Nervensystem, wenn auch erst etwas später: Vor allem in der Reichsstadt Esslingen besserte man den sauren Wein der Jahre 1694, 1695 und 1697 mit süß schmeckendem Bleiacetat ('Bleizucker') auf. Als der Stadtarzt das Blei im Wein nachwies, stiegen die Weinfälscher auf Zucker um.[200] Und in der jüngeren Vergangenheit gelangte das giftige Schwermetall aus Flaschenverkapselungen in den Wein. Angesichts der schon bestehenden Schwermetallaufnahme aus der Umwelt empfahl der Wissenschaftliche Lebensmittelausschuß der EU 1989, eine zusätzliche Kontamination von Wein durch die Verwendung von Bleikapseln auszuschalten.[204]

Das süße Geheimnis der Winzer

Um den hierzulande immer noch begehrten restsüßen Wein zu bekommen, der auch die Zunge des Weinprüfers umschmeichelt, legt der Kellermeister eine Süßreserve an. Dafür wird ein bißchen Traubenmost vor der Gärung abgezweigt, geklärt, durch Schwefelung stabilisiert, geschönt und mit Sorbinsäure (E 200) oder Kaliumsorbat (E 202) haltbar gemacht. Diese süße Konserve wird dem durchgegorenen Wein zum Schluß wieder zugegeben. Sie wirkt wie Schminke und kleistert gnädig alle Fehler zu, die der chirurgisch tätige Kellermeister mit seinen Hilfsstoffen nicht in den Griff bekommen hat.

Eine andere Methode, süßen Wein zu erhalten, sollte besser nicht weiterempfohlen werden. Die Moselwinzer vermischten ihre saure Brühe in den naßkalten 70er Jahren illegal mit Flüssigzucker oder mit lieblicheren Weinen aus dem südlichen Ausland. Juristen, die jahrelang mit den gerichtlichen Folgen der Panscherei beschäftigt waren, prägten den Begriff 'Germanisieren'. Zum Verhängnis wurde den Winzern die Illoyalität der Österreicher. So fiel es peinlich auf, als sich in deutschen Weinen österreichisches Frostschutzmittel fand. Anscheinend hatten auch die Nachbarn ein Problem mit dem Wettergott. Anstatt mit harmlosem Zucker oder fremdem Wein zu panschen, verliehen sie ihrem Wein mit Diethylenglykol mehr gesundheitsschädliche Vollmundigkeit.[205]

Vielleicht ist der Flüssigzuckerskandal schuld daran, daß manch deutscher Weintrinker beim Wort 'Zuckern' in Verbindung mit der Weinbereitung rot sieht. Doch oft sind es gerade diese Zeitgenossen, die mit Begeisterung auf den französischen *'Beaujolais primeur'* warten. Vielleicht ist ihnen nicht klar, daß das hierzulande übliche 'Anreichern mit Zucker' und das zugegebenermaßen besser klingende 'Chaptalisieren' in Frankreich ein und dasselbe Verfahren sind. Denn die Gamay-Trauben für den bekannten Franzosenwein werden allenfalls mittelreif geerntet. Den restlichen Zucker für die Alkoholbildung liefert diesseits wie jenseits des Rheins profaner Haushaltszucker. Der Mostzusatz vergärt völlig und führt entgegen landläufiger Meinung nicht zu pappiger Süße sondern zu mehr Alkohol. Der Chemiker Chaptal, der den nordfranzösischen Weinbauern das Zuckern lehrte, brachte es unter Napoleon sogar bis zum Innenminister.

So entsteht Qualitätswein

Bleibt noch die Frage, warum es an der Mosel immer mehr 'Spätlesen' gibt. In jedem Supermarktregal gibt es heute Prädikatsweine zu Spottpreisen. Scheint die Sonne etwa häufiger als früher? Natürlich nicht. Der Gesetzgeber schreibt zwar vor, daß die Trauben für eine Spätlese vollreif geerntet werden. Doch er straft sich selbst Lügen: Während heute an der Mosel für das Prädikat 'Spätlese' Trauben mit 76° Oechsle ausreichen, wurde es früher nicht unter 85–90° Oechsle vergeben. Reicht die Sonne selbst dafür nicht mehr, bleibt nur die Züchtung schnellreifender, zuckerhaltiger Sorten. Zumindest wenn man auch an Nordhängen Reben anbaut. So haben neue Sorten wie Bacchus, Kerner und Ortega den Mosel-Riesling abgelöst. Leider reichen die parfümiert schmeckenden Weine nicht an ihren Vorgänger heran. Ertragreiche Sorten mindern auch schon deshalb die Qualität, weil das, was die Rebe aus dem Boden holt, nun auf viele Trauben umgelegt wird. Das gilt natürlich nicht nur an der Mosel. So erzielten beispielsweise die Südpfälzer Bauern im Rekordjahr 1982 bis zu fünf Liter Qualitätswein pro Quadratmeter Rebfläche. Das ist mehr als bei billigem südfranzösischem Landwein erlaubt ist.[205]

Während man im sonnenverwöhnten Süden schon mal Probleme mit zuviel Süße hat, bedarf der deutsche Wein eher einer Entsäuerung. Schließlich will man sich nicht noch einmal wie in den 70er Jahren von Dr. Werner Schön, dem Geschäftsführer des Badischen Weinbauverbandes, fragen lassen "Wer will denn die Sauerwurmbrühe trinken?" In Rotweinen könnte das zum Beispiel durch Zusatz von Milchsäurebakterien gelingen – ein Wunschtraum der Weintechniker, denn bisher funktioniert diese Technik nur in den Kellern ganz erfahrener Winzer. Meistens mildern die Kellermeister die harte Säure der Weine mit kohlensaurem Kalk oder mit Kaliumbicarbonat ab.[206]

Leider verliert der Wein dabei seinen Charakter. Doch den Badener, der selbstvergessen 'sei Viertele' des angeblich von der Sonne verwöhnten Weines schlotzt, scheint das wenig zu stören.[205,206]

Damit die Frucht der Mühen lange hält, muß der Wein konserviert werden. Schon seit alters her wurden appetitliche Schwefelschnittchen verbrannt, um mit dem gesundheitsschädlichen Gas die Weinfässer auszuräuchern. Heute wird vor allem durch Zugabe von Schwefeldioxid (e 220), Kaliumbisulfit (e 228) oder Kaliumpyrosulfit (e 224) geschwefelt. Das verhindert, daß sich Bakterien an der Restsüße gütlich tun und der Wein zu gären beginnt. Außerdem wird dabei die mühsam durch Erhitzen, Enzyme und Technische Hilfsstoffe erzielte Weinfarbe vor der Veränderung durch Luftsauerstoff geschützt. Süßer Wein wird stärker behandelt als trockener Wein. Und Weißwein muß mehr geschwefelt werden als Rotwein, da er weniger konservierend wirkenden Alkohol und Gerbstoffe enthält. Doch ganz gleich, welcher Wein die Prozedur erduldet – sie bleibt deklarationsfrei. Während jede behandelte Rosine das Etikett 'geschwefelt' tragen muß, darf der vergorene Traubensaft jede Menge enthalten. Und auch für das Konservierungsmittel Sorbinsäure gilt im Wein die Deklarationsfreiheit.

So stört keine e-Nummer auf der Flasche den Kenner, der das Etikett betrachtet. Und er wird davor bewahrt, schon vor dem ersten Schluck durch ein Zutatenverzeichnis Kopfzerbrechen zu bekommen.

ⓘ Kopfschmerz-Spätlese

Die morgendlichen Kopfschmerzen nach einem weinseligen Festgelage können zahlreiche Ursachen haben. Glaubt man der Wissenschaft, dann sind vor allem die sogenannten Flavanole schuld. Sie sind natürlich im Rotwein enthalten und legen im Darm ein Enzym lahm, das eigentlich schädliche Stoffe entgiften sollte. Diese gelangen somit unbehelligt in den Stoffwechsel und womöglich auch ins Gehirn.[935] Deshalb ist alter Wein bekömmlicher als junger. Denn bei ihm bleiben die Flavanole als fester Niederschlag am Flaschenboden kleben.[936] Oft genannt werden auch Sulfite und biogene Amine (wie Histamin und Tyramin).[207] Letztere werden von Bakterien aus den Aminosäuren des Weines gebildet. Sie können durch Bentonitzugabe teilweise entfernt werden.[191] Gegen den Katzenjammer nach allzu exzessivem Alkoholzuspruch kann jedoch auch Bentonit nichts ausrichten.

Eine andere mögliche Ursache für das Schädelbrummen am Morgen 'danach' sind Fuselalkohole. Man findet sie weniger in Wein als vielmehr im selbstgebrannten Obstler. Normalerweise werden diese Nebenprodukte der Gärung bei der Destillation abgetrennt. Dazu müssen jedoch die ersten und die letzten Liter Schnaps weggekippt werden. Und das bringt manch sparsamer Schnapsbrenner nicht übers Herz.[208]

6.

Guten Morgen, liebe Sorgen: Enzyme

Enzyme: Die tückischen Zwerge / Wenn Äpfel künstlich faulen / Magensaft vom Misthaufen / Don't worry – be happy

In der schönen neuen Welt des Essens wurden die Maßstäbe verrückt, hinter dem Rücken der Esser haben sich die Mächte neu geordnet. Früher war Frankreich führend in der Kochkunst, beim Kunst-Kochen ist es Dänemark. In Kopenhagen residiert ein Konzern, den außerhalb der Fachwelt niemand kennt, und der dennoch rund um den Globus mitmischt, wenn an neuen Rezepten geköchelt wird: Novo Nordisk. Das prosperierende Unternehmen der schnell wachsenden Biotechnologie-Branche braut die wichtigsten Zutaten für eine zeitgemäße Ernährung: Enzyme.

Enzymen begegnen wir täglich und überall. Bei der Käsestulle zwischendurch ebenso wie beim Sektfrühstück im Vier-Sterne-Hotel: "Was darf ich Ihnen bringen?" fragt die nette Bedienung im Frühstücksraum. "Kaffee, Tee oder Saft?" "Einen Kaffee bitte" antworten wir verschlafen und werfen schon mal neugierig einen Blick zum verlockenden Büffet. Das ging aber schnell, schon steht das Kännchen auf dem Tisch. Der Kaffee schmeckt wirklich gut, mild und vollmundig – und ist doch aus Pulver gebrüht. Dank Novo Nordisk dürfen Deutschlands Kaffee-Liebhaber länger schlafen. Denn die dänische 'Gamanase' sorgt für eine schnelle Gefriertrocknung Ihres Pulverkaffees. 'Gamanase' ist so ein Enzym. Wieder andere Enzyme sorgen für den milden Geschmack. Und weil Enzyme gewöhnlich von der Deklaration befreit sind, vollbringen sie ihr Werk in aller Stille.

Doch lieber ein Glas Saft? Säfte gewinnt man heute durch 'Totalverflüssigung'. Das Prinzip kennt jeder, der einmal in faules Obst gegriffen hat. Das Stützgewebe ist weich und matschig. Schimmelpilze haben es mit ihren Enzymen zersetzt. Gewinnt man die reinen Enzyme, läßt sich der Effekt kommerziell nutzen: Eine Behandlung der Maische erhöht die Ausbeute. Teile des Stützgewebes sind nun flüssig ohne dabei zu faulen. Zugleich verhindert das Enzym, daß die ablaufende Flüssigkeit die Filter verstopft, wichtig vor allem bei der Gewinnung von Konzentrat.

Glaubt man Novo Nordisk, ist die Wirkungsweise seiner Versaftungshilfen ein Kinderspiel: "Das spezielle Maischenzym baut Pektin und Hemicellulose in der Zellwand der Äpfel ab."[86] Nur ganz so stimmt das nicht. Es handelt sich gewöhnlich nicht nur um 'ein' spezielles Enzym. Der Extrakt 'Pectinex Ultra SP' aus dem Schimmel *Aspergillus niger* enthält über 100 weitere Enzyme.[87] Erst das Zusammenspiel der zahlreichen Nebentätigkeiten garantiert die eigentliche Wirksamkeit. Und da beginnt nach Ansicht der Kritiker das Problem: Niemand weiß so genau, was diese fleißigen Biozwerge noch so alles im Lebensmittel anstellen. Annette Zimmermann von der Verbraucher-Initiative warnt: "Bei der Totalverflüssigung entsteht mehr Methanol, ein giftiger Alkohol. Was für den erwachsenen Safttrinker noch harmlos ist, könnte bei Karottenbrei für Säuglinge ein Problem darstellen."

Beißen Sie ruhig in Ihr Marmeladebrötchen. Schließlich hat man nicht jeden Morgen eine so reichhaltige Auswahl an verschiedenen Geschmacksrichtungen. Süß und fruchtig mit einer angenehm frischen Säure. Neben Pülpe, Geliermittel, Säuren und einem Schaumverhüter braucht der Hersteller zunächst einmal viel Zucker, und der ist aus seiner Sicht viel zu teuer. Billiger ist ein Zuckerersatz aus Mais oder Weizen, genannt 'Glucosesirup'. Maisstärke besteht chemisch betrachtet aus Traubenzucker. In der Stärke ist er miteinander verknüpft wie die Perlen einer Perlenkette. Wenn wir Stärke, sprich Kartoffeln oder Brot, verzehren, spalten unsere Verdauungsenzyme sie bis zum Traubenzucker auf. Nur so nimmt sie unser Körper auf. Diese Beobachtung faszinierte seit jeher die Technologen.

Mit speziellen Enzymsystemen lassen sich aus der Stärkekette wie mit einer Schere einzelne Abschnitte exakt herausschneiden. Schnipsel mit einer Länge von 4 oder 5 Traubenzuckern heißen 'Maltodextrine'. Dieser Zucker ist noch nicht süß. Weil wir ihn nicht schmecken, dient er als Füllstoff vom Kaugummi bis zur Fertigsuppe, damit der Tüteninhalt nach mehr aussieht. Trennt man den Traubenzucker paarweise ab, so erhält man den schon süßeren Malzzucker. Und komplett zerlegt gibt's reinen Traubenzucker. Es gelingt sogar, aus Maisstärke einen Zucker zu gewinnen, der gar nicht drin ist: den Fruchtzucker. Eine Isomerase wie 'Sweetzyme' wirkt als Verwandlungskünstler. Gemixt mit Traubenzucker entstehen extrem süße Mixturen, sogenannte HFCS. Und die braucht man wieder für Erfrischungsgetränke. Heute passen die Zucker dank der entsprechenden Enzyme ins jeweilige Lebensmittel wie der Marketingchef in seinen Maßanzug.[68]

Deshalb schmeckt die Erdbeerkonfitüre auch so lecker – nicht zu süß, aber doch vollmundig. Und noch ein kleines Geheimnis aus dem Enzymbaukasten paßt in den Marmeladentopf: Lysozym – ein natürliches Konservierungsmittel aus dem Hühnerei. Das Enzym 'frißt' gewissermaßen 'Löcher' in die Keime und tötet sie damit ab. Schon vor Jahren wunderte sich die Schweizer Lebensmittelüberwachung, daß den meisten handelsüblichen Eipulvern das natürliche Lysozym fehlte.[85] Offenbar hatten es die Lieferanten klammheimlich herausgeholt, um es anderweitig gewinnbringend zu verkaufen. Die japanische Lebensmittelüberwachung fand den Verbleib heraus: Der Vogelei-Extrakt half vor allem, pflanzliche Produkte wie Marmeladen, Nudeln oder Cräcker zu konservieren.[84] Hier staunt der Chemiker, und der Allergologe wundert sich – über paradoxe Reaktionen seiner vegetarischen Patienten.

Da können wir uns genausogut den saftigen Kochschinken aufs Vollkornbrötchen legen. Denn hier macht ein Enzymzusatz keinen Sinn. Mag sein. Aber im Futter des Rohstofflieferanten sehr wohl. Denn Schweine lassen sich vermittels einer Phytase umweltfreundlicher mästen, weil sie dann weniger Phosphat ausscheiden. Gewöhnlich stellt das Phosphat aus den Fäkalien unserer Nutztiere eine größere Belastung der Gewässer dar als die leidigen Waschmittel. Die Getreideration im Futter ist ziemlich phosphatreich, ohne daß es Allesfresser wie Mastschweine oder Vollwertköstler verwerten könnten. Zum Leidwesen der Mäster ist das Phosphat im Phytin gebunden. Und das Phytin bindet seinerseits wieder andere wichtige Mineralstoffe wie Zink. Deshalb muß dem lieben Vieh eine Extraportion Phosphat und Zink zugefüttert werden. Durch einen Zusatz an Phytase läßt sich das Phytin aufschließen und das Futter erreicht seinen vollen Nährwert.[75] Fachleute von der Universität Gießen errechneten, daß mit der Phytase die Phosphatbelastung der Umwelt durch die Schweinemast von derzeit ca. 60.000 Tonnen jährlich auf 10.000 Tonnen gesenkt werden könnte. Zugleich würden etwa 300 Kilo Cadmium, die als Verunreinigung im Futterphosphat stecken, nicht mehr in die Nahrungskette gelangen.[75] So könnte das Enzym unsere Umwelt und Gesundheit schonen. In anderen Ländern wie Holland ist der Zusatz einer gentechnisch erzeugten Phytase zum Futter längst üblich.

Don't worry – be happy

Was wie eine nagelneue und umstrittene Zukunftstechnologie erscheinen mag, hat tatsächlich eine jahrtausendealte Tradition. Ein Blick zum Büffet genügt: Sieht er nicht appetitlich aus, der höhlengereifte Schweizer Emmentaler aus Rohmilch? Hier können die Lebensmittel-Enzyme auf eine lange Geschichte zurückblicken: Bereits Homer berichtet in der Ilias vom Dicklegen der Milch mit Enzymextrakten aus den Mägen von Zicklein. Früher brachte man die Milch mit dem Magensaft, dem 'Lab' von Kälbern zum Gerinnen. Die durften nur Milch, aber kein Rauhfutter zu fressen bekommen. Für den ständig steigenden Käseabsatz der letzten Jahrzehnte stand nicht genug Kälberlab zur Verfügung. Deshalb griff man in neuerer Zeit zum Mageninhalt von Masthähnchen.

Aber auch deren Mägen sind schon ausgepumpt. Neue Lieferanten sind – Bazillen. "Unser Boden", weiß Knud Aunstrup, Präsident von

Novo Nordisk, "enthält unzählige Mikroorganismen." Diese Kleinstlebewesen lassen sich schnell züchten, um ihnen anschließend ihre Enzyme zu entlocken. 1965 fand Aunstrup in seinem Kopenhagener Kompost jenen Schimmel, der die Käserei revolutionierte. Dank des Innenlebens von Aunstrups legendärem Abfallhaufen ließ sich die Wirkung des Mageninhalts von Kälbern mit Schimmelextrakt nachahmen.[96] Damit war der Grundstein für eines der florierendsten Biotechnologie-Unternehmen gelegt, das inzwischen 60 Prozent aller weltweit genutzten Lebensmittelenzyme liefert.[245] Die fleißigsten Mitarbeiter sind Mikroben: Bakterien wie *Escherichia coli*, ein Darmbewohner, Schimmelpilze wie die Aspergillen und Hefen, vor allem Candida arbeiten unermüdlich Tag und Nacht in den Fermentern.

Die Zeiten, da Heerscharen von Forschern den Bodensatz von Tümpeln und Pfützen nach attraktiven Bazillen durchstöberten, sind vorbei. In der Kopenhagener Forschungsstation von Novo Nordisk entwickelt inzwischen eine Handvoll Gentechniker alle 14 Tage ein neues Enzym.[65] 60 Prozent der Angebotspalette wird gentechnisch erzeugt.[245] In vier Jahren sollen es 100 Prozent sein. Eins der zahllosen Gen-Tech-Enzyme wurde mittlerweile zum Symbol für Verbraucherschutz: das 'Chymosin'. Da Aunstrups Mikrobenextrakt nicht ganz so schmackhaften Käse liefert wie echtes Lab, pflanzten die Gentechniker ihren mikrobiellen 'Haustieren' die entsprechenden Rindergene ein. Sie produzieren seither 'Kälberlab'.

Die Wissenschaftler waren stolz auf sich. Hatten sie nicht den Ersatzstoff durch ein natürliches Produkt ersetzt? Schließlich ist es dem echten, traditionellen Kälberlab viel ähnlicher als der allseits verspeiste Bazillenextrakt aus Aunstrups Rotte. Selbst die Bio-Käser schätzten diese Zutat als 'pflanzliches Lab'. Daß die Öffentlichkeit diesem Fortschritt mit Mißtrauen und Angst begegnete, konnten sie nicht verstehen.[66] Kein Wunder. Hätte man den Bürgern in der Vergangenheit die Labknappheit und die mikrobiellen Ersatzstoffe nicht verheimlicht, wäre die Reaktion sicher differenzierter ausgefallen. Ohne Enzyme, egal ob mit oder ohne Gentechnik, gäbe es in Europa erhebliche Engpässe bei der Käseproduktion.

Sie stehen trotzdem nicht so auf Mageninhalt zum Frühstück? Dann greifen Sie doch einfach zum Müsli, ökologisch und gesund, vegetarisch und naturbelassen: Getreideflocken, Nüsse und Rosinen. Gerade was so 'einfach' wirkt, braucht High-Tech. Die Kraft der Sonnenstrahlen reicht alleine nicht zum Trocknen der Rosinen. Alle Früchte sind von Natur aus von einer wachsartigen Schutzmembran umgeben. Und die soll nicht nur Schädlinge abhalten, sondern auch das Austrocknen verhindern. Deshalb wird diese Wachsschicht bei der Herstellung von Trockenfrüchten gewöhnlich entfernt. Dazu gibt es allerlei mehr oder weniger appetitliche Mixturen und Waschlaugen. Um diese umstrittenen 'Technischen Hilfsstoffe' ersetzen zu können, gibt's Enzyme. Die komplexe Schutzschicht wird von den stillen Helfern aufgelöst und die darunterliegene Schale durchlöchert.[80]

Enzyme sind für das Leben so wichtig wie Wasser oder Licht. Sie steuern die Reaktionen in jeder Zelle unseres Körpers, ohne dabei selbst verbraucht zu werden. Gegenüber von außen zugeführten Enzymen ist der Körper offenbar auf der Hut. Wenn Krankheitserreger angreifen, schicken sie Enzyme aus, um sich Zutritt zum Körper zu verschaffen. Vielleicht signalisieren ihm freie Enzyme mikrobiellen Ursprungs eine drohende Infektion. Das ist womöglich der Grund, warum das irritierte Immunsystem manchmal mit Allergien antwortet, während lebensmitteleigene Enzyme (z. B. Amylasen in Malz) gewöhnlich keine allergischen Reaktionen hervorrufen. Woran der Körper den Unterschied erkennt, blieb bis dato im Dunkeln.

Kritiker fürchten darüber hinaus, daß über die Produktion versehentlich auch unerwünschte Substanzen bis in die Nahrung gelangen könnten. Zum Beispiel Antibiotika. Im Fermenter beugen sie der Gefahr einer Infektion mit den falschen Mikroben vor. Auch zur Abtrennung überflüssigen Zellmaterials kommt ein Antibiotikum, Streptomycin, zur Anwendung. Anschließend werden die Enzyme mit Stoffen wie Aceton, Polyäthylenglycol oder Ammoniumsulfat aus der Zellbrühe gefischt.[77,81] Nach der Reinigung garantiert eine abschliessende radioaktive Bestrahlung die sichere Abtötung noch vorhandener Sporen.

Lassen Sie sich Ihre gute Laune nicht vermiesen. Die Flasche Champagner am Büfett und der echte Kaviar lächeln uns schon lange verstohlen an. Diese Symbole kulinarischer Tradition lassen uns die leidigen Enzyme am schnellsten vergessen. Selbstredend steuert auch hier Novo Nordisk seinen Teil bei. Der Rogen vom Fisch, ob Stör, Lachs oder Forelle, ist von einer bitteren Membran umhüllt und innen drin verklebt, um das Gelege zusammenzuhalten. Bisher trieb man die Eier unter ständigem Rühren durch spezielle Siebe – ein mühseliges Geschäft, bei dem auch noch jede Menge wertvollen Rohstoffs zerdrückt wurde. Inzwischen läßt sich die Membran mit einem speziellen Enzym auflösen, um die Eier schonend zu trennen.[98]

Wir schenken ein. Genießen Sie das Perlen im Glas, das Bouquet, das Prickeln auf der Zunge und den kurzen Nachgeschmack. Bisher war dies ein Zeichen hervorragenden Könnens des Kellermeisters, inzwischen ist es eine Frage der Wahl des richtigen Enzyms. Technologen von Gist-brocades gelang der Durchbruch in den französischen Weinkellern. Wein braucht schließlich Zeit, um seinen vollen Geschmack zu entfalten. Die Aromastoffe der Traube sind teilweise gebunden, erst allmählich werden sie durch Glykosidasen des Weines freigesetzt. Dann kann sie unsere Nase wahrnehmen. Nach jahrelanger Entwicklungsarbeit offeriert das Unternehmen 'AR 2000', die ultimative Mixtur für Frische und Fruchtigkeit. Immerhin mußte es dafür einige tausend Aspergillus-Arten durchscreenen. Na denn Prost!

Es wäre müßig, die Zauberstückchen moderner Enzyme alle auflisten zu wollen, angefangen von der Ausbeute-Erhöhung kaltgepreßter Olivenöle über die Gewinnung nichtschrumpfender Formfleischvorderschinken für Pizzaauflagen bis hin zur Aromaverbesserung von Erbsen in Dosen.[88,89,90] Der Fortschritt macht nicht nur den Allergologen Sorgen – nach der einfachen Gleichung: Je mehr Enzyme, desto mehr Allergien. Auch die Industrie hat Probleme: Enzyme kennen keine 35-Stunden-Woche. Sie arbeiten einfach weiter. Auch dann, wenn sie ihren Zweck längst erfüllt haben. Hier fand das japanische Unternehmen Toppan Printing einen Ausweg. Es schuf die ultimative Selbstschußanlage: Killerenzyme, die andere Enzyme abtöten.[83]

7.

Geschmackvolles Nichts: Aromen
Mastkur für Dicke / Lightvolle Erfahrung / Der Betrug am Gaumen und der Bluff im Bauch

Guter Geschmack verpflichtet. Gerade beim Essen. Schließlich wollen wir als Feinschmecker, als Genießer, als erfahrene Lebenskünstler gelten. Wir speisen nur Natur pur. Da sind wir heikel. Wer täuscht schon gerne seinen Gaumen mit künstlichen Aromen?
Und schon müssen wir Sie enttäuschen: 'natürliche Aromen', sind gewöhnlich etwas anderes, als ein unverdorbenes Sprachverständnis vermuten läßt. Dieser Begriff will nur sagen, daß sich die verwendeten Rohstoffe irgendwie der Natur zuordnen lassen. So wird aus Zedernholzöl ein 'natürliches Aroma' gewonnen, das intensiv nach vollreifen Himbeeren schmeckt.[82]
Eine einfache Überlegung macht diesen verwirrenden Tatbestand einsichtig: Würde man mit einem echten Himbeerextrakt aromatisieren, so wäre dies rausgeworfenes Geld. Dann wäre es billiger gleich frische Himbeeren zu nehmen, als vorher mühsam ihre empfindlichen Geschmacksstoffe zu isolieren. Also hält man in aller Regel nach gunstigeren Rohstoffen Ausschau. Vor allem die Biotechnologie weckte große Hoffnungen auf eine preiswerte Synthese 'natürlicher' Duftstoffe. Heute liefern große Fermenter, in denen Schimmelpilze und Bakterien wuchern, Aromen, die nach Pfirsich, Kokosnuß oder Mandel riechen.[70,71]

Kein Grund zum Ekeln. Für den ungebremsten Speichelfluß schuftet eine ganze Industrie. Das Geheimnis moderner Lebensmittel heißt 'Geschmacks-Design'. Aromen, Knusperstoffe und Färbemittel regen den Appetit an und wecken Verzehrslust. Nur dann wird gegessen – und wieder gekauft. Geschmack und Aroma lösen den "eigentlichen Erwerbsreiz aus", erklärt Dr. H. Kläui vom Pharmakonzern Hoffmann-La Roche. Die Konkurrenz Synfleur, eine Nestlé-Tochter, offeriert "Aromen und Duftstoffe so frisch und natürlich, daß sie Ihre Kunden in Kauflaune bringen werden – immer wieder". Lockstoffe für den kaufunlustigen Verbraucher. Das fehlte noch.

 Geschmack verpflichtet: Was sagt das Lebensmittelrecht

NATÜRLICHE AROMEN stammen aus natürlichen Ausgangsstoffen. 'Natürlich' bedeutet jedoch nicht, daß ein Aroma, das nach 'Apfel' schmeckt, auch tatsächlich aus Äpfeln gewonnen wird. Hier bietet sich als billigere Alternative eine Mixtur aus Weinfuselöl und Hefeöl-Destillat unter Zusatz von biotechnologisch erzeugtem Äthylacetat. Ein paar Tropfen Tagetesöl verleihen der Kreation einen Hauch vollreifer Äpfel.[70] Selbstverständlich lassen sich auch aus den Preßrückständen der Fruchtsaftindustrie Aromakonzentrate gewinnen und aus Fischabfällen oder Käserinden unter Einsatz von Enzymen interessante Düfte fabrizieren.[64] Sie werden auch als Aromaextrakte bezeichnet.

NATURIDENTISCHE AROMEN werden nach natürlichen Vorbildern synthetisch hergestellt. Handelsübliche Aromen sind aus zahlreichen Einzelsubstanzen komponiert, die erst zusammen den typischen Geschmackseindruck nach 'Erdbeere', 'Hering' oder 'Riesling' ergeben. 'Naturidentisch' heißt aber nicht, daß sie in dieser Kombination auch in den namensgebenden Lebensmitteln vorkommen. Häufig handelt es sich um Stoffe, die ursprünglich in ganz anderen Materialien gesichtet wurden.[76] Das Nachbauen der Originalmixtur wäre viel zu teuer, so daß man möglichst Stoffe kombiniert, die preisgünstig zugänglich sind. Hinzu kommt, daß natürliche Aromen empfindlich sind und nicht in jedes Lebensmittel 'passen'. So ist ein Erdbeeraroma für Tees anders zusammengesetzt als eines für Speiseeis. Manche Aromastoffe der Erdbeere würden die Hitze beim Aufbrühen nicht überstehen, andere würden im kühlen Eis nicht mehr 'durchschmecken'.

KÜNSTLICHE AROMEN sind in der Natur unbekannt. Sie kommen samt und sonders aus dem Labor. In der EU sind nur fünfzehn künstliche Aromastoffe erlaubt. Beispiele sind Ammoniumchlorid für Lakritz, Chinin (eigentlich ein Arzneimittel, das vor Malaria schützen soll) für bittere Limonaden oder Äthylvanillin, das echte Vanille ersetzen soll.

RAUCHAROMEN ersparen vor allem dem Metzger das seit Jahrtausenden übliche Räuchern von Wurst und Schinken. Dazu werden ihm sogenannte 'Flüssigräuche' angeboten: Bei der Holzkohleherstellung entsteht ein beißender Rauch, der durch ein Wasserbad geleitet wird. Von dieser Rauchlösung scheidet sich eine sogenannte 'Teerphase' ab, die einen Großteil der schädlichen Begleitstoffe wie etwa das krebserregende Benzpyren enthält. Der verbleibende und gereinigte wässrige Extrakt verströmt ein intensives Raucharoma.[73,74]

REAKTIONSAROMEN ahmen Geschmackseindrücke nach, die gewöhnlich beim Grillen, Braten und Backen in der Kruste von Brot, in der Soße des Rinderbratens oder beim Überbacken von Blumenkohl entstehen. Sie werden großtechnisch durch kontrollierte chemische Reaktionen von definierten Aminosäuren mit speziellen Zuckern gewonnen. Dabei darf die Synthese, so will es das Lebensmittelrecht, nicht länger als 15 Minuten dauern und eine Temperatur von 180°C nicht überschreiten.[94] In gewisser Weise handelt es sich um 'naturidentische' Küchendüfte. Typische Geschmacksrichtungen von Reaktionsaromen sind Bratkartoffel, Roggenbrot, Schokolade, Hähnchen, Nuß, Karamel, Fleischbrühe, Popcorn.[76, 91] So erklären sich zwanglos auch rein 'vegetarische' Rindsaromen für Sojafleisch.

MIKROWELLENAROMEN stellen besondere Anforderungen an den Aromastoff-Lieferanten. Vor allem bei Fertiggerichten mit Bratenanteil ist seine Kunst gefragt, da die Mikrowelle nicht brät. Durch entsprechende Bräunungs- und Aromatisierungs-Systeme ist dieses Problem inzwischen gelöst.[92] Vor der Versiegelung der Verpackung werden spezielle Reaktionskomponenten auf das Fleisch aufgesprüht, die im Herd des Kunden so reagieren, als wäre es ein Grill.[93] Vor seinen Augen wird nun der Instant-Braten im Mikrowellenherd schön braun und aromatisch. Nur der Schein ist wirklich rein.

PRÄKURSORAROMEN gelten als Zukunftstechnik gegen geschmackloses Gemüse und fades Obst aus dem Treibhaus bzw. dem Kühllager. Dazu werden die reifen Früchte in ein Bad getaucht, das einen Zusatz an jenen Stoffen enthält, aus denen die Frucht gewöhnlich ihre typischen Aromastoffe herstellt. Die fruchteigenen Enzyme vollbringen dann während der Lagerung die Umwandlung der Behandlungsstoffe in 'Aromaobst'.[72]

Wer kennt sie nicht, die markentreuen Dackel, die Katzen, die nur Dosen kaufen würden? Die Tiere sind auf den Geschmack gekommen – dank Futteraromen. Gelingt es einem Hersteller, Welpen rechtzeitig an seine 'Note' zu gewöhnen, so bleibt diese Vorliebe bis an ihren Lebensabend erhalten. Man spricht von Futterprägung.[78] Dadurch lassen sich Lebewesen auf bestimmte Markenerzeugnisse einstellen. Nicht viel anders bei einem anderen Säugetier, dem Menschen: Mutters Küche ist bekanntlich die beste. Und die trägt heute die Namen großer Firmen. So wurde unserer Babykost jahrelang synthetisches Vanillin zur Geschmacksabrundung zugesetzt. Eine Untersuchung der ASAP, einem Münchner Sensorikunternehmen, ergab, daß Menschen, die die Flasche bekommen hatten, vanillinhaltige Produkte gut viermal häufiger bevorzugten als Gestillte. Was Hänschen einmal gelernt hat, verlernt Hans nimmermehr.

VANILLIN ist der wichtigste Aromastoff der Vanilleschote, einer ursprünglich in Mexiko beheimateten Orchideenart. Längst reicht die natürliche Vanille nicht mehr aus den Bedarf zu decken. Weltweit stehen jährlich lediglich 20 Tonnen natürliches Vanillin zur Verfügung, bei einem Verbrauch von etwa 12.000 Tonnen.[71] Deshalb wird Vanillin synthetisch hergestellt. Ursprünglich löste man damit ein Umweltproblem: Als Ausgangsstoff dienten die Sulfitablaugen der Papierherstellung.[97] Inzwischen gelang es der Aromenindustrie, biotechnische Verfahren mit Bakterien zu entwickeln, so daß heute wieder mehr 'natürliches' Vanillin zur Verfügung steht.[79]

Heute ist Vanillin nicht nur der wichtigste Aromaverstärker für Süßwaren, sondern auch ein Mittel zur Verlängerung der Haltbarkeit.[95] Sein häufiger Einsatz dürfte die Ursache einer unerwünschten Nebenwirkung sein: Vanillin zählt nach den Erfahrungen des Künzelsauer Allergologen Dr. Michael Häberle heute zu den wichtigsten Allergenen.[63]

Ist es da noch ein Wunder, wenn manchmal alles gleich zu schmecken scheint? Die durchgestylten Industrieprodukte lenken unsere Sinne zielsicher zum 'richtigen' Supermarktregal. So führte der Massenkonsum von Apfelsaftgetränken durch Kinder bereits dazu, daß Fertigprodukte mit 'Apfel' nicht mehr nach Apfel schmecken sollten, sondern nach dem deutlich anderen Apfelsaftaroma.[76] Futterprägung ist es auch, wenn Kinder frische Milch ablehnen, weil sie den Kochgeschmack der H-Milch gewohnt sind. Die Einführung neuer Aromen entscheidet heute nicht nur über Produkt-Erfolg oder -Pleite, sondern auch darüber, ob Jugendliche frisch gepflückte Äpfel überhaupt noch mögen können. Wenn Kaugummifabrikanten bestimmen, wie 'Frucht' schmeckt, und wenn Ketchupabfüller das Tomatenaroma definieren, darf sich niemand wundern, wenn die Appelle, frisches Obst zu kaufen, nichts fruchten.

In unserer schönen neuen Ernährungswelt ist für alles gesorgt. Die Chemiefabrik Hoechst rät ihren Kunden zu 'Lebensmittel-Design und

Geschmacks-Tuning': "Mit unseren 'Geschmacksmodulen' werten Sie Ihre Produkte im Wettbewerb kulinarisch auf." Psychophysiker in aller Welt erforschen systematisch die Eßinstinkte des Menschen, studieren die Reaktionen seiner Geschmacksnerven und spüren seinem Gefühlsleben beim Essen nach.[62] Auf dieser Grundlage wird Mayo aromatisiert, das Schmelzverhalten von Schokolade auf den verwöhnten Gaumen eingestellt oder das Knuspern von Chips optimiert, bis wir nicht mehr aufhören können zu essen.

Geschmacksdesign erlaubt einen beliebigen Austausch der Rohstoffe, ohne daß es der Kunde merkt. So erleichtert der Zusatz Lecithin bei der Schokolade nicht nur das Pumpen der Masse, weil es die Fließfähigkeit erhöht, es hilft auch, Kakaobutter einzusparen, ohne daß der Geschmack darunter leidet.[99] Dank Geschmacksdesign genießen wir geronnenes Fischmus als wären's richtige Shrimps. 'Surimi' nennt die Branche den Rohstoff. Und das pulpige Mundgefühl einer Tomatensoße läßt uns vergessen, daß sie Minuten vorher noch ein unansehnliches Pulver war. Was unserem Gaumen so perfekt die Illusion einer richtigen Mahlzeit vermittelt, ist mitnichten nur die getrocknete Suppe eines mehr oder weniger begabten Kochs. Es ist eine wahrhaft kongeniale Kreation von Technologen, Chemikern und Psychophysikern. Betrachten wir einmal die Geschmackskomposition einer handelsüblichen Instant-Rindersuppe aus der Nähe. Der Aromenlieferant emfiehlt 'Suppengrünaroma', 'Fleischsaftaroma' und 'Gemüsearoma'. Glaube ja niemand, die genannten Geschmäcker müßten aus eben diesen Rohstoffen bestehen. Suppenaromen sollen vor allem lagerstabil sein und sich bei Kontakt mit heißem Wasser schnell entwickeln. Echter Suppengeschmack entsteht aber erst durch langes Kochen und schmeckt nach einiger Zeit der Lagerung schal. Obwohl die nachgebauten 'naturidentischen' Aromen bereits billiger sind als Extrakte aus Gemüse oder Fleisch, greift der Betriebswirt zum noch preiswerteren Geschmacksverstärker. Am wirksamsten ist eine Kombination aus Inosinat, Guanylat und Glutamat. Diese verstärken sich zunächst gegenseitig, bevor sie die Aromenmixtur intensivieren, damit uns das Wasser im Mund zusammenläuft.[61]

So billig Aromen auch sein mögen, sie haben ihren Preis. Sie kosten Nerven, genauer gesagt Geschmacksnerven. Die Empfindlichkeit unserer Sinne hat gelitten. Um heute 'bitter' zu schmecken, ist ein um 100 Prozent intensiverer Geschmacksreiz notwendig als vor zwei Jahrzehnten. Bei sauer und salzig muß etwa die Hälfte mehr zudosiert werden, bei süß immerhin ein knappes Drittel. Diese Abstumpfung will von neuen Superlativen gekitzelt werden.[69] Die fehlende Befriedigung des Körpers durch die Täuschung unseres Gaumens treibt den Reizhunger an.

Ohne die hohe Kunst des Zusatzstoffchemie wären im wahrsten Sinne des Wortes 'widernatürliche' Produkte wie kalorienarmes Fett oder zuckerfreie Bonbons mit dem Vitamingehalt von sieben Kilo Vollkornreis undenkbar. Hier müssen nahrhafte, sprich teure Rohstoffe gewöhnlich durch bißfestes Wasser ersetzt werden. Und es müssen die Stoffe, um die sich moderne Gesundheitsmärchen ranken, auch in Rezepturen untergebracht werden, in denen sie eigentlich nichts zu suchen haben. Der kalorienarme 'gesunde Genuß ohne Reue' schmeckt nur, nährt kaum und ist mitnichten 'gesund'. Der Kunde bezahlt seine Illusionen.

Das erste Produkt dieser Art war eine schwierige Geburt: Die Light-Limo. Der Versuch, den Zucker durch künstliche Süßstoffe zu ersetzen, scheiterte kläglich. Normale Limos enthalten bis zu 150 Gramm Zucker pro Liter. Der macht das Wasser nicht nur pappig süß, sondern auch dickflüssiger. Da bei den Süßstoffen winzige Mengen reichen, schmeckte das Ergebnis zwar genauso süß, blieb aber wässrig. Und diesen kleinen Unterschied zwischen Diät-Limo und Zuckerlimo nimmt unser Gaumen wahr. Die ersten Süßstoff-Limonaden mochte kaum einer. Sie schmeckten einfach zu 'dünn'. Der Getränkewirtschaft konnte geholfen werden. Der Durchbruch gelang mittels Verdickungsmitteln.[243]

Natürlich haben die Süßstoff-Limos die klassischen 'Magenspüler', wie die Abfüller von gezuckertem Aromawasser ihre Produkte bespötteln, nicht vom Markt verdrängt. Mit viel List und Tücke können die Experten zwar den Gaumen der Kundschaft täuschen – aber nicht ihren Körper. Der merkt, wenn die Energiebilanz nicht mehr so ist wie gewohnt. Und dann wird einfach mehr verzehrt. Süßstoff-Limos werden zusätzlich getrunken, so wie fettarme Milchprodukte auch keinerlei Einfluß auf den Absatz von Milchfett haben. Der Körper holt sich, was er aus seiner Sicht braucht. Und so stieg parallel zum Absatz des Magerquarks der Verkauf von fetten Käsen. Wird der Gaumen nicht nur einmal, sondern ständig getäuscht, dann wird der Körper alarmiert. Er fürchtet Mangelsituationen und steigert vorsorglich den Appetit.[67,244]

Dieser Regelmechanismus ist der Grund, warum der Versuch, mit Lightprodukten abnehmen zu wollen, in aller Regel zum Scheitern verurteilt ist. Die Wirkung von Zusatzstoffen ist vielfältig. Man wird ihnen nicht gerecht, würde man sie nur unter dem Gesichtspunkt einer möglichen 'Giftigkeit' betrachten. Egal, ob man Zusatzstoffe als notwendiges Übel oder vermeidbares Risiko betrachtet, sie entfalten ihre entscheidenden Wirkungen indirekt. Sie beeinflussen unser Eßverhalten und sind damit die Hauptverantwortlichen für Fehlernährung und Übergewicht.[67] Was soll eine Ernährungsberatung, die den Menschen rät, weniger zu essen, wenn weltweit Heerscharen von Experten versuchen, unseren Appetit für ihre merkantilen Zwecke zu domestizieren?

8.

Allergien, Aggressionen, Additive

Kopf oder Zahl? Die Schwierigkeiten der Diagnose / Der Doktor als Detektiv / Atemberaubende Zusätze / Österreich, Du hast es besser

"Gestatten Sie, daß ich mich vorstelle: Schmidt – Jürgen Schmidt." Mehr bekommt der wohlbeleibte junge Mann nicht heraus – er schnappt nach Luft. Schon wieder ein Asthmaanfall. Die Pollensaison ist längst vorbei, und so ist Schmidt überzeugt, daß es wohl am Essen liegt. Vielleicht sind die milchgetränkten Cornflakes schuld, die er so gerne zum Frühstück löffelt? Oder eher die Tütensuppe, die ihm seine Mutter mittags gegen seinen Willen aufgetischt hat? Vielleicht liegt ihm aber auch der gestrige Abstecher ins Schnellrestaurant noch im Magen, Pardon, auf der Lunge? Der Matjessalat 'nach Hausfrauen Art' hat im Nachhinein betrachtet irgendwie komisch geschmeckt. Der Kasus ist erfunden, auch Herrn Schmidt gibt es nicht. Sein Leiden ist allerdings echt: Millionen von Betroffenen kennen Herrn Schmidts Probleme aus eigener Erfahrung – und auch seine Odyssee durch Arztpraxen.

Bei seinem Hausarzt muß Schmidt zunächst einen Fragebogen ausfüllen. Mit angewiderter Miene kreuzt er beim Punkt Lebensmittelabneigungen an, daß er Sellerie, Karotten und Spinat nicht mag. Dann zapft ihm der Arzt Blut für einen Allergietest ab und schickt es ein. Nach endlos erscheinender Wartezeit liegt das Ergebnis vor. Aufmunternd teilt der Arzt seinem verdutzten Patienten mit, daß er keine

Lebensmittelallergie hat, greift zum Rezeptblock und verschreibt 'zunächst mal' ein Asthmaspray. Unglaublich – auf jeden Fall für Schmidt. Deshalb begibt er sich vierzehn Tage später zum Facharzt für Lungenkrankheiten. Den Fragebogen kennt er nun schon. Und stolz trägt er diesmal ein, daß bei ihm bereits ein Allergietest durchgeführt wurde. Dieser Mediziner entscheidet sich für einen Hauttest, "bei dem man doch wenigstens gleich sehen kann, was Sache ist". Das will Schmidt ja auch. Trotzdem schluckt er beim Anblick der kleinen Einwegspritzen, mit denen ihm der Fachmann zahlreiche Lösungen unter die Haut spritzt. Sorgenvoll betrachtet der Arzt eine Viertelstunde später das illustre Quaddelmuster auf Schmidts Rücken und identifiziert es als Birkenpollen-Haselnuß-Sellerie-Karotten-Katzenhaar-Hausstaubmilben-Allergie.

Schweren Herzens zieht Schmidt die Konsequenzen. Er vermacht seinen verschmusten Kater der attraktiven Arbeitskollegin und überzieht seine Matratze mit einem speziellen 'Schonbezug' aus Kunstfaser, um der Hausstaubmilbe den Weg ins warme Bett zu versperren. Seine Mutter wird beauftragt, die Bettwäsche künftig bei mindestens 60 Grad zu waschen. Sellerie und Karotten streicht Schmidt gern von seinem Speiseplan. Aber der Verzicht auf die Nußschokolade stellt ihn vor eine innere Zerreißprobe. Da hat auch die Vorstellung, wenigstens gesalzene Erdnüsse knabbern zu dürfen, kaum Tröstliches. Dennoch: Allein mit dem Wissen, in Zukunft endlich etwas gegen seine Beschwerden in der Hand zu haben, steigt sein Wohlbefinden.

Die Freude ist von kurzer Dauer: Nach weiteren Asthmaanfällen beschleichen ihn die ersten Zweifel an der richtigen Interpretation des Quaddelmusters durch den Spezialisten. Sollte er etwa sein geliebtes Haustier vorschnell geopfert haben? Beim Gedanken, statt einer anschmiegsamen Katze krabbelnde Milben in seiner Bettstatt zu beherbergen, läuft ihm dennoch ein Schauer über den Rücken. Vor allem seit er dem Lexikon entnehmen mußte, daß sie zu den 'Spinnentieren' zählen. Einen letzten Versuch wagt er noch. Der von der Kollegin empfohlene Allergologe scheint sich mit Ernährung auszukennen. Er rät zu einem Bluttest, mit dem er über 100 Lebensmittel auf einmal austesten kann. Niederschmetterndes Ergebnis: Schmidt soll Milch, Weizen, Roggen, Dinkel, Hafer, Kirschen, Äpfel und zehn weitere Nahrungsmittel meiden. Sellerie und Karotten, versichert ihm der Doktor, dürfe er natürlich essen. Guten Appetit! Sechs Wochen später hat Schmidt zwar fünf Kilo abgenommen, aber das Asthma plagt ihn wie eh und je.

Allergietests: Prädikat 'Besonders wertlos'

Im Grunde ist es erstaunlich, mit welchem Aufwand die Medizin den Allergien zu Leibe rückt und wie gering der praktische Erfolg ist. Da wird die Haut der 'Opfer' geprickt, gescratcht und gepatcht. Es wird Blut abgezapft, Haarproben werden abgeschnitten und Dünndarmproben entnommen. Wozu der ganze Aufwand, wenn es doch nichts bringt?

Sehen wir uns die bekannteste dieser Testmethoden genauer an: Beim 'Prick-Test' tupft der Arzt Lösungen auf unseren Unterarm und sticht anschließend mit einer Lanzette durch den Tropfen hindurch in die Haut. Autsch! Hoffentlich verwechselt er die Testlösungen nicht, denn die sehen alle gleich aus: Klar wie Leitungswasser tropfen 'Rindfleisch', 'Milch' und 'Milbenkot' auf unseren Arm. Den Arzt scheint das nicht zu irritieren. Er wird schon wissen, daß in diesen farblosen Lösungen natürlich nicht die ganzen Lebensmittel mit ihrem breiten Spektrum an Inhaltsstoffen enthalten sein können. Die Testlösungen enthalten lediglich Spuren von Eiweißen. Vorsicht ist also angesagt: Denn auch völlig andere Stoffe, die in den Testlösungen nicht enthalten sind, können Unverträglichkeiten auslösen.

Selbst da, wo das Eiweiß eine Rolle spielt, ist Skepsis angebracht. Denn für die Testlösungen müssen die Eiweiße erst einmal von den vielen anderen Inhaltsstoffen unserer Lebensmittel isoliert werden. Viele Eiweiße sind jedoch ziemlich empfindlich, so daß sie die Extraktionsprozesse nicht unbeschadet überstehen. Offenbar weiß bis heute niemand so recht, was genau sich in diesen Lösungen befindet. Sicher enthalten sind allerdings Mittel zur Verlängerung der Haltbarkeit. Damit die Testlösungen in der Arztpraxis nicht schimmeln werden Kochsalz, Glyzerin und oft auch Phenol zugesetzt.[145-148] Die Mitteilungsfreude der Pharmavertreter versiegt an diesem Punkt. Kein Wunder: Das zugesetzte Phenol ist bekanntlich selbst ein Allergen.[349] Darüber hinaus reagiert es mit Eiweißen bereitwillig zu neuartigen Verbindungen.[68,150] Das bedeutet, daß der Arzt etwas völlig anderes auf unserem Arm testet, als das, was wir gewöhnlich essen.

ⓘ Kopf oder Zahl! Wie zuverlässig sind die Tests?

1. Hauttests

PRICK-TEST: Eine positive Reaktion auf der Haut im Prick-Test bedeutet nicht, daß die getestete Substanz auch beim Verzehr Allergien auslöst. Bei jeder vierten gesunden Testperson kommt es zu einer Hautreaktion obwohl sie beim Essen nicht allergisch reagiert. Daß der Test sich dennoch einer solchen Beliebtheit erfreut, ist womöglich der Großzügigkeit der Pharmafirmen zu verdanken, die ganze Testkoffer gratis zur Verfügung stellen. Pro Substanz konnte der Kassenarzt 1992 fünf Mark abrechnen; bei 20 bis 40 getesteten Substanzen pro Arztbesuch eine durchaus lukrative Angelegenheit.[151]

REIB-TEST: Der Test vermeidet eine oft entscheidende Fehlerquelle des Prick-Tests. Dann nämlich, wenn statt undefinierbarer Lösungen die ganzen Lebensmittel auf der Haut verrieben werden. Um einen intensiveren Kontakt mit dem potentiellen Allergen herzustellen, wird die Haut zusätzlich eingeritzt oder die Hornhautschicht am Unterarm mit Pflastern abgerissen. Funktioniert jedoch nur bei hochgradig sensibilisierten Personen.[152]

PATCH-TEST (EPIKUTANTEST): Er soll Kontakt-Allergene entlarven, also Substanzen, die bei Hautkontakt Probleme verursachen wie zum Beispiel Kosmetika, Schmuck oder Kleidung. Selbst dieser zunächst sehr einfach erscheinende Test stößt schnell an seine Grenzen: Wird dieselbe Allergenlösung an verschiedenen Stellen des Rückens aufgetragen, weichen die Ergebnisse um bis zu 40 Prozent voneinander ab.[153,288] Auch auf einem Allergie-Symposium im Bundesinstitut für gesundheitlichen Verbraucherschutz und Veterinärmedizin (BgVV) wurden Zweifel an den daraus resultierenden Diagnosen geäußert: "Die Durchführung des Patchtests ist einfach, die Interpretation der Ergebnisse jedoch nicht."[154]

INTRAKUTANTEST: Dabei werden verdünnte Allergenlösungen (meist die 100fach verdünnten Pricklösungen) mit einer Injektionsnadel unter die Haut gespritzt. Aus Größe und Intensität von Quaddeln und Rötungen wird auf die Allergenität geschlossen. Die Zuverlässigkeit liegt nach Informationen der Zeitschrift *Öko-Test* für Nahrungsmittelallergien bei 50 Prozent.[155] Der Doktor könnte also auch Münzen werfen. Ab einer bestimmten Konzentration der eingesetzten Lösungen reagiert zudem auch der gesunde Patient.[186]

2. Bluttests

RAST (RADIO-ALLERGO-SORBENS-TEST): Die meisten Allergiker bilden Antikörper gegen das auslösende Allergen. Eine Gruppe von solchen Antikörpern, das sogenannte Immunglobulin E (IgE), läßt sich mit diesem Test im Blut des Patienten nachweisen. Allerdings hat auch dieses Verfahren enge Grenzen: Die IgEs sind sehr kurzlebig: Wurde das entsprechende Lebensmittel einige Zeit nicht mehr gegessen, ist auch im Falle einer Allergie kein IgE mehr im Blut zu finden. Jürgen Knop und Joachim Saloga von der Universitäts-Hautklinik in Mainz geben zu bedenken, daß auch der umgekehrte Fall nicht viel besagt: Das Vorhandensein von IgEs ist in ihren Augen noch lange kein Beweis für eine Allergie. Nur bei Sofortreaktionen gegen das Lebensmittel sind sie aussagekräftig – wenn überhaupt.[156,183]

NACHWEIS VON IMMUNGLOBULIN G (IgG): IgGs sind eine weitere Art von Antikörpern; im Gegensatz zu IgE zirkulieren sie länger im Blut. Der Test ist deshalb auch für Spätreaktionen auf Eiweiße einsetzbar. Da oft auch bei beschwerdefreien Personen erhöhte IgG-Spiegel gemessen werden, wird ihm in Fachkreisen größtenteils keine Bedeutung für die Diagnose von Lebensmittelallergien beigemessen.[156,157, 159,187]

CYTOTEST: Bestimmte Blutkörperchen, die Leukozyten, sollen bei Zugabe von Allergenen ihre Form verändern. Das behaupten zumindest diejenigen, die diesen Test verwenden. Die Veränderungen werden unter dem Mikroskop beurteilt. Obwohl dieser Test für alle Inhaltsstoffe der Lebensmittel geeignet sein soll, ist er nicht sehr zuverlässig, da die Interpretation sehr subjektiv ist.[160,188]

Die Zuverlässigkeit dieser Methoden unterscheidet sich kaum vom Kaffeesatzdeuten. Die Odyssee, die viele Allergiker hinter sich haben, legt beredtes Zeugnis dafür ab. Natürlich beschleichen viele Therapeuten erhebliche Zweifel an ihrem Instrumentarium. In ihrer Not greifen nicht nur Heilpraktiker zu unkonventionellen Methoden, auch alteingesessene Mediziner werden schwach und beginnen mit Pendel oder Bioresonanz zu experimentieren. Bei letzterer wird angenommen, daß der Mensch ein ultrafeines Schwingungsspektrum abstrahlt, das sich bei Allergien verändert. Mit speziellen und natürlich teuren Geräten sollen diese Veränderungen erfaßt und die Allergie geheilt werden.[158] Und zum Erstaunen der Anwender ist das Ergebnis auch nicht schlechter als ihre bisherigen diagnostischen Irrfahrten durchs Lebensmittelangebot!

Einigermaßen realistisch ist allenfalls die sogenannte orale Provokation. Dabei ißt der Patient in einer beschwerdefreien Zeit das verdächtige Lebensmittel und beobachtet zusammen mit seinem Arzt, ob der Körper reagiert. Es wird also gezielt versucht, die Unverträglichkeitserscheinungen auszulösen – und zwar mit dem ganzen Lebensmittel und nicht nur mit undefinierbaren Extrakten.

Pseudo oder nicht?

Versagen all die anderen schönen Tests und läßt sich der Patient in kein labormedizinisches Schema pressen, dann wird die ärztliche Unbeholfenheit jedoch gern als Marotte des Patienten gedeutet, der sich seine Beschwerden wohl nur einbildet. Oder aber er hat eine Pseudoallergie. Letztere wird in der Medizin streng von einer 'echten' Allergie abgegrenzt. Doch der Pseudoallergiker leidet genauso unter seinen Beschwerden, nur findet man in seinem Blut mit den verfügbaren Tests keine Antikörper. Was am Test liegen kann, aber auch daran, daß der Körper sich mit einem noch nicht völlig geklärten Mechanismus gegen den betreffenden Stoff wehrt. Dabei kann der Patient sehr wohl einzelne Nahrungsmittel oder deren Inhaltsstoffe nicht vertragen. In der internationalen Fachwelt ist der Einfachheit halber mehr und mehr ganz allgemein von Lebensmittelunverträglichkeiten die Rede.[149,175,242]

Nicht immer liegt es am Blut des Patienten, wenn die Diagnose nicht passen will. Gewöhnlich sind selbst frische Lebensmittel wie der ungespritzte Apfel vom Wochenmarkt viel weniger berechenbar als es aus medizinischer Sicht wünschenswert wäre. Stephanie von Frankenberg, Medizinsoziologin am Sozialpädiatrischen Zentrum in Oberhausen, erzählt aus der Praxis: "Manchmal sind es nur bestimmte Apfelsorten, die gesundheitliche Probleme bereiten; teilweise ist ein Unterschied zwischen geschälten und ungeschälten Äpfeln feststellbar. Und einige Kinder vertragen ganze Äpfel nicht, können sie aber gerieben essen."

Für den Chemiker hat diese Beobachtung wenig Mysteriöses. Tatsächlich sind die bisher bekannten Allergieauslöser in verschiedenen Apfelsorten in unterschiedlicher Menge enthalten. Beim Golden Delicious nimmt diese Menge beispielsweise mit der Reife der Frucht zu.[161] Das häufigste Allergen des Apfels ist ein Eiweiß. Es wird als 'Mal d1' bezeichnet. Mal d1 ist sehr empfindlich. Bei Beschädigung der Apfelzellen reagiert es sogar mit den apfeleigenen Phenolverbindungen. So auch beim Reiben. Dabei entstehen neue Verbindungen, die jetzt völlig harmlos sind.[161,162] Allein durch die küchentechnische Verarbeitung können also nachhaltige Veränderungen in der Allergenität eintreten. Da ist es eigentlich kein Wunder, wenn Patienten überzeugt sind, Äpfel nicht zu vertragen, im Allergietest mit den phenolkonservierten Lösungen aber nichts nachgewiesen wird. Auch bei anderen Obstsorten machten italienische Ärzte um Dr. Ortolani die Erfahrung, daß sich die Ergebnisse des Hauttests mit frischen Früchten und des Test mit den handelsüblichen Lösungen unterscheiden.[163]

So schnell kann ein Patient als 'Pseudoallergiker' abgestempelt werden, nur weil einfachste Reaktionen im Lebensmittel der Medizin unbekannt geblieben sind. Wenn es schon bei einem vermeintlich 'simplen' Apfel so schwer ist, wie sieht es da erst bei den komplizierteren Kompositionen der Industrie aus? Da kann es schon mal vorkommen, daß der Quark eines Herstellers vertragen wird, der eines anderen dagegen nicht. Durch moderne Technologien wie Ultrafiltration oder Thermoverfahren (siehe Kapitel 'Die Milch macht's') setzt sich das Milcheiweiß im Quark heute ganz anders zusammen als noch vor 30 Jahren.[164,937] Damit verändert sich auch die Allergenität. Und es entstehen neue Unverträglichkeiten. Völlegefühl, Blähungen und Durchfall nach dem Verzehr von Quark können auch eine unvermutete Ursache haben: den Milchzucker. Jeder zehnte Deutsche verträgt ihn nicht. Heute ist bis zu vier Mal mehr davon im Quark enthalten als früher. Die Spuren in traditionellem Quark waren für die meisten Betroffenen dagegen harmlos.[140,142,165]

Ein atemberaubender Zusatz: Sulfit

Haben Sie die Ausführungen etwas erschöpft? Dann gönnen Sie sich eine kleine Atempause. Lehnen Sie sich in Ihrem Lieblingssessel zurück und entspannen Sie sich, vielleicht kommt ja ein Krimi im Fernsehen. Ein Gläschen Riesling gefällig oder eine Tüte Kartoffelchips zum Knabbern? Greifen Sie ruhig zu, aber nur wenn Sie nicht wie unser Herr Schmidt an Asthma leiden. Denn Sulfit ('Schwefel') kann dem Allergiker im wahrsten Sinne des Wortes den Atem rauben.[166] Neben Asthma werden Durchfall, Magenschmerzen, Übelkeit und Erbrechen, Nesselsucht, Schluckbeschwerden, Ohnmachtsanfälle, Kopf- und Brustschmerzen mit Sulfiten in Verbindung gebracht.[167]

Schade, daß der findige Fernsehkommissar nicht auch darin geschult ist, die Geheimnisse unserer Lebensmittel aufzudecken. Denn dann würde er enthüllen, daß Sulfit nicht nur im Wein enthalten ist, sondern auch in den Chips – natürlich ohne jede Kennzeichnung. Bei der Fabrikation werden die Kartoffelscheiben in ein Bad aus Sulfit und Natriumpolyphosphat (E 450c) getaucht. Die beiden Zusatzstoffe gewährleisten in Kombination die appetitliche goldgelbe Farbe. Darüber hinaus verbessern sie die Knusprigkeit, stabilisieren den Geruch und konservieren das empfindliche Produkt.[168] Im Zutatenverzeichnis wird man vergeblich nach den beiden Stoffen fahnden.

Schon eher findet die Citronensäure ihren Weg ins Zutatenverzeichnis, wenn auch meistens ohne die zugehörige E-Nummer (E 330). Schließlich handelt es sich um einen Stoff, der wegen seines 'fruchtigen' Namens eher positiv besetzt ist. In den Chips verhindert Citronensäure, daß die fettigen Kartoffelscheiben ranzig werden, bevor sie dem Verzehr anheimfallen. Auch unser Körper stellt im Rahmen seines Stoffwechsels jeden Tag etwa zwei Kilo (!) Citronensäure her – und baut sie auch wieder ab.[169] So ist es beinahe unverständlich, warum dieser in unseren Zellen allgegenwärtige Stoff in geringer Menge in Limonade (zwei bis vier Gramm pro Liter)[170] genossen, gelegentlich Ursache allergischer Reaktionen sein soll. Ein Blick in die Herstellungstechnologie bringt uns schnell auf die richtige Spur. Denn die Zeiten, in denen die Säure aus Zitronen oder Orangen gewonnen wurde, sind längst vorbei.

Heute werden über 90 Prozent der Citronensäure von Schimmelpilzen erzeugt, die auf Nebenprodukten der Zuckerherstellung wachsen und gedeihen.[171,172] Nach getaner Arbeit wird der Schimmel abgetrennt. Um ja keinen Tropfen Säure zu vergeuden, wird er ausgepreßt und ausgewaschen. Auf diese Weise können Pilzsporen oder andere Stoffwechselprodukte der Mikroben in den Zusatzstoff und von dort in das Fruchtsaftgetränk gelangen. Und schon reagiert der Schimmelpilzallergiker.[173] Die Citronensäure selbst ist unschuldig. Wer die Allergenität von Zusatzstoffen beurteilen möchte, kann sich daher nicht auf die Prüfung des Stoffes als solchen beschränken. Er benötigt fundierte Kenntnisse über die Herstellungswege. Speziell bei den zahlreichen biotechnologisch erzeugten Präparaten sollten ihm die jeweils verwendeten Mikroben und ihre weiteren Stoffwechselprodukte bekannt sein.

Daß Zusatzstoffe Nebenwirkungen haben, spricht sich indessen in medizinischen und pharmazeutischen Fachkreisen nur langsam herum. Nur so läßt es sich erklären, daß sogar Asthmamittel mit Sulfit haltbar gemacht werden. Schlimm für die Patienten, die in ihrer Not völlig ahnungslos zum 'Sulfitspray' greifen.[166,174] Auch anderen häufig verordneten Medikamenten wurden allergene Zusatzstoffe zugesetzt, wie beispielsweise der künstliche Farbstoff Tartrazin (E 102).[176,349] Überrascht es da noch, wenn sich vermeintliche Nebenwirkungen von Arzneimitteln als waschechte Zusatzstoff-Allergien entpuppen? Die Ärzte am Königin-Elisabeth-Krankenhaus in Norfolk staunten nicht schlecht, als sie nach sorgfältigem Studium des Beipackzettels erkennen mußten, daß die Hautausschläge ihrer Patienten von Eisenoxiden herrührten. Damit war das Arzneimittel eingefärbt worden. Eisenoxide (E 172), die gewöhnlich synthetisch hergestellt werden, verleihen hierzulande Süßwaren gelbe, rote, braune und schwarze Farbtöne.[177]

Österreicher müßte man sein ...

Herr Schmidt, der von all diesen Zusammenhängen noch nichts ahnt, versucht verzweifelt auf eigene Faust herauszufinden, was denn nun in seinen Leibspeisen enthalten ist. Sein Hang zur Schokolade treibt ihn zu kriminalistischen Höchstleistungen, als er eine Tafel Milka Joghurt in den Händen hält. Für ihn, der sicherheitshalber noch auf Nüsse verzichtet, also gerade richtig. Schon will er die Packung aufreißen. Da fällt sein Blick auf den Buchstaben 'A', offenbar das Kennzeichen für Österreich. Als er die einzelnen Zutaten durchliest, erfährt er, daß nicht nur "Zucker, pflanzliche Fette, Magermilchjoghurtpulver, Kakaobutter, Magermilchpulver, Kakaomasse, Milchzucker, Sahnepulver, Butterreinfett, Süßmolkenpulver, Emulgator Soja-Lecithin" und "Aroma Vanillin" drin sind, sondern leider auch Haselnüsse.

Schade! Seine Liebe zur Vollmilchschokolade bleibt diesmal unerfüllt. Apropos Vollmilch – wo ist die eigentlich geblieben? Was er dafür hielt, ist offenbar eine geheimnisvolle Mixtur aus Einzelbestandteilen. Anscheinend war dem Hersteller frische Vollmilch nicht gut genug.

Einmal hellhörig geworden sucht Schmidt nun auf der Zutatenliste nach dem Kennzeichen 'D'. Doch dort erfährt er nur, daß es sich um eine "Gefüllte, zartschmelzende, hochfeine Alpenmilch-Schokolade mit Joghurt-Creme (Magermilchjoghurt)" handelt. Dafür liest er amüsiert, daß den türkischen Mitbürgern sogar mitgeteilt wird, daß Soja-Lecithin der Zusatzstoff mit der E-Nummer 322 ist. Und das, obwohl die Türkei noch nicht in die EU aufgenommen ist. Baß erstaunt ist Schmidt, als er erkennen muß, daß dem Österreicher mitgeteilt wird, "kann Spuren von Erdnüssen, Mandeln und Weizeneiweiß enthalten", dem Deutschen nicht. Offenbar ist der Deutsche nicht so empfindlich wie sein südlicher Nachbar. Doch halt – warum 'kann' die Schokolade Zutaten enthalten? Weiß der Hersteller etwa selbst nicht so genau, was in seinen Produkten wirklich drin ist? Wahrscheinlich werden mit den selben Maschinen auch Schokoladensorten mit Weizen oder Nüssen hergestellt. Doch es gibt noch eine weitere Erklärung: Die Rohstoffe und Vorprodukte unserer Lebensmittel werden weltweit gehandelt. Der Hersteller ordert das für ihn preisgünstigste Erzeugnis, das seinen Zweck hinreichend erfüllt. Was in den vielfältigen Pasten und Streckmitteln wirklich drin ist, kann auch er beim besten Willen nicht mehr wissen.

Was Schmidt nicht ahnt: Die Firma Kraft Jacobs Suchard hat nicht mutwillig etwas verheimlicht, sondern hat sich bei der Deklaration sklavisch an das deutsche Lebensmittelrecht gehalten. Denn bei Schokolade dürfen Zusätze unter fünf Prozent nicht extra erwähnt werden.[718] Sie gelten als nicht wertbestimmend für den süßen Seelentröster. Diese Art von Verbraucherschutz führte bereits zu Todesfällen von Nußallergikern, die ahnungslos nußhaltige Schokolade aßen.[179, 184, 185] Wieviele Fälle es in Deutschland gegeben hat, ist bis dato noch unbekannt. Wer sich als Allergiker auf das Etikett verläßt, ist wirklich verlassen.

Andererseits dürfen wir froh sein, daß bei vielen Erzeugnissen zumindest ein Teil der verwendeten Zusätze deklariert werden muß. Dazu gehören vor allem Konservierungsmittel und Farbstoffe. Diese ersten Anhaltspunkte haben die Allergologen dankbar aufgegriffen. Wahrscheinlich sind diese beiden Stoffklassen deshalb auf ihr allergenes Potential vergleichsweise gut untersucht. Schließlich geht es den Experten auch nicht besser als den Laien. Woher sollen sie denn wissen, was sonst noch alles drin ist, wenn schon die Hersteller Schwierigkeiten haben, ihre Zutaten verbindlich anzugeben. Und was nicht gekennzeichnet ist, wird nur selten getestet. Vielleicht wirken ja ganz andere Stoffe viel allergener, wie zum Beispiel die Enzyme. Und vielleicht werden Farb- und Konservierungsstoffe als Allergieauslöser sogar überschätzt.

Bei Konservierungsmitteln stehen Hautreaktionen im Vordergrund.[180] Nicht nur nach dem Verzehr konservierter Lebensmittel wurden Rötungen, Pusteln, juckende oder nässende Stellen beobachtet. Auch der Hautkontakt kann Folgen haben. Einige Kinder mußten das am eigenen Leib erfahren: Anstatt die Salatsoße zu essen, schmierten sie sich gegenseitig damit ein. Haben Sie schon einmal mit der Hand in die Brennesseln gefaßt? Dann stellen Sie sich doch einmal vor, Sie wären in Badekleidung in ein Brennesselfeld gestürzt. Eine ähnlich unvergeßliche Erfahrung machten die Kinder: die in der Soße enthaltene Benzoesäure (E 210) löste 'Urticaria' aus – Nesselsucht.[181]

Mit Essen spielt man eben nicht. Oder? Den erhobenen Zeigefinger sollten wir jedoch lieber nicht in Cremetöpfchen und Make-up-Döschen tauchen. Denn auch was Frau sich da ins Gesicht und dem Kind auf den Po schmiert, muß konserviert werden. Die vielen Mikroben auf unserer Haut würden sonst vom Finger in die Creme wandern und sich dort ungehemmt vermehren. Aber was nimmt man nicht alles für die Schönheit in Kauf? Eine ganze Palette von Farbstoffen findet sich im Malkasten von kosmetisch Interessierten ebenso wie im Lebensmittelsortiment. In beiden Fällen soll die Farbe die vornehme Blässe etwas kaschieren, soll sie etwas vortäuschen, was so nicht vorhanden ist. Ohne Farbstoff sähen nicht nur Süßwaren wenig attraktiv aus.

Beim Einfärben von Lebensmitteln ist das zuständige Recht recht großzügig: Es gibt kaum Höchstgrenzen für Farbstoffe. Wichtig war dem Gesetzgeber nur, daß der erzielte Farbton der allgemein üblichen Verbrauchererwartung entspricht. Und diese Erwartung hat die Industrie entsprechend beeinflußt. So müssen Vanillepudding und Vanillejoghurt für den deutschen Verbraucher gelb sein, obwohl die fermentierte Vanilleschote bekanntlich schwarz ist. In anderen Ländern wie etwa Schweden ist die Färberei verboten, deshalb wird dort aber nicht weniger Vanilleeis verspeist.[923] Ein besonders hübsches Beispiel für die 'übliche Verbrauchererwartung' ist der 'Deutsche Kaviar'. Er soll sein russisches Vorbild aus Störeiern möglichst treffend imitieren. Dazu wird der Rogen eines knorpeligen Fisches namens 'Lump' aromatisiert, klebrig und haltbar gemacht. Damit er möglichst 'echt' aussieht, erhalten die hellen Fischeier ihre für Deutschland typische pechschwarze Farbe. Wie peinlich. Denn echte Störeier sind frisch 'geerntet' silbrig-grau. Erst in verdorbenem Zustand – so schätzt ihn offenbar der deutsche Gourmet – wird er schwarz.[183]

9.

Die Milch macht's
Neues Wundermittel: Abwasser aus der Käserei / Das Milcherzeugnis als Tausendsassa / Kekse, Chips und Mayonnaise

Ist Ihnen schon der Appetit auf Zusatzstoffe vergangen? Haben Sie die E-Nummern im Zutatenverzeichnis satt? Die Alarmglocken bei den Produktmanagern läuten schon lange. Wird ein Produkt, das schon fast im Einkaufswagen lag, nach einem kritischen Blick auf das Zutatenverzeichnis wieder ins Regal verbannt, wo es bis ans Ende seines Mindesthaltbarkeitsdatums ein trauriges Dasein fristet, dann verbringen die Damen und Herren schlaflose Nächte. Was tun, um die kaufkräftige Kundschaft bei der Stange und das Lebensmittel bis an die Kasse im Wagen zu halten?

Die Lösung klingt ganz einfach: Wir ersetzen die 'Chemie' durch 'Natur'. Die Umsetzung gestaltet sich dagegen weitaus schwerer. Schließlich soll das Mikrowellengericht immer noch appetitlich bräunen, die Götterspeise anständig glibbern, die Schokolade zart schmelzen, die unansehnlichen Krümel in der Tütensuppe sich beim Aufkochen in eine schmackhafte Suppe verwandeln. Und die Gastgeberin soll auf ihre aufgetaute Fertigtorte stolz sein, damit sie nicht auf die Idee kommt, wieder selbst zu backen.

Bei den Farbstoffen ist die Idee einfach zu verwirklichen, liefert Mutter Natur uns doch ausreichend färbende Lebensmittel. Deren Farbkraft demonstriert die Fernsehwerbung allabendlich eindrucksvoll aufs

Neue: Da entfernen Waschpulver ganze Spektren an Beeren- und Spinatflecken vom hellen Kinder-T-Shirt. Intensive Färbemittel aus Rote-Bete-Saft, Johannisbeerschalen oder Brennesselauszügen machen Tartrazin und Co. den Rang streitig. Von den Gummibärchen 'ohne künstliche Farbstoffe' kann man dann auch guten Gewissens zwei Tüten einstecken. Daß die Aromastoffe, die den Gelatinetierchen den Geschmack verleihen, weiterhin synthetisch sind, das darf inzwischen mit amtlichem Segen verschwiegen werden. Wo früher noch zwischen künstlich, naturidentisch und natürlich unterschieden wurde, reicht heute laut Lebensmittel-Kennzeichnungs-Verordnung ein schlichtes 'Kirscharoma'.[135]

Zusatzstoffimitate

Aber was ist mit all den anderen für die Fabriken unverzichtbaren Zusatzstoffen? Wie sollen Emulgatoren, Stabilisatoren, Dickungsmittel, Gelbildner, und Konsorten durch Stoffe ohne die ungeliebte E-Nummer ersetzt werden? Findige Lebensmitteltechnologen lösten auch dieses Problem zur Zufriedenheit ihrer Geldgeber. Es scheint, als habe einer von ihnen auf der Suche nach modernster Technologie einen Blick in das Kochbuch seiner Großmutter riskiert. Und die kannte zahlreiche Tricks, auch 'problematische' Rohstoffe und 'verunglückte' Gerichte in einen Augen- und Gaumenschmaus zu verwandeln. Da wird streng schmeckendes Wild in Milch eingelegt, Soße mit Sahne abgerundet und verpfeffertes Gulasch mit Milch gerettet. Milcherzeugnisse gelieren beim Erhitzen – ein Prozeß, der zum Verdicken von Soßen genutzt werden kann.[216,217] Die Milch macht's eben. Was liegt da näher, als ihre vielfältigen Eigenschaften auch im großen Maßstab zu nutzen?

Natürlich müssen die einzelnen Wirkungen hier und da etwas verstärkt oder abgewandelt werden. Aber dieser Einsatz zahlt sich sicher aus. Schließlich wurde bereits in jahrelanger und millionenschwerer Vorarbeit für den Inhaltsstoff Milch geworben. Nicht nur das Milchfett, sprich Butter und Sahne, auch Milcheiweiß und Milchzucker eignen sich hervorragend für den Einsatz in Lebensmitteln. Mit den

Möglichkeiten moderner Chemie und Technik lassen sie sich für jede Aufgabe optimal designen. Das Ergebnis der Bemühungen sind 'funktionale Additive' – High-Tech-Produkte aus der Molkerei. In Lebensmitteln erfüllen sie die vielfältigen Aufgaben der Zusatzstoffe. Da sie aus einem natürlichen Lebensmittel stammen, gelten sie lebensmittelrechtlich jedoch nicht als Zusatzstoffe. Nennen wir sie daher Zusatzstoffimitate.

Milcheiweiß und daraus hergestellte Produkte sind heute bereits aus kaum einem Lebensmittelbereich mehr wegzudenken. Casein, das Haupteiweiß der Milch, wurde früher vor allem zur Herstellung von Papier, Leder, Spezialklebstoffen und Farben verwendet.[217,222] Heute sind Casein und die daraus hergestellten Caseinate, das sogenannte 'aufgeschlossene Milcheiweiß', in fast jedem Fertiggericht zu finden. Und auch der Milchzucker avancierte vom profanen Verdauungsregler zum allgegenwärtigen Lebensmittelinhaltsstoff.

Eine Kostprobe gefällig? *Savorlac* vom Rohstoffhändler Diedrichs verstärkt zum Beispiel den Geschmack von Suppen, Soßen, Fertiggerichten und Gewürzmischungen. Hergestellt wird das Produkt aus 'fettfreier Milchtrockenmasse' unter Verwendung von Joghurtkulturen. Das cremefarbene Pulver soll den umstrittenen Geschmacksverstärker Natriumglutamat (E 621) ersetzen. Eine gute Idee, denn Natriumglutamat steht wegen seinen Nebenwirkungen, dem sogenannten China-Restaurant-Syndrom (Übelkeit, Erbrechen) in einem denkbar schlechten Ruf. Viele Verbraucher kaufen daher bewußt Produkte ohne Glutamat. Das Geheimnis des Erfolgs von Savorlac ist sein von Natur aus hoher Gehalt an Glutaminsäure. Sie wird durch technologische Kunstgriffe freigesetzt, so daß letztendlich schlichtes Glutamat entsteht. Welcher aufmerksame Leser würde wohl das 'Trockenmilcherzeugnis' in der Zutatenliste mit dem verrufenen Geschmacksverstärker in Verbindung bringen?[210]

Zum Süßen von Speiseeis, Gebäck, Schokolade und anderen Leckereien wird von Diedrichs *Serussweet* empfohlen. Auch hinter diesem Namen verbirgt sich High-Tech aus der Molkerei. Das sprühgetrocknete 'Süßmolken-Ultrafiltrations-Permeat-Pulver' darf als harmloses

'Milchproteinerzeugnis' gekennzeichnet werden. Der Name täuscht: Statt Eiweiß enthält es vor allem Zucker: genaugenommen 85 Prozent Milchzucker.[211] Wird dieser Milchzucker enzymatisch 'vorverdaut' und in seine beiden Bestandteile Galactose und Glucose aufgespalten, dann ist er ziemlich süß und eher mit 'Glucosesirup' gleichzusetzen als mit 'Milch'.[211]

Doch es ist ein langer Weg von der sahnigen Kuhmilch zum trockenen Zusatzstoffimitat. Dem Besucher der Molkerei bleibt dieser Weg meistens hinter chromblitzenden Kesseln und Leitungen verborgen. Werfen wir einen Blick hinter die glänzende Fassade und beobachten, wie aus der Milch funktionale Additive gewonnen werden.

Hinter den Kulissen

Casein wird beispielsweise isoliert, indem die Milch mit Hilfe von Bakterien gesäuert wird, so wie bei der Käseherstellung. Das kostet heute zuviel Zeit und Geld. Billiger ist die direkte Zugabe von Salz-, Schwefel- oder Milchsäure. Die so geronnenen Caseine sind zum Ärger der Lebensmittelbranche wasserunlöslich und lassen sich schlecht verarbeiten. Sie kennen das ja, wenn die Milch im Kaffee ausflockt, statt sich in voluminösen Wölkchen im schwarzen Gebräu zu verteilen. Um das Eiweiß wieder löslich zu bekommen, wird es chemisch 'aufgeschlossen'. So entsteht durch Zugabe von Natronlauge lösliches Natriumcaseinat, mit Calciumhydroxid dementsprechend Calciumcaseinat. Schon geringe Unterschiede in Dicklegung und Aufschluß können zu Produkten mit völlig unterschiedlichen physikalischen Eigenschaften und Fähigkeiten führen.[212,222,228,230]

Die Entdeckung, daß einige Milchinhaltsstoffe die Wirkung der Eiweiße blockieren, eröffnete der Entwicklung funktionaler Additive neue Dimensionen. Ohne das reichlich in Milch vorhandene Calcium ist Casein beispielsweise ein viel besserer Emulgator. Also wird die hier störende Substanz mittels Ionenaustausch (siehe Kasten) entfernt.[214] Im fertigen Milcheiweißerzeugnis glänzt der 'wertvollste' Mineralstoff der Milch dann durch Abwesenheit. Und dadurch lassen sich 'klassische' Zusatzstoffe ersetzen; das Etikett bleibt 'natürlich' und 'sauber'. Die Abkömmlinge der Milch können vielerlei Dienste leisten. Zum Beispiel als:

EMULGATOR: In Mayonnaise, Wurst oder Eis verhindern bestimmte Milchpräparate, daß sich ein unschöner Fettfilm abtrennt
STABILISATOR: damit sich auf dem Joghurt keine Flüssigkeit absetzt
GELBILDNER: damit werden Fischreste zu Surimi 'verklebt', das Wasser in der Wurst wird schnittfest
SCHAUMBILDNER: Caseine und Molkeneiweiße bilden ähnlich guten Schaum wie Hühnereiklar ('Eischnee') und werden z. B. in Desserts eingesetzt
TEXTURGEBER: damit sind Snacks (Flips, Tortilla-Chips) und Kekse besser formbar
FETTBINDER: Milchpräparate verhindern, daß sich in Süßwaren wie Schokolade ein unschöner, weißer Fettreif auf der Oberfläche bildet
WASSERBINDER: für saftiges Formfleisch
MUNDGEFÜHLREGULATOR: damit das Käseimitat sich wie echter Käse anfühlt. [220-223,229]

Heute sind die Lebensmitteltechnologen in der Lage, für fast jedes Herstellerproblem eine maßgeschneiderte Lösung aus den Molkereikesseln zu zaubern. Ganz nebenbei haben sie dabei ein Problem der milchverarbeitenden Industrie gelöst: die Entsorgung der Molke.

Molke – Wundermittel aus der Gosse

Molke ist ein Abfallprodukt der Käseherstellung. Weltweit sind es immerhin Hundert Millionen Tonnen, die entweder an Tiere verfüttert oder weggeworfen werden.[218] Die Hälfte davon allein in Europa.[227] Bei der traditionellen Käseherstellung entstehen aus einem Liter Milch nur 170 Gramm Käse aber 830 Gramm Molke.[213] Die besteht vor allem aus Wasser, Milchzucker und etwas Eiweiß. Wohin mit diesen Unmengen an gelblich-grüner Flüssigkeit? Diese Frage bereitete den Molkereibesitzern Kopfzerbrechen. Der Weg in den Dorfbach wird vom Wasserhaushaltsgesetz verbaut. Denn Molke ist stark gewässerbelastend: Zum biologischen Abbau verbrauchen die Kleinstlebewesen 100 Mal mehr Sauerstoff als bei normalem Haushaltsabwasser. Es kommt zu übelriechenden Fäulnisreaktionen und manchmal zu Fischsterben. Für die sachgerechte Entsorgung der Molke müssen die Betriebe daher tief in die Taschen greifen. Was lag da näher als eine Weiterverwertung? Was als Kraftfutter für Schweine zu schlecht war, landet heute gewinnbringend in den Kochtöpfen der Lebensmittelindustrie. Die Molkepräparate decken fast das gesamte Spektrum der Zusatzstoffe ab.

Das Grundprinzip der Produktion der meisten lebensmittelgängigen Pülverchen sind moderne Filtrationstechniken. Ob Ultrafiltration, Diafiltration oder Mikrofiltration – das Prinzip ist immer gleich: Man nehme eine Membran mit winzigsten Poren, so daß nur Teilchen bis zu einer bestimmten Größe hindurch passen. Damit bei den kleinen 'Löchern' die Trennung einigermaßen schnell vonstatten geht, wird Druck ausgeübt. Erinnern Sie sich an Ihre Sandkastenzeit? Da wurde der Kuchen auch mit gesiebtem Sand besser. Und hin und wieder half man mit der Hand nach und drückte den Sand ungeduldig durch die Siebporen.

In der Molkerei hat die Membran für die Mikrofiltration die größten Poren. Durch die passen fast alle Moleküle der Molke: Wasser, Salze, Milchzucker und Eiweiße. Nur die großen Fetttröpfchen bleiben hängen. Zur Ultrafiltration werden dagegen sehr feinmaschige Netze verwendet. Durch sie gelangen nur noch sehr kleine Teilchen wie Wasser, Salze und Milchzucker. Sie halten die etwas größeren Eiweißteilchen zurück. Diese einfach anmutenden Verfahren haben es in sich. Sie werden nicht nur eingesetzt, um Fett abzutrennen und um Eiweiß vom Milchzucker zu entfernen. Durch entsprechende Kombination von unterschiedlich 'großen' Filtern gelingt es, einzelne Eiweißfraktionen mit immer wieder neuen Eigenschaften herauszutrennen. Durch eine anschließende chemische, enzymatische oder physikalische Behandlung läßt sich ein breites Spektrum unterschiedlichster Produkte maßschneidern. Für den Kunden ist nur das positive Image 'Milcherzeugnis' sichtbar.

Ein besonderes funktionales Additiv aus der Molke ist der Milchzucker, auch Lactose genannt. Sie wird beinahe ebenso oft eingesetzt wie die Milcheiweiße. Lactose bindet Wasser und verdickt dadurch Fertigsuppen und -soßen. In Gewürzzubereitungen bindet sie die Aromastoffe. In Leberwurst maskiert sie den Bittergeschmack der Leber und des Phosphats.[219,231] In Mikrowellenprodukten sorgt der Milchzucker durch sogenannte Maillard-Reaktionen für appetitliche Bräune. Konfekt wird damit weicher und schmilzt zarter.[231]

Auch hier bedarf es eines erheblichen Aufwandes, bevor man des Stoffes habhaft wird. Damit die Molke nicht sauer wird, muß sie möglichst schnell weiterverarbeitet werden. Für längere Transportwege oder bei längeren Lagerzeiten wird die Molke daher pasteurisiert oder mit Formaldehyd, Wasserstoffperoxid, Schwefeldioxid, Natrium- oder Magnesiumbisulfit konserviert. Das Fett wird abzentrifugiert und die Eiweiße werden durch Ultrafiltration abgetrennt. Beim Erhitzen der übriggebliebenen Flüssigkeit kristallisiert gelblich gefärbter Rohzucker aus. Die nach dem Eindampfen zurückbleibende Melasse geht entweder in den Prozeß zurück oder wird zu Alkohol, Milch- oder Propionsäure (einem Konservierungsstoff) weiterverarbeitet. Der Rohzucker wird wie bei der Rübenzuckerherstellung raffiniert, um ein ansehnlicheres weißes Produkt zu erhalten.[232,233]

High-Tech in der Molkerei

Vergangen sind die Zeiten, da die Milch handgemolken und fliegenumschwirrt in den Blecheimer spritzte und die Bäuerin schwitzend am Butterfaß stand. Hygiene und High-Tech bestimmen heute die Milchverarbeitung.

SEPARIEREN: Schnell rotierende Zentrifugen trennen die Vollmilch in eine fettarme Fraktion und in fettigen Rahm. Mit etwas Fett wird die entrahmte Milch auf einen festgesetzten Fettgehalt eingestellt (Magermilch: 1,5 Prozent, Vollmilch mindestens 3,5 Prozent). Der restliche Rahm wird für Sahne oder die Butterherstellung verwendet.

BACTOFUGIEREN: Durch besonders schnell laufende Zentrifugen lassen sich Mikroorganismen und Pilzsporen 'herausschleudern'. Dadurch kann auf eine Milcherhitzung zur Haltbarkeitsverlängerung verzichtet werden. Die starke mechanische Belastung verändert jedoch die Eigenschaften der Milch durch sogenannte Kavitationsschäden.

HOMOGENISIEREN: Die Milch wird unter Druck (200 bis 300 bar) durch feine Düsen gepreßt. Es entstehen kleinere und sehr fein verteilte Fetttröpfchen. Zweck des Verfahrens ist es, das Aufrahmen der Milch zu verlangsamen. Dabei werden jedoch Enzyme aus der Membran der Fetttröpfchen freigesetzt, die Unverträglichkeitsreaktionen auslösen können.

PASTEURISIEREN: Durch eine Wärmebehandlung unter 100 Grad Celsius werden Mikroorganismen in der Milch geschädigt oder abgetötet. Die Milch ist dadurch länger haltbar.

ULTRAHOCHERHITZEN: Kurze Einwirkung von mehr als 135°Celsius führt zu lang haltbarer H-Milch. Dabei bekommt die Milch jedoch einen 'Kochgeschmack'. Versuche zeigten, daß dieser Geschmack durch Zusatz von L-Cystin (E 921) vermindert werden könnte.

IONENAUSTAUSCHVERFAHREN: Zur Herstellung funktionaler Additive werden Calciumionen aus der Milch teilweise durch Wasserstoffionen ausgetauscht. Möglich wird das, indem die Milch durch einen Ionentauscher aus Kieselgel, Harz oder dem Kunststoff Polystyrol gepumpt wird.

ULTRAFILTRATION: Wird zum Konzentrieren von Eiweißstoffen verwendet. Wird Molke ultrafiltriert, wandern die kleinen Wasserteilchen und Mineralstoffe durch eine Membran, während die großen Eiweiße zurückbleiben. Dieser Filterrückstand wird beispielsweise wieder dem Quark zugesetzt, der früher nur Spuren des Molkeneiweißes enthielt.

DIAFILTRATION: Spezielle Form der Ultrafiltration. Diesmal werden die großen Fettmoleküle aus der Molke abgetrennt. Da sich auf den Membranen schnell Ablagerungen bilden, in denen sich Keime anreichern könnten, müssen die Anlagen sorgfältig zum Beispiel mit quarternären Ammoniumverbindungen gereinigt werden.

UMKEHROSMOSE: Dient ebenfalls zur Konzentrierung von Milch und Molke, also zur Entfernung von Wasser. Hierbei wird das Wasser regelrecht aus der Molke 'gesaugt'. Dies geschieht durch eine konzentrierte Salzlösung, die auf der anderen Seite des Filters alles erreichbare Wasser an sich zieht, so wie Salz auf dem Tisch die Luftfeuchtigkeit an sich zieht und verklumpt.[223-225,227,234]

Die neue Sehnsucht nach den alten E-Nummern

Es mag ja sein, daß die Etiketten den Kunden mit Begriffen wie 'Milcherzeugnis' über die wahre Beschaffenheit des Produktes im Dunkeln tappen lassen, aber sind solche natürlichen Milchinhaltsstoffe wie Eiweiße oder Lactose nicht günstiger zu beurteilen als die chemischen Zusatzstoffe? Das hängt vom Einzelfall ab – denn gerade die Milchinhaltsstoffe sind ein anschauliches Beispiel dafür, daß 'natürlich' noch lange nicht 'gesund' heißen muß.

Was für den einen gesund ist, kann für den anderen schon ein großes Problem darstellen. So verträgt etwa jeder zehnte Deutsche keinen Milchzucker – und das sind immerhin acht Millionen Menschen. Mit dem Heranwachsen geht ihnen nach und nach die Fähigkeit verloren, den Zucker der Milch aufzuspalten. Nur in dieser Form kann ihn unser Verdauungstrakt aufnehmen. Ungespaltener Milchzucker wird im Dickdarm von der Bakterienflora vergoren. Dabei entstehen unter anderem Wasserstoff und Kohlendioxid. Diese Gase sorgen für heftigen Leidensdruck: Blähungen, Völlegefühl und Durchfall piesacken die Betroffenen. Viele Menschen wissen nicht, daß sie 'lactoseintolerant' sind und quälen sich ihr Leben lang mit den elenden Verdauungsstörungen herum. Und die, die es wissen, haben ganz erhebliche Probleme bei der Lebensmittelauswahl: Es genügt beileibe nicht, nur auf Milch und Milchprodukte zu verzichten, da der Milchzucker inzwischen zahlreichen Produkten zugesetzt werden kann. Wer würde schon in Mikrowellenmenüs, Gewürzen, Süßstofftabletten oder Pommes Frites mit Lactosezusätzen rechnen? [233,235,236]

Nicht viel besser sieht es beim Eiweiß aus. Vielleicht hatte es ja seinen Grund, warum die Menschheit die Molke gewöhnlich nicht zu Speisezwecken nutzte und die Flüssigkeit vorzugsweise ans liebe Vieh verfütterte? Immerhin konnte in den letzten Jahren ein Zusammenhang zwischen dem Molkeneiweiß und Diabetes bei Kindern gezeigt werden. Ein Molkeneiweiß – das sogenannte bovine Serumalbumin – ähnelt einem Eiweiß der Bauchspeicheldrüse. Wehrt sich der Körper gegen die hohe Zufuhr an Rinderalbumin, kann es sein, daß sich die gebildeten Abwehrkörper auch gegen das ähnlich aussehende körpereigene Eiweiß richten. Die Bauchspeicheldrüse wird dadurch geschädigt und kann nicht mehr ausreichend Insulin produzieren. Es entsteht insulinabhängiger Diabetes. Als besonderes Problem gilt, daß Säuglingsmilch extra mit Molkeneiweiß angereichert wird. Der Darm des Säuglings ist für solche Eiweißpartikel viel durchlässiger als der des Erwachsenen. Es wird nun befürchtet, daß dies der Grund dafür ist, warum Flaschenkinder später erheblich häufiger an Diabetes erkranken als gestillte Kinder.[237-240]

Eigentlich sollte das Lebensmittelrecht für mehr Transparenz sorgen und dafür, daß der Kunde weiß, was er kauft. Hier trägt es jedoch eher dazu bei, die wahre Zusammensetzung zu verschleiern: So reicht es bei Caseinen, Caseinaten, Molkeneiweißen und ihren Mischungen, ein nicht näher definiertes 'Milcheiweiß' zu deklarieren.[135] Dabei wird nicht berücksichtigt, daß jedes Präparat ein eigenes Eiweißmuster hat und damit auch ein eigenes Allergenmuster. Kein Arzt kann mehr herausfinden, welche der sich ständig ändernden Fraktionen eines modifizierten Eiweißes für die Unverträglichkeit seines Patienten verantwortlich ist. Da Milcheiweiß in Form funktionaler Additive in vielen Lebensmitteln enthalten ist, ist es mit dem Weglassen von Milch und

Milchprodukten nicht getan. Einziger Ausweg: Finger weg von Fertigprodukten.

Mit den funktionalen Additiven aus der Milch haben wir jedoch nur an der obersten Spitze des Eisberges gekratzt. Das, was bei der Milch möglich ist, läßt sich genauso gut mit anderen Rohstoffen realisieren. Da wäre die Sojabohne zu nennen oder die Raps- und Sonnenblumenexpeller unserer Ölmühlen. Oder etwa Schweineblut. Nach dem Entfärben lassen sich daraus billige funktionale Additive für Schokolade oder Kekse gewinnen.[241] Selbst so positiv besetzte Begriffe wie 'Lecithin' haben in den Ohren des Chemikers einen unangenehmen Beiklang. Lecithin ist ein vielfältiges Stoffgemisch mit ebensolchen Eigenschaften und Wirkungen, die für jede Anwendung neu kombiniert werden. Dank des immer selben Namens halten es Verbraucher wie Mediziner auch immer für denselben Stoff.

Wie schön war da doch die Zeit der chemischen Zusatzstoffe. Da hatte man meistens einen klar definierten Stoff, den man suchen, finden und verantwortlich machen konnte. Vielleicht ist Chemie auf dem Etikett doch besser als Etikettenschwindel mit Hilfe moderner Technologie.

Verbraucherlexikon der Lebensmittelzusatzstoffe

Im Verbraucherlexikon der Lebensmittelzusatzstoffe werden zur schnellen Orientierung folgende Symbole verwendet:

! gegen die Zusatzstoffe liegen Verdachtsmomente vor, so daß die Zulassung widerrufen oder zumindest eingeschränkt werden sollte.

? abschließende Bewertung mangels geeigneter oder ausreichender Untersuchungen nicht möglich oder begründete Zweifel an Unbedenklichkeit.

Vorsicht Geschmack

Acesulfam E 950
Süßstoff

VERWENDUNG
Wie alle künstlichen Süßstoffe vor allem in kalorienreduzierten Getränken und in Tablettenform als Zuckerersatz. Acesulfam wird mit weiteren Zusatzstoffen wie zum Beispiel dem Kunststoff Polyvinylpyrrolidon (E 1201) oder Carboxymethyl-Cellulose (E 466) in Tablettenform gepreßt. Auch in zahnfreundlichen Süßwaren, 'Light'-Joghurts und -Quarks. Da Acesulfam hohe Temperaturen aushält, bietet sich der Einsatz in Backwaren an. Um darin den Zucker zu ersetzen, müssen jedoch zusätzlich volumengebende Maltodextrine eingerührt werden.[118,456,459,478,481a-d,483,484]

VERTRÄGLICHKEIT
Die Weltgesundheitsorganisation (WHO) beruft sich in ihrer Bewertung fast ausschließlich auf Berichte des Herstellers (Hoechst AG). Der hält Acesulfam für völlig unbedenklich. Unabhängige Untersuchungen wurden kaum veröffentlicht. Wie bei allen Süßstoffen Gefahr einer Appetitstimulation und Übergewicht.[482,483]

HERKUNFT
Acesulfam wurde erst 1967 per Zufall in einem Chemischen Labor entdeckt. Wird synthetisch hergestellt.[461,480]

Adipinsäure und Adipate

Säuerungsmittel, Säureregulatoren, Kochsalzersatz

Adipinsäure	E 355
Natriumadipat	E 356
Kaliumadipat	E 357

VERWENDUNG

Saure Komponenten in Kuchenfüllungen und Teilchenglasuren, außerdem in Desserts und Getränken. Adipinsäure hält Getränkepulver trocken und vermindert lästiges Stauben. E 355 und E 357 werden auch als Kochsalzersatz verwendet.[304,348,438,863]

VERTRÄGLICHKEIT

Bereits mit einem Becher adipinhaltiger Götterspeise täglich ist die Dosis überschritten, die noch als gesundheitlich unbedenklich gilt. Die toxikologischen Daten lassen dennoch kein nennenswertes Risiko erkennen.[302]

HERKUNFT

Nur ein Prozent der chemischen Säureproduktion wird in Lebensmitteln verwendet, der Rest dient zur Herstellung von Nylon, Weichmachern und Polyamid. 'Natürlich' ist Adipinsäure in Zigarettenrauch enthalten.[169,438]

Agar E 406

(Agar-Agar)

Verdickungsmittel, Stabilisator, Feuchthaltemittel, Mundgefühlregulator

VERWENDUNG

Agar ist ein geschmacksneutrales Geliermittel, das im Gegensatz zu Gelatine auch hohe Temperaturen gut übersteht. Darum wird Agar gerne für Fleischkonserven verwendet. Der beim Erhitzen austretende Fleischsaft geliert sofort.

Weil Agar vom Menschen nicht verdaut wird, findet er gelegentlich als Abführmittel Verwendung. Die dafür wirksamen Mengen liegen dabei mit 4–15 g/Tag höher als in Lebensmitteln (1–2 g/100 g). Daneben bildet es die Basis für fettfreie Salben und Zäpfchen.[123,252,253,258-260]

VERTRÄGLICHKEIT

Obwohl Agar eines der ältesten und bekanntesten Geliermittel ist, existieren nur wenig umfangreiche toxikologische Untersuchungen. In einem der durchgeführten Tierversuche verstärkte Agar durch Chemikalien erzeugten Dickdarmkrebs. Die verstärkende Wirkung war jedoch relativ schwach, so daß Agar diesbezüglich als harmlos angesehen wird.[252,257,258,260,261]

HERKUNFT

Der Name 'Agar-Agar' stammt aus der malaiischen Sprache und bedeutet sinngemäß 'gelierendes Lebensmittel aus Algen'. Agar ist ein Bestandteil der Zellwand von Rotalgen, der mit heißem Wasser herausgelöst wird. Das früher übliche Bleichen durch Sonnenlicht wird heute vielfach durch eine chemische Bleichung ersetzt, um ein möglichst farbloses Produkt zu erhalten.[170,252,253]

Alginsäure und Alginate

Stabilisatoren, Feuchthaltemittel, Verdickungsmittel, Mungefühlregulatoren

Alginsäure	E 400
Natrium-Alginat	E 401
Kalium-Alginat	E 402
Ammonium-Alginat	E 403
Calcium-Alginat	E 404

VERWENDUNG

E 403 ist nur als Trägerstoff für Farbstoffe zugelassen. Die anderen Alginate verbessern das Mundgefühl von Light-Fetten, Salatmayonnaise, Trinkjoghurt und Eierlikör. Eiscreme mit Alginatzusatz schmilzt langsamer. Die Füllungen von Backwaren werden schnittfest. Tiefkühlprodukte werden teilweise vor dem Einfrieren mit einer Alginatlösung übergossen, damit sie sich nicht verfärben, austrocknen oder ranzig werden.

Natrium-Alginat wird zusammen mit Natriumphosphat und Citrat als Schmelzsalz in Schmelzkäse verwendet.

Alginsäure erhöht die Verträglichkeit von Arzneistoffen im Magen-Darm-Trakt, verdickt Cremes und Lotionen, flüssige Waschmittel und Shampoos und stabilisiert Zahnpasta.[118,119,169,250,262,264,266,267,269,700]

VERTRÄGLICHKEIT

Alginsäure und Alginate werden im Körper nicht resorbiert. Sie binden Spurenelemente wie z. B. Cobalt und behindern damit deren Aufnahme durch den Darm.

Alginsäure und Natrium-Alginat senken den Cholesterinspiegel. Die Eiweißverdauung wird etwas beeinträchtigt. Bei den mit der Nahrung aufgenommenen Mengen sind diese Wirkungen jedoch zu vernachlässigen.[263,264,268]

HERKUNFT

Alginsäure findet sich in großen Mengen in den Braunalgen des Meeres. Getrocknete Algen können bis zu 40% enthalten. Sie wird mit Sodalösung oder anderen alkalischen Lösungen aus dem Algenkörper herausgelöst.[264-266]

Allurarot AC E 129
Roter Farbstoff

VERWENDUNG

Allurarot bereichert seit kurzem die Palette der roten Farbstoffe, mit denen Süßwaren, Desserts und Limonaden Fruchtgeschmack signalisieren, auch wenn keine Frucht enthalten ist. In getreidehaltigen 'Frühstückswürstchen' kann es einen höheren Fleischanteil vortäuschen.[100]

VERTRÄGLICHKEIT

Das Verhalten des Azofarbstoffes im Stoffwechsel ist unklar. Bei Versuchstieren wurden nach dem Verzehr von Allurarot Verhaltensänderungen beobachtet.[694,746]

Aluminium E 173
Silbergrauer Farbstoff

VERWENDUNG

Aluminium wird relativ selten und dann fast nur im Überzug von Lakritzdragees und anderen Süßwaren eingesetzt.[118]

VERTRÄGLICHKEIT

Die über den Farbstoff aufgenommenen Aluminiummengen gelten als harmlos. Bedenklicher ist die unerwartete Aufnahme, z. B. über Laugengebäck, Getränke aus fehlerhaften Dosen oder über Medikamente. Alzheimer-Patienten sollten Aluminium meiden, da es mit ihrer Krankheit in Verbindung gebracht wird.[713-715,729-732]

HERKUNFT

Aluminium ist das häufigste Metall der Erdkruste. Bei einer Versauerung des Bodens wird es gelöst und kann das Wurzelwerk der Pflanzen schädigen. Der Zusatz von Aluminiumsalzen zu Blumenwasser verzögert das Welken von Schnittblumen. Gewonnen wird Aluminium aus dem Mineral Bauxit.[711]

Aluminiumsulfate

Stabilisatoren, Härtungsmittel

Aluminiumsulfat	E 520
Aluminiumnatriumsulfat	E 521
Aluminiumkaliumsulfat	E 522
Aluminiumammoniumsulfat	E 523

VERWENDUNG

Aluminiumsulfat festigt Kunstdärme, die mit der Wurst zusammen verzehrt werden. Die Verbindungen sind zur Vorbehandlung von Eiklar zugelassen und schützen kandiertes oder glasiertes Obst und Gemüse vor dem Erweichen.[123,304,716]

VERTRÄGLICHKEIT

Die Aufnahme von Aluminium wird mit der Entstehung der Alzheimerschen Krankheit in Verbindung gebracht. Aber nicht nur mit der Nahrung oder mit Medikamenten wird Aluminium aufgenommen, sondern auch über die Nase: E 520 ist in einigen Deosprays als Antischweißmittel enthalten.[717,729-731]

HERKUNFT

Die Salze werden aus Aluminiumabfällen hergestellt.

SONSTIGES

In Kläranlagen eingesetzt, um Phosphate aus dem Abwasser zu entfernen. In der Textil- und Lederindustrie als Beizmittel. Außerdem eignen sich die Verbindungen, um die Algenbildung in Kühlsystemen zu bekämpfen.[169]

Amaranth E 123
Roter Farbstoff

VERWENDUNG

Färbt in Deutschland vor allem Rote Grütze, Götterspeise und Pudding, Süßwaren und einige Spirituosen. Die EU schränkt die Verwendung zukünftig stärker ein: Nur noch Aperitifweine, Spirituosen und Fischeier sollen damit gefärbt werden.[100,118]

VERTRÄGLICHKEIT

Nachdem amaranthgefärbte Nylonstrumpfhosen zu Hautreaktionen führten, begann man sich auch Gedanken um den Verzehr des Farbstoffes zu machen. Tatsächlich wurden auch hier pseudoallergische Reaktionen beobachtet. Im Tierversuch wurde auch von einer erhöhten Anfälligkeit gegenüber Infektionen berichtet. Nachdem der Verdacht aufkam, daß Amaranth krebserzeugend wirkt, wurde es in den USA für Lebensmittel verboten. Die krebserzeugende Wirkung wurde inzwischen jedoch widerlegt.[673-677,801-804]

HERKUNFT

E 123 hat nichts mit dem gleichnamigen Inka-Getreide gemeinsam. Der Azofarbstoff ist auch nicht natürlicher Herkunft sondern wird chemisch synthetisiert.

Ameisensäure und Formiate
Konservierungsmittel, Säuerungsmittel

Ameisensäure	E 236
Natriumformiat	E 237
Calciumformiat	E 238

VERWENDUNG

Ameisensäure wurde in Deutschland nur in sauren Produkten eingesetzt. So verhinderte sie das Schimmeln oder Kahmigwerden von eingelegtem Gemüse wie Essiggurken nach Öffnen der Gläser. Aus Sicht des EU-Gesetzgebers ist dieses Konservierungsmittel völlig überflüssig und wird deshalb verboten.

Bei Bienen wird Ameisensäure zur Bekämpfung der Varroamilbe, einer Bienenkrankheit, eingesetzt. Dabei können geringe Mengen in den Honig gelangen. E 236 ist in vielen Lebensmitteln wie Obstsäften natürlich enthalten und entsteht z. B. beim Backen von Lebkuchen.[118, 170, 249, 304, 425, 426]

VERTRÄGLICHKEIT

Ameisensäure wird im Körper voll verwertet. Erst in großen Mengen ist sie gesundheitlich bedenklich.[505]

HERKUNFT

Ameisensäure ist in Giftsekreten von Ameisen und Laufkäfern enthalten, in Brennesseln und Tannennadeln. Hergestellt wird sie jedoch aus Wasser und dem Gas Kohlenmonoxid.[169]

SONSTIGES

Konservierungsmittel für Kosmetika; wird äußerlich und innerlich gegen Rheumatismus angewandt. Im Haushalt zum Entkalken von Boilereinsätzen; außerdem zum Imprägnieren von Textilien und Leder und zum Ansäuern von Silofutter.[249, 319, 349]

Ammoniumcarbonate E 503
(Hirschhornsalz)
Säureregulator

VERWENDUNG

Hirschhornsalz wird in Deutschland als Backtriebmittel für Lebkuchen und Amerikaner verwendet.[118, 835]

VERTRÄGLICHKEIT

In großen Mengen verzehrt wirkt E 503 gesundheitsschädlich. Beim Backen wird das Ammoniak jedoch größtenteils ausgetrieben. In seltenen Fällen kann es bei der Teigverarbeitung zu Hautreizungen an den Händen kommen. Aus der Verwendung in Dauerwellmitteln sind Reizungen der Kopfhaut bekannt.[341, 403, 813, 836, 884]

HERKUNFT

Das gelbe Hirschhornsalz wurde früher durch Erhitzen von Horn, Hufen und Klauen gewonnen. Heute erhitzt man stattdessen ein Gemisch aus Ammoniumsulfat und Schlämmkreide.[169]

Ammoniumchlorid E 510
(Salmiak)
Aromastoff

VERWENDUNG

Die bitter salzig schmeckende Verbindung wird fast nur in Lakritzpastillen eingesetzt, die medizinisch als schleimlösendes Hustenmittel verwendet werden. In nordischen Ländern sind bis zu 12 Prozent in Lakritzprodukten vorhanden. Außerdem wird E 510 als Nährstoff für Hefe eingesetzt und ist zur Trinkwasseraufbereitung zugelassen.[94,190, 349,424]

VERTRÄGLICHKEIT

Salmiak gilt als sehr problematisch: Es wurden Knochenschäden, Veränderungen des Butbildes, der Nebenschilddrüsen und Nebennierenrinde beobachtet. Bereits geringe Mengen verstärken den Harndrang. Versuche mit Schwangeren führten nach Angaben der WHO zu Gewichtsverlust, Erbrechen, Appetitlosigkeit und Hyperventilation.[834, 849,884]

HERKUNFT

Bis ins 18. Jahrhundert wurde Salmiak vor allem durch Erhitzen von Kamelmist gewonnen. Inzwischen ist man dazu übergegangen, Ammoniumchlorid durch Einleiten von Ammoniakgas in Salzsäure (E 507) herzustellen.[169]

Ammoniumhydroxid E 527
(Ammoniak)
Säureregulator, Aufschlußmittel

VERWENDUNG

Verbessert die Löslichkeit von Milcheiweiß und Kakao und wird zur Aufbereitung von Trinkwasser eingesetzt.[424,718]

VERTRÄGLICHKEIT

Freies Ammoniak ist Gift für die Körperzellen. Im Lebensmittel reagiert es jedoch mit anderen Inhaltsstoffen und liegt nur noch in der unschädlichen gebundenen Form vor.

SONSTIGES

Entgiftet nach Desinfektionsprozessen das unverbrauchte Chlor (E 925). Ammoniak ist außerdem in Haarfärbemitteln enthalten und ist Ausgangsstoff für die Synthese zahlreicher Chemikalien.[169,520]

Ammoniumphosphatide E 442
Emulgatoren

VERWENDUNG

Ammoniumphosphatide sorgen während der Herstellung von Kakao- und Schokoladenerzeugnissen dafür, daß die süße Masse in jedem Stadium das richtige Fließverhalten hat. Das Endprodukt kann länger gelagert werden.[304,718,749,810]

VERTRÄGLICHKEIT

Die gesundheitliche Einschätzung der Ammoniumverbindungen ist weitgehend unklar.[810]

HERKUNFT

Rapsöl wird teilweise gehärtet und mit Glycerin umgeestert. Dabei entsteht ein Gemisch aus Mono-, Di- und Triglyceriden (siehe auch E 471), das mit Phosphorpentoxid und gasförmigem Ammoniak zu schmalzartigem E 442 umgesetzt wird.[750,810]

Amylasen E 1100
Enzyme

VERWENDUNG

Amylasen bauen Stärke zu süßem Glucosesirup ab. Dadurch wird die Teigruhe von Hefeteig verkürzt. Amylasen verzögern das Altbackenwerden von Gebäck und Brot und verbessern die Krustenfarbe. Daneben werden sie bei der Herstellung von Schnaps und Fruchtsäften eingesetzt.[77, 89, 872, 873]

VERTRÄGLICHKEIT

Die Enzyme werden für das sogenannte Bäckerasthma verantwortlich gemacht. Jeder vierte Bäcker soll dagegen sensibilisiert sein. Obwohl sie hitzeempfindlich sind, werden auch nach dem Backen noch Restaktivitäten von Amylasen gefunden. Da die erforderlichen Untersuchungen zur Allergenität fehlen, kann keine gesicherte Aussage über das Risiko beim Brotverzehr getroffen werden.[31,37,41,42,871]

HERKUNFT

Amylasen sind im Speichel und in Verdauungsdrüsen von Mensch und Tier enthalten. Gewonnen werden sie aus den Bauchspeicheldrüsen von Schlachtvieh oder aus Bakterien und Schimmelpilzen. Bei der Keimung von Getreide werden die natürlich enthaltenen Amylasen aktiviert und verzuckern die Stärke (Malz). Aus Gerstenmalz wird dann Bier gebraut.[77,89]

Amyloglucosidasen
Enzyme

VERWENDUNG

Zusammen mit Amylasen dienen diese Enzyme zur Verflüssigung von Restbrot und sonstigen Überbleibseln der Backindustrie. Die Stärke des Altbrots wird in Glucosesirup umgewandelt, der dann als Süßungs- und Bräunungsmittel wieder verschiedenen Backwaren zugegeben werden kann.[77,89,872]

VERTRÄGLICHKEIT

Zusammen mit den Enzymen gelangen allerlei Zusatzstoffe ins Brot, die eigentlich verwendet wurden, um das wirksame Präparat haltbar zu machen (Konservierungsstoffe) oder um es besser verteilen zu können (Trägerstoffe wie Propylenglykol). Wie bei allen Enzymen besteht auch bei Amyloglucosidasen das Risiko einer allergenen Wirkung.[89]

HERKUNFT

Amyloglucosidasen werden mit Hilfe von Schimmelpilzen (vor allem *Aspergillus niger* und *Aspergillus oryzae*), Hefen oder Bakterien gewonnen.[89,873]

Anthocyane E 163
Rote, blaue und violette Farbstoffe

VERWENDUNG

Anthocyane ändern leicht ihre Farbe und werden daher nur selten als Farbstoffe verwendet. Bekannt ist dieser Effekt von der Zubereitung von Rotkraut: Während der geerntete Kohl noch blau ist, hat das mit Essig gewürzte, gekochte Kraut eine rötlich violette Färbung. Relativ stabil sind Anthocyane in sauren Lebensmitteln, so daß sie vor allem in kohlensäurehaltigen Getränken und teilweise auch in Desserts eingesetzt werden.[100,678]

VERTRÄGLICHKEIT

Natürlicher Bestandteil von Früchten und Gemüse, die seit Jahrtausenden verzehrt werden, ohne daß negative Eigenschaften bekannt wurden. Die Anthocyane im Rotwein werden gar für einen gewissen therapeutischen Effekt des Getränkes verantwortlich gemacht.[67,705]

HERKUNFT

Der Farbstoff wird meistens mit Wasser oder Alkohol aus den Schalen roter Trauben, den Überbleibseln von Saftpressung oder Weinbereitung, gewonnen. Salzsäure oder auch Schwefeldioxid verbessern die Ausbeute.[138,678,680,904]

Äpfelsäure und Malate

Säuerungsmittel, Konservierungsmittel, Geschmacksverbesserer

Äpfelsäure	E 296
Natrium-Malat	E 350
Kalium-Malat	E 351
Calcium-Malat	E 352

VERWENDUNG

Ersetzen immer öfter die Citronensäure (E 330) in Erfrischungsgetränken, Konfitüren und Backwaren. Äpfelsäure wirkt manchmal geschmacksverstärkend, so daß in zuckerfreien Lebensmitteln etwas Süßstoff eingespart werden kann. Unterstützt in fetthaltigen Waren die Wirkung von Antioxidantien. Mit Äpfelsäure imprägnierte Verpackungsmaterialien verzögern außerdem das Schimmeln von Käse. Die Salze der Äpfelsäure, die Malate, spielen keine große Rolle.[169,453-455]

VERTRÄGLICHKEIT

Neuerdings wird ein magenschonender Kaffee hergestellt, bei dem die natürlich enthaltene Äpfelsäure entfernt wurde. Angesichts der vom menschlichen Körper täglich umgesetzten Mengen an Äpfelsäure (rund 1 kg) sind die mit der Nahrung aufgenommenen Mengen jedoch bedeutungslos. Die zusätzlich zugeführte Säure wird voll verstoffwechselt und ist harmlos.[170,853]

HERKUNFT

Äpfelsäure kommt in jeder lebenden Zelle natürlich vor. In vielen Früchten, vor allem Äpfeln und Pflaumen, ist sie die geschmacksbestimmende Säure. Für den Einsatz als Zusatzstoff wird sie aus Maleinsäureanhydrid und Wasser hergestellt.[170,453]

SONSTIGES

Geschmacksverbesserer in Medikamenten.[349,453]

Ascorbinsäure E 300
(Vitamin C)
Mehlbehandlungsmittel, Antioxidans, Farbstabilisator, Umrötebeschleuniger, Konservierungsmittel

VERWENDUNG

Ascorbinsäure beschleunigt die Mehlreifung und macht Teige maschinengängiger. Das Brot bekommt eine gleichmäßigere Krume und feinere Poren. Sie verhindert die Braunfärbung von Apfelmus, anderem eingemachten Obst und Gemüsekonserven wie Pilzen, Artischocken und Blumenkohl. Ascorbinsäure hellt Kartoffelerzeugnisse auf und macht sie länger haltbar. Auch Milchpulver hält sich damit länger. Ascorbinsäure beschleunigt die Umrötung von Wurst und Schinken und stabilisiert die rote Farbe. Auch in Getränken allgegenwärtig: sie vermindert den Bedarf an Schwefeldioxid in Wein, stabilisiert Bier gegen Trübungen und verhindert das Bleichen von Säften. Beliebt, um Süßigkeiten und Getränken für Kinder einen gesunden Touch zu verleihen: 'mit viel Vitamin C'.[530,534,547,549,550]

VERTRÄGLICHKEIT

In Backwaren wird Ascorbinsäure beim Erhitzen zu Threonsäure abgebaut. Diese rief im Tierversuch paradoxerweise Vitamin C-Mangel hervor. Auch in Wurstwaren wurden geringe Mengen des Abbauproduktes gefunden.
Ansonsten harmloser Zusatzstoff. Vitamin-Mega-Dosen, wie sie teilweise als vorbeugende Gesundheitsmaßnahme propagiert werden, können sich auch nachteilig auswirken: So brachten zwei Schwangere in den USA Vitamin C-abhängige Säuglinge zur Welt. Trotz normalerweise ausreichender Versorgung bekamen sie Skorbut, bekannt als Vitamin C-Mangelkrankheit. Treue Anhänger einer Biermarke, der Ascorbinsäure als Antioxidans zugesetzt war, erkrankten ebenfalls an Skorbut, als die Brauerei das Antioxidans wechselte. Vorsicht ist geboten bei Nierenkranken: bei ihnen können die Vitaminpillen die Bildung von Nierensteinen begünstigen.[532,533,537,538,540,543,546]

HERKUNFT

Ascorbinsäure ist natürlich in zahlreichen Früchten und Gemüsen enthalten. Der weltweite Bedarf läßt sich jedoch nur durch eine großtechnische chemische Synthese decken. Als Ausgangsmaterial dafür dient Traubenzucker. Dem chemisch erzeugten Stoff fehlen jedoch die wirksamen Begleitstoffe aus Obst und Gemüse, sogenannte Flavonoide. Flavonoide schützen zum Beispiel die natürliche Ascorbinsäure beim Pasteurisieren von Säften vor dem Abbau zu Threonsäure. Erst zusammen mit den Flavonoiden entfaltet die Ascorbinsäure ihre volle biologische Wirkung.[536,541,543]

Ascorbate

Antioxidantien, Farbstabilisatoren, Mehlbehandlungsmittel, Umrötebeschleuniger

Natrium-L-Ascorbat	E 301
Calcium-L-Ascorbat	E 302

VERWENDUNG

Ascorbate sind die Salze der Ascorbinsäure (E 300) und werden zu den gleichen Zwecken eingesetzt wie die Säure selbst. (siehe Ascorbinsäure)

VERTRÄGLICHKEIT

Prinzipiell die gleichen Wirkungen wie Ascorbinsäure (E 300). Im Gegensatz zu dieser verstärkte E 301 jedoch einen durch Nitrosamine künstlich hervorgerufenen Blasenkrebs. Beim Erhitzen mit der Aminosäure Tryptophan bildet sich ein Produkt, das das Wachstum von Mäusen störte. Diese Wachstumshemmer können auch in erhitzten Lebensmitteln entstehen, die beide Ausgangsstoffe enthalten. Mit Ascorbinsäure tritt der Effekt nicht auf.[535,542,545]

HERKUNFT

E 301 und E 302 werden aus Ascorbinsäure hergestellt.

Ascorbylpalmitat E 304

Antioxidans, Farbstabilisator, Emulgator, Umrötebeschleuniger

VERWENDUNG

Ascorbylpalmitat wird überwiegend zu technologischen Zwecken eingesetzt: Da es im Gegensatz zu Ascorbinsäure und ihren Salzen (E 300, E 301, E 302) fettlöslich ist, eignet es sich besonders gut als Antioxidans in Fetten und Ölen. In Mayonnaise hilft es, Eier zu sparen. Außerdem erleichtert Ascorbylpalmitat die Färbung von Käse mit Carotin. In Würstchen verlangsamt E 304 das Ranzigwerden des Fettes. Auch Walnußkerne mit aufgesprühtem Ascorbylpalmitat halten länger. Wichtig bei Pralinen. Gekennzeichnet wird es meistens als 'Ascorbinsäure' – oder gar nicht.[137,138,547]

VERTRÄGLICHKEIT

Im Dünndarm wird E 304 in Ascorbinsäure und Fettsäuren gespalten. Es kann zwar wie Vitamin C wirken, hat aber nur etwa 40 Prozent der Wirksamkeit von Ascorbinsäure (E 300).[170]

HERKUNFT

E 304 wird aus Ascorbinsäure und Speisefettsäuren mit einem hohen Anteil an Palmitinsäure zusammengebaut. Der fertige Zusatzstoff besteht daher nicht nur aus Ascorbylpalmitat sondern auch aus Produkten mit den anderen Fettsäuren, vor allem Ascorbylstearat.[361]

Aspartam E 951
Süßstoff, Geschmacksverstärker

VERWENDUNG

Vor allem in Getränken und Süßstofftabletten. Da Aspartam sich beim Erhitzen zersetzt, muß auf letztere ein Hinweis, daß das Süßungsmittel nicht zum Kochen und Backen geeignet ist. Außerdem in zahnfreundlichem Kaugummi und Pudding. In Medikamenten überdeckt Aspartam den unangenehmen Geschmack mancher Arzneistoffe. Zum Abnehmen ungeeignet.[118,349,456,498,503,703,861]

VERTRÄGLICHKEIT

Bedenklich ist Aspartam bei einem erblichen Enzymdefekt, der Krankheit 'Phenylketonurie' (PKU). PKU-Kranke können einen im Körper aus Aspartam entstehenden Stoff (die Aminosäure Phenylalanin) nicht abbauen. Er reichert sich dann im Blut an und kann das Gehirn schädigen.

Bei empfindlichen Personen wurden nach dem Verzehr von Lebensmitteln mit Aspartam häufig Kopfschmerzen beobachtet. Außerdem wird von Unterleibsschmerzen, Übelkeit, Benommenheit, Sehstörungen, Gedächtnisverlust, Depressionen und allergischen Hautreaktionen berichtet. Seit kurzem wird Aspartam auch als Risikofaktor bei der Entstehung von Hirntumoren diskutiert.[496,497,499,501,502,504,860,927,928]

HERKUNFT

Wird synthetisch aus den Aminosäuren Phenylalanin und Asparaginsäure hergestellt.[500]

Azorubin E 122

Roter Farbstoff

VERWENDUNG

Verleiht Süßwaren, Limonaden, Puddings, Roter Grütze und Eis auch ohne Fruchtzusatz eine ansprechende rote Farbe.[100,118]

VERTRÄGLICHKEIT

Azorubin wird im Körper aufgespalten. Die Spaltprodukte des Farbstoffes wirken blutbildverändernd. Bei empfindlichen Personen wurden nach dem Verzehr azorubinroter Speisen allergische Hautreaktionen beobachtet.[676,677,720]

HERKUNFT

E 122 ist ein synthetisch hergestellter Farbstoff, der zu der Gruppe der Azofarbstoffe gehört.

Benzoesäure und Benzoate
Konservierungsmittel

Benzoesäure	E 210
Natriumbenzoat	E 211
Kaliumbenzoat	E 212
Calciumbenzoat	E 213

VERWENDUNG
Benzoesäure wirkt vor allem in sauren Produkten wie Fleisch- oder Wurstsalat gegen Schimmelpilze und Hefen. Auch Mayonnaise, Obsterzeugnisse, Limonaden, Backwaren, Eiscreme und Süßigkeiten sind damit länger haltbar.

VERTRÄGLICHKEIT
Benzoesäure ist ein bekanntes Allergen, das unter anderem Asthma, Nesselsucht und Dauerschnupfen verursachen kann. In Gegenwart von Ascorbinsäure (E 300) bildet sich in Lebensmitteln aus Benzoesäure krebserregendes Benzol.

Was für den Menschen gut ist, ist für seine Haustiere verboten: Ihr Futter darf keine Benzoesäure enthalten. Besonders Katzen reagieren sehr empfindlich. In London starben in einem Tierasyl 40 Prozent der Katzen, die mit Benzoesäure konserviertes Futter gefressen hatten. Aus diesem Grund sollten Katzen auch keine 'verdächtigen' Lebensmittelreste, wie z. B. Fischsalat, gefüttert werden.[246-248,255,256,922]

HERKUNFT
Preiselbeeren sind deshalb so lange haltbar, weil sie von Natur aus bis zu 0,24% Benzoesäure enthalten. Geringe natürliche Mengen finden sich auch in Heidelbeeren, Honig und einigen Milcherzeugnissen.

Als Zusatzstoff wird Benzoesäure chemisch synthetisiert. Zum Beispiel durch Oxidation des Lösungsmittels Toluol, das auch in Klebstoff enthalten ist.[249,251,254,920,921]

SONSTIGES

Schwaches Desinfektionsmittel in Salben und Mundwässern. Außerdem im Zigarettenleim und in Tabakfolie.[250,254]

Bernsteinsäure E 363

Säuerungsmittel, Säureregulator, Geschmacksverstärker

VERWENDUNG

Bernsteinsäure hat in der Lebensmittelindustrie nur geringe Bedeutung: Sie verstärkt den Geschmack von Suppen und Brühen und säuert Desserts und Getränkepulver an. Einige Salze der Säure sind als Kochsalzersatz zugelassen.[304,348,438]

VERTRÄGLICHKEIT

Harmlos.

HERKUNFT

Außer in Bernstein ist E 363 natürlich in einigen Gemüsesorten und in Fleischextrakt enthalten. Für die Verwendung als Zusatzstoff wird sie künstlich hergestellt.[438]

Beta-Apo-8-Carotinal E 160e
Beta-Apo-8-Carotinsäureester E 160f

Rote Farbstoffe, Antioxidantien

VERWENDUNG

Die beiden Farbstoffe verlangsamen in Fetten und Ölen, Salatdressing, Käsezubereitungen und anderen fetthaltigen Lebensmitteln das Ranzigwerden. Farblich sind sie besonders gut für Pfirsicheiscreme und Pfirsichdesserts geeignet. Im Zutatenverzeichnis als 'Carotinoid' zu finden.[796]

VERTRÄGLICHKEIT

Keine negativen Auswirkungen bekannt.

HERKUNFT

Die Naturfarbstoffe kommen in Gras, Orangen und Leber vor, werden jedoch für die Industrie chemisch synthetisiert.[796,798]

Betanin E 162
(Beetenrot)
Rotvioletter Farbstoff

VERWENDUNG

Der natürliche Farbstoff eignet sich besonders gut für Sauermilchprodukte wie Joghurt. Aber auch in Füllungen von Backwaren täuscht der rote Farbstoff dem Auge einen höheren Fruchtgehalt vor. Außerdem in Süßwaren und Limonaden. Demnächst soll Betanin auch Marmelade, eingelegtem Gemüse und Wurst ein verlockenderes Aussehen verleihen.[100,118,754,933]

VERTRÄGLICHKEIT

Beim Verzehr von 100 Gramm roten Rüben werden etwa 200 Milligramm Farbstoff aufgenommen. Mit einem gefärbten Erdbeerjoghurt dagegen nur etwa 0,5 Milligramm. Probleme bereitet höchstens der hohe Nitratgehalt des Rohstoffes. Der wurde daher gesetzlich begrenzt: Im verwendeten Zusatzstoff darf 'nur' doppelt soviel Nitrat enthalten sein wie Farbstoff.[680,933]

HERKUNFT

Betaninhaltiger Saft wird in jedem Haushalt beim Wässern Roter Rüben (*Beta vulgaris*) hergestellt. In der Industrie wird das gefärbte Wasser nicht weggeschüttet, sondern vorsichtig eingedickt.[680,933]

Bienenwachs, gelb und weiß E 901
Überzugsmittel, Oberflächenbehandlungsmittel, Trennmittel

VERWENDUNG

Bienenwachs ist ein relativ teures Trennmittel für Back- und Süßwaren. Es läßt Gummibären, Weingummis und andere Süßigkeiten matt glänzen und bildet die Basis von Kaugummis. Daneben sind gelbes und weißes Bienenwachs zur Oberflächenbehandlung von Zitrusfrüchten, Melonen, Äpfeln und Birnen zugelassen. Das damit überzogene Obst glänzt nicht nur schön; der Überzug verhindert auch, daß Wasser austritt und verzögert damit das Schrumpeln der Früchte.[118, 304, 768]

VERTRÄGLICHKEIT

Seit Bienenwachs verwendet wird, kam es zu keinen 'erkennbaren Nebenwirkungen'. Die Weltgesundheitsorganisation (WHO) gibt dennoch zu bedenken, daß das Wachs ein 'allergisches Potential haben könnte'. Einige im Bienenstock eingesetzte Arzneimittel reichern sich im Wachs an. Die Gehalte in weißem Wachs sind durch die weitere Verarbeitung geringer als in gelbem Wachs.[767, 825]

HERKUNFT

Das durch Pollenbestandteile gelb gefärbte Wabenwachs kann durch Bleichung mit Chromsäure, Wasserstoffperoxid oder anderen Chemikalien wieder entfärbt werden (weißes Bienenwachs). Bienenwachs wird gewöhnlich mit billigeren Mitteln gestreckt.[250, 824]

SONSTIGES

So wie das Wachs Obst knackig hält, soll es auch auf die Haut wirken. Daher wird es in Salben und Cremes eingesetzt, um die Faltenbildung zu verlangsamen. Außerdem ist es Trägermaterial für die Farbstoffe in Augen-Make-up und Lippenstiften und dient als Möbelpolitur.[250, 823]

Bixin, Norbixin E 160b
(Annatto)
Orangene Farbstoffe

VERWENDUNG

Die Farbstoffe sind oft auf dem gedeckten Frühstückstisch zu finden: Milchprodukte, Käse und Margarine, Cornflakes und andere Frühstücksgetreideprodukte sowie Gebäck dürfen mit E 160b gefärbt werden. Aber auch geräucherter Fisch und Knabberprodukte wie Chips und Flips. Außerdem kann Bixin in Limonaden und Süßwaren enthalten sein.[100,304,797,933]

VERTRÄGLICHKEIT

Sowohl Bixin als auch Norbixin gelten als unbedenklich.

HERKUNFT

E 160b ist ein natürlicher Farbstoff aus den Samen des Annattostrauches, der in Peru und Brasilien angebaut wird. Teilweise wird auch der synthetisch aus Lycopin (E 160d) erzeugte Farbstoff eingesetzt.[797,933]

Borsäure E 284
Borax E 285
Konservierungsmittel

VERWENDUNG

Wegen gesundheitlicher Bedenken darf Borsäure Lebensmitteln nicht zugesetzt werden; luxuriöse Ausnahme ist Kaviar.[304]

VERTRÄGLICHKEIT

Borsäure wurde medizinisch als Abmagerungsmittel eingesetzt. Sie ist jedoch extrem giftig und reichert sich im Organismus an. Vergiftungen sind sowohl nach dem Verzehr als auch nach Hautkontakt mit Borsäure bekannt. Da Kinder besonders empfindlich reagieren, wurde Borsäure in kosmetischen Pflegemitteln für Kinder unter drei Jahren verboten. Bedenklich ist, daß stillende Mütter teilweise immer noch Boraxlösung verwenden, um ihre Brustwarzen zu reinigen. So kommen Säuglinge dennoch mit dem toxischen Stoff in Berührung.[249,250,319,411,435]

SONSTIGES

Borsäure und ihr Salz Borax werden vielfältig in der Kosmetikbranche eingesetzt: z. B. in Seifen und Pudern gegen fettige Haut, in Badesalzen, Nagelhautentfernern und Fußpflegemitteln. Borsäure ist Wirkstoff in Insekten-, Pilz- und Unkrautbekämpfungsmitteln. Außerdem zum Versteifen der Dochte von Kerzen, in Textilbeizen, Flammschutzmitteln und Photoentwicklern.[169,250,433,434]

Braun FK E 154
Brauner Farbstoff

VERWENDUNG

Trotz gesundheitlicher Bedenken ist Braun FK über die EU nun auch in Deutschland zugelassen – allerdings nur für sogenannte 'Kippers', geräucherte Heringe aus England und Norwegen.[100]

VERTRÄGLICHKEIT

Versuche mit verschiedenen Nagetieren deuten darauf hin, daß Braun FK möglicherweise Leber und Herz schädigt. Außerdem wurden die meisten Organe der Versuchstiere mit einem unbekannten Stoffwechselprodukt von E 154 gefärbt.[741]

HERKUNFT

Braun FK ist kein Einzelstoff, sondern eine Mischung verschiedener Azoverbindungen.[680]

Braun HT E 155
Rötlich-brauner Farbstoff

VERWENDUNG
Der neu zugelassene Farbstoff wird künftig in Fisch- und Krustentierpasten, Räucherfisch, Käserinden und Wursthäuten, in Würzmitteln, Suppen und Soßen, Snacks, Gebäck und Desserts zu finden sein.[100]

VERTRÄGLICHKEIT
Ein geringer Teil des aufgenommenen Farbstoffes wurde in Nieren und Lymphknoten von Versuchstieren abgelagert. Über die Wirkung beim Menschen ist wenig bekannt.[740]

HERKUNFT
E 155 besteht etwa zu 70% aus künstlichem Azofarbstoff, der Rest ist Kochsalz oder Glaubersalz (E 514).[680]

Brillantsäuregrün E 142
(Grün S, Lisamingrün)
Grünblauer Farbstoff

VERWENDUNG

Grüne Lebensmittel werden subjektiv süßer empfunden als zum Beispiel ihre gelben Pendants. Dieser Effekt wird teilweise gezielt in Limonaden, Götterspeise und Süßigkeiten (besonders mit Apfelgeschmack) eingesetzt. Neu ist die Verwendung zur Farbauffrischung von Erbsenkonserven. Daneben eignet sich Brillantsäuregrün auch zur Bekämpfung von Pilzen und Würmern und als Desinfektionsmittel.[100,169]

VERTRÄGLICHKEIT

Der künstlich hergestellte Farbstoff ist nur schlecht untersucht. Für Nager scheint er nach den bisherigen Prüfungen harmlos zu sein.[800,807]

Brillantschwarz BN E 151

Schwarzer Farbstoff

VERWENDUNG

Da der Bedarf an schwarzen Lebensmitteln nicht besonders groß ist, wird E 151 relativ selten verwendet: Haupteinsatzgebiete sind Kaviar, Süßwaren und seit neuestem auch eßbare Käseüberzüge und Wurstpellen.[100,118]

VERTRÄGLICHKEIT

In Modellversuchen wurde festgestellt, daß der Farbstoff die Aktivität der Verdauungsenzyme herabsetzt. Ratten und Schweine scheinen den Farbstoff jedoch ohne Nebenwirkungen fressen zu können.[721,722]

HERKUNFT

Künstlich hergestellter Azofarbstoff. Wie die meisten chemisch erzeugten Farbstoffe enthält er eine ganze Reihe von 'Nebenfarbstoffen', die bis zu 15% ausmachen dürfen.[680]

Butylhydroxyanisol (BHA) E 320
Antioxidans, Konservierungsmittel

VERWENDUNG

BHA schützt Chips, Flips, Salzstangen und Kekse vor Geschmacksfehlern. Konserviert Kaugummis, Instantsuppen, -brühen und -bratensoßen. Deklarationsfrei in marzipan-, nougat- und erdnußhaltigen Füllmassen für die Feinbäckerei. Die EU fordert eine Erweiterung des Anwendungsspektrums auf das Milchpulver im Kaffeeautomaten, auf Nußprodukte, Trockenfleisch und Würzmittel.
Ist wie BHT (E 320) in Verpackungen enthalten, aus denen es in die Lebensmittel einwandern kann.[118,304]

VERTRÄGLICHKEIT

Bei Mäusen führte BHA zu Verhaltensänderungen und zeigte krebshemmende Wirkung. Bei anderen Nagern traten dagegen krebsartige Schädigungen des Vormagens auf. Da der Mensch keinen Vormagen besitzt, ist die Bedeutung dieser Tierversuche umstritten. Sicher ist dagegen, daß sich BHA im menschlichen Fettgewebe anreichert.
BHA-haltige Kosmetikprodukte können außerdem Kontaktdermatitis auslösen.[361,372,374-378,854]

Butylhydroxytoluol (BHT) E 321
Antioxidans

VERWENDUNG

Stabilisierte bisher in Deutschland nur die Gummibasis von Kaugummis. Die EU erlaubt auch den Einsatz in Fritierfetten, Bratenfetten und -ölen, die dann länger verwendet werden können. Ist als Antioxidans in Kunststoffverpackungen enthalten und kann aus diesen ins Lebensmittel gelangen.[304,361,366,379]

VERTRÄGLICHKEIT

BHT kann wie viele Antioxidantien sowohl krebsfördernd als auch krebshemmend wirken. Es reichert sich im Fettgewebe an und beeinflußt Blutgerinnung, Fettstoffwechsel und Schilddrüse. Unverträglichkeiten und allergische Reaktionen bei Hautkontakt wurden beobachtet. Beim Erhitzen in Fritierfett zersetzt BHT sich teilweise. Über die biologische Wirkung der dabei entstehenden Substanzen ist noch nichts bekannt.[361-365,367-371,373,728,854]

SONSTIGES

Außerdem schützt BHT Medikamente vor Veränderungen an der Luft und verzögert als Radikalfänger den Verderb von Vitaminpräparaten. Oft in Kosmetika zusammen mit BHA (E 321) eingesetzt.[349,361]

Calciumcarbonat E 170

(Kreide)

Weißer Farbstoff, Rieselhilfsstoff, Füllstoff, Säureregulator

VERWENDUNG

Calciumcarbonat macht Zuckerüberzüge noch weißer und ist als Farbstoff für alle Süßigkeiten zugelassen. Daneben verhindert es das Verklumpen von Speisesalz und ist als Füllstoff in Kaugummi zu finden. Bei der Quarkherstellung reguliert Calciumcarbonat den Säuregehalt.[118,293,341,863]

VERTRÄGLICHKEIT

Es sind keine Nebenwirkungen bekannt.

Calciumchlorid E 509

Härtemittel, Stabilisator, Säureregulator

VERWENDUNG

Enthärtet das Brauwasser zur Bierherstellung. Zur Trinkwasseraufbereitung und Herstellung von Tafelwasser zugelassen. Fäulnisanfälliges Obst wie Erdbeeren, die nach der Ernte in ein Calciumchloridbad getaucht werden, bleiben länger fest und 'frisch'. Härtet auch Tomaten und anderes Gemüse und manche Geliermittel (z. B. bei der Marmeladenherstellung). Als Zusatz zur Käsereimilch erhöht es die Eiweißausbeute im Käse. Stabilisiert Kondensmilch.[119,341,424,512,723,724]

VERTRÄGLICHKEIT

Das Calciumsalz der Salzsäure ist als Zusatzstoff harmlos. Medizinisch wird es quasi als Allheilmittel eingesetzt: als Blutstillungsmittel, gegen Allergien, Frostbeulen, Kalkmangelkrankheiten, zur Entwässerung und Harnansäuerung.[169,349]

SONSTIGES

Damit es nicht zu Kohlenstaubexplosionen kommt, wird der sich ablagernde Kohlenstaub in Kohlengruben durch Calciumchloridpasten gebunden.[169]

Calciumhydroxid E 526
(Kalkmilch, gelöschter Kalk, Kalkwasser)
Konservierungsstoff, Säureregulator, Aufschlußmittel

VERWENDUNG

Früher verlängerte man die Haltbarkeit von Eiern mit Calciumhydroxid. Heute ist man mit Hilfe dieses Zusatzstoffes in der Lage, aus Milch einen Eiersatz herzustellen. Die Zuckerindustrie gewinnt damit noch den letzten Rest Zucker aus der Melasse. Muskatnüsse erhalten durch 'Kalken' ihre weißliche Oberfläche. Brauwasser wird mit Calciumhydroxid behandelt, und Stockfisch wird darin gewässert.[118,249]

VERTRÄGLICHKEIT

In den verkaufsfertigen Lebensmitteln sind nur harmlose Spuren des alkalischen Salzes enthalten. In medizinischer Dosis eingenommen wirkt es gegen Sodbrennen und chronischen Durchfall.[349]

HERKUNFT

Calciumhydroxid entsteht, wenn gebrannter Kalk (E 529) mit Wasser vermischt wird.[169]

SONSTIGES

Gelöschter Kalk dient vor allem zur Mörtelbereitung, seltener als Düngemittel, als Frostschutzanstrich für Obstbäume oder zum Kalken von Stallwänden. In Enthaarungscremes zur Einstellung des pH-Wertes.[169,250,521]

Calciumoxid E 529
(Gebrannter Kalk)
Säureregulator

VERWENDUNG UND VERTRÄGLICHKEIT

Gebrannter Kalk dient der Lebensmittelindustrie als deklarationsfreier Hilfsstoff: Die Wasserwerke bereiten damit das Trinkwasser auf, die Zuckerhersteller entfernen damit störende Begleitstoffe aus dem Saft von Zuckerrübe oder Zuckerrohr. Bei sachgerechter Verwendung besteht keinerlei Risiko.[303,424]

HERKUNFT

Kalkgestein wird in großen Öfen auf über 1000°C erhitzt. Bei diesem 'Brennen' entsteht farbloses Calciumoxid – 'gebrannter Kalk'.

SONSTIGES

Calciumoxid wird vor allem in der Bauindustrie verwendet. Daneben hat es sich jedoch auch als Schädlingsbekämpfungsmittel, zur Entfernung von Warzen und in Enthaarungsmitteln bewährt.

Calciumsulfat E 516

(Gips)

Füllstoff, Säureregulator, Trägerstoff

VERWENDUNG

Calciumsulfat ist fast auf keinem Etikett zu finden. Fast unbemerkt stabilisiert es Brot, steuert die Geliereigenschaften von bestimmten Verdickungsmitteln und dient zur Aufbereitung von Brauwasser.[293,335]

VERTRÄGLICHKEIT

In geringen Mengen verzehrt ist Gips für den Menschen harmlos. Insekten sind dagegen empfindlicher: Das weiße Pulver härtet ihren Verdauungstrakt und kann daher als Fraßgift eingesetzt werden.[403]

HERKUNFT

Gips fällt als billiges Abfallprodukt in der Industrie an, zum Beispiel auch bei der Herstellung von Weinsäure (E 334).

Candelillawachs E 902

Überzugsmittel, Oberflächenbehandlungsmittel, Trennmittel

VERWENDUNG

Candelillawachs sorgt für verlockenden Glanz von Süßwaren und einigen Obstsorten. Sprays aus einer Kombination von E 902, Ölen und Emulgatoren verhindern in der Bäckerei, daß Brot und Kuchen in den Formen hängen bleiben und sorgen gleichzeitig für eine appetitliche Bräunung.[304]

VERTRÄGLICHKEIT

Die verfügbaren Studien zu den gesundheitlichen Wirkungen sind lückenhaft. Dennoch gilt Candelillawachs als unbenklich.[690,811]

HERKUNFT

E 902 wird mit kochendem Wasser und einem Schuß Schwefelsäure aus den Blättern eines mexikanischen Wolfsmilchgewächses gewonnen.[690,828]

SONSTIGES

Bewährt für Schuhcreme und Bohnerwachs, Möbelpolituren, Radiergummis, Kerzen, Seife und Lippenstift.[828]

Canthaxanthin E 161g
Roter Farbstoff

VERWENDUNG

Der natürliche Farbstoff darf offiziell nur noch in Straßburger Wurst verwendet werden.
Außerdem als Futtermittelzusatz, um die Dotterfarbe von Eiern auf einen 'natürlichen' Orangeton zu standardisieren und um blasse Hähnchenhaut zu pigmentieren. Und manch Fischzüchter färbt seine gewöhnlichen Forellen damit in edle 'Lachsforellen' um.[684-686,701,737,738]

VERTRÄGLICHKEIT

Im Gegensatz zu anderen Carotinoiden kann Canthaxanthin im Körper nicht in Vitamin A umgewandelt werden. Die WHO befürchtet, daß es zu Leberschäden kommen kann.
Bis Mitte der 80er Jahre war Canthaxanthin in Bräunungspillen enthalten. Diese Präparate mußten vom Markt genommen werden, als bekannt wurde, daß sie Ablagerungen in den Augen hinterließen ('Goldflitterphänomen').[687-689,691,692]

HERKUNFT

Canthaxanthin kommt natürlich in Pfifferlingen und Krebsen vor. Eine Gewinnung des Farbstoffes aus diesen natürlichen Quellen wäre jedoch reinster Luxus. Die Färbung anderer Lebensmittel mit dem Carotinoid lohnt sich nur, wenn es synthetisch hergestellt wird.[796,934]

Capsanthin, Capsorubin E 160c
(Paprikaextrakt)
Orangeroter Farbstoff

VERWENDUNG

E 160c wurde bisher illegal unter dem Deckmantel seiner würzenden Eigenschaften eingesetzt, um Wurst zu färben. Jetzt ist das 'Wurstgewürz' über die EU offiziell auch als Wurstfarbstoff zugelassen. Auch Suppen und Soßen werden mit E 160c gefärbt. Von der Zulassung für Süßwaren, Marmelade und Frühstücksgetreide wird aufgrund des Nebengeschmacks nach Paprika nur selten Gebrauch gemacht.[100,118, 793,933]

VERTRÄGLICHKEIT

Die Farbstoffe gehören wie der Karottenfarbstoff Carotin (E 160a) zur Gruppe der Carotinoide und werden im Körper in Vitamin A umgewandelt.

HERKUNFT

Paprikaschoten enthalten mehrere Farbstoffe. Hauptsächlich aber Capsanthin und Capsorubin. Die werden teilweise auch als isolierte Farbstoffe, oft versetzt mit Gummi arabicum (E 414), angeboten.[680,933]

Carboxymethylcellulosen (CMC)

Verdickungsmittel, Stabilisator, Emulgator, Feuchthaltemittel

Carboxymethylcellulose	E 466
Natriumcarboxymethylcellulose	E 466
vernetzte Carboxymethylcellulose	E 468
enzymatisch hydrolysierte Carboxymethylcellulose	E 469

VERWENDUNG

E 466 wird schon lange eingesetzt, um Speiseeis vor dem Wachstum von großen Eiskristallen zu schützen und um Kuchen und Backwaren feucht zu halten. CMC verdicken Gelee, Pudding und Pastetenfüllungen, stabilisieren Meringuen und emulgieren Soßen. Daneben dienen sie als Füllstoff in Wurstpellen. Die EU plant, nun auch E 468 und E 469 für alle Lebensmittel zuzulassen.[320,322]

VERTRÄGLICHKEIT

In CMC konnten Dioxinrückstände nachgewiesen werden. In reinem Zustand sind sie bei gelegentlichem Verzehr jedoch unbedenklich: Erst bei längerer Einnahme hoher Dosen traten bei Versuchspersonen neben Durchfall nicht näher bezeichnete Unterleibsbeschwerden auf. Symptome, die von vielen Verdickungsmitteln bekannt sind.[323,324,430]

HERKUNFT

Carboxymethylcellulose wird aus Cellulose (E 460) durch Umsetzung mit Monochloressigsäure hergestellt. Anschließend läßt sich E 466 zu vernetzter Carboxymethylcellulose und enzymatisch hydrolysierter Carboxymethylcellulose weiterverarbeiten.[326]

Carnaubawachs E 903

Überzugsmittel, Oberflächenbehandlungsmittel, Trennmittel

VERWENDUNG

Carnaubawachs glasiert rohe und geröstete Kaffeebohnen, aber auch Ersatzkaffee. Es dient als Basis für Kaugummi, verhindert, daß Backwaren am Blech hängenbleiben und Süßwaren in der Tüte aneinanderkleben. Daneben sorgt es auf der Oberfläche verschiedener Früchte für Glanz und frisches Aussehen.[304]

VERTRÄGLICHKEIT

Bei der Verfütterung des Wachses an Ratten und Hunde wurden auch bei hoher Dosierung keine Nebenwirkungen beobachtet.[725,826,827]

HERKUNFT

Wird von den Blättern der brasilianischen Fächerpalme (*Copernicia prunifera*) heruntergebürstet und geschmolzen. Beim Abkühlen erstarrt das flüssige Wachs und kann in Stücke gebrochen werden. Carnaubawachs wird oft mit billigeren synthetischen Wachsen gestreckt.[734,828]

Carotin E 160a
(α-Carotin, β-Carotin, γ-Carotin)
Gelber Farbstoff

VERWENDUNG

Fast jede Butter wird in den Wintermonaten mit Carotin auf ihr sommergelbes Aussehen getrimmt. Auch Margarine, Öle, Käse, Mayonnaise, Speiseeis und Joghurt werden mit Carotin gefärbt. Daneben läßt der Farbstoff auch wenig Frucht enthaltende Lebensmittel wie Fruchtsaftgetränke, Limonaden, Desserts und Süßigkeiten fruchtig aussehen. Als Zusatz in Futtermitteln, in Kosmetika und Arzneimitteln. Als Hilfsstoff, um eine stabile Färbung zu erzielen, dient oft Ascorbylpalmitat (E 304).[118,170,796,898]

VERTRÄGLICHKEIT

Eine extreme Aufnahme von Carotin hat beim Erwachsenen den gleichen Effekt wie der Karottenbrei beim Kleinkind: Die Haut bekommt einen leichten Gelbstich. Carotin wird auch als Provitamin A bezeichnet, da der Körper daraus selbst Vitamin A herstellen kann. Unbedenklich als Lebensmittelzusatzstoff. In hoher Dosis, z.B. als Vitamintablette, fördert β-Carotin beim Menschen Lungenkrebs.[769,929]

HERKUNFT

Carotine sind im Pflanzen- und Tierreich weit verbreitet. Sichtbar viel des natürlichen Farbstoffes ist in Karotten und Palmöl enthalten. Wird aus den natürlichen Quellen mit Aceton, Dichlormethan, Propanol oder anderen Lösungsmitteln herausgelöst. Inzwischen wird jedoch meistens das billigere synthetisch hergestellte Carotin eingesetzt.[680,794,796,933]

Carrageen E 407

(Carraghenan, Carragenin, Carragenate, Florideenstärke)

Stabilisator, Verdickungsmittel, Emulgator, Mundgefühlregulator

VERWENDUNG

Besonders häufig in Milchprodukten als Gelier-, Emulgier- und Stabilisierungsmittel verwendet, z. B. wärmebehandelte Sahne, Milchmischgetränke, Pudding, Eiscreme. Beseitigt Trübungen in Bier und Wein. Carrageenhaltige Nahrungsmittel werden gern in Abmagerungskuren eingesetzt, da sie aufquellen und so eine größere Nahrungsaufnahme vortäuschen.

In der Kosmetik als fettfreier Salbengrundstoff, als Emulgator in Hautcreme und als Bindemittel in Zahnpasta.[169,264,266,274,276,630,868]

VERTRÄGLICHKEIT

Bei Nagetieren verursachte Carrageen Darmentzündungen und -geschwüre. Als besonders entzündungsfördernd gelten sogenannte abgebaute Carrageene, die in der EU jedoch nicht zugelassen sind. E 407 verzögerte im Tierversuch die Reaktion des Immunsystems. Beim Menschen wurde einmal eine allergische Reaktion beobachtet. Die immunologische Bedeutung für den Menschen ist jedoch unklar.

Carrageen kann im Darm die Aufnahme verschiedener Lebensmittelinhaltsstoffe behindern.[268,270,272-275,277,278,913]

HERKUNFT

Carrageen wird aus Rotalgen unter Zusatz von Ethanol, Isopropanol oder Methanol gewonnen. Eine bekannte Vertreterin ist das 'Irisch Moos', das auch als reizlinderndes Schleimmittel bei Husten eingesetzt wird.[264,266,271]

Cellulasen
Enyzme

VERWENDUNG

Cellulasen sind deklarationsfreie Helfer in der Saftindustrie: Sie bauen die Cellulose in Fruchtfleisch und Obststielen zu Traubenzucker ab. Durch diese Vorverdauung steigt die Saftausbeute. Cellulasen werden oft zusammen mit Pektinasen eingesetzt.[89,873,874]

VERTRÄGLICHKEIT

In Säften, die aus Obst mit enzymatisch verflüssigtem Gewebe stammen, ist der Gehalt an giftigem Methanol höher als in reinen Preßsäften. Optisch und geschmacklich sind die Herstellungsunterschiede beim Kauf nicht zu erkennen. Bei der Herstellung von Säuglingskost, z. B. Karottenbrei, sollte auf die Verwendung von Cellulasen verzichtet werden.[875]

HERKUNFT

Wiederkäuer beherbergen in ihren Mägen Bakterien, die mit ihren Cellulasen das Gras für die Kuh verdaulicher machen. Gewonnen werden Cellulasen vor allem aus Schimmelpilzen.[89]

Cellulose E 460

Verdickungsmittel, Füllstoff, Mundgefühlregulator, Stabilisator

VERWENDUNG

Cellulosepulver beeinflußt das Schmelzverhalten von Speiseeis: Temperaturschwankungen während Lagerung und Transport bleiben dem Eisesser verborgen. Es stabilisiert Mikrowellenprodukte, verdickt Salatdressings und Soßen und dient als Füllstoff für Kaugummis und Wursthaut. Quillt im Lebensmittel auf und vermindert so beim Verzehr kalorienreduzierter Kost das Hungergefühl.[266,317,322,751]

VERTRÄGLICHKEIT

Cellulose kann vom Menschen nicht verdaut werden. Geringe Mengen zerkleinerter Cellulose, sogenannte mikrokristalline Cellulose, können jedoch den Darm durchdringen und ins Blut gelangen. Negative Auswirkungen auf die Gesundheit wurden dabei nicht festgestellt. Wird als unbedenklich eingestuft.[318,320,322]

HERKUNFT

Cellulose gehört zu den sogenannten 'nachwachsenden Rohstoffen'. Ein einzelner Baum produziert am Tag etwa 13 Gramm Cellulose. Für den Einsatz in Lebensmitteln wird sie nicht nur aus Holz sondern auch aus Mais- und Sonnenblumenstengeln oder aus Baumwollabfällen gewonnen. Die faserige Cellulose wird mechanisch in mikrokristalline Cellulose zerkleinert und in dieser Form den Lebensmitteln zugesetzt.[266,320,326]

SONSTIGES

Wird neben zahlreichen technischen Anwendungen vor allem in der Papier- und Textilindustrie eingesetzt. Bekannt wurde auch die Nitratverbindung der Cellulose: Die 'Schießbaumwolle' diente als brisanter Ersatz für Schwarzpulver.[326]

Celluloseether

Verdickungsmittel, Füllstoff, Bindemittel, Filmbildner, Stabilisatoren, Mundgefühlregulatoren, Feuchthaltemittel, Emulgatoren

Methyl-Cellulose	E 461
Hydroxypropyl-Cellulose	E 463
Hydroxypropylmethyl-Cellulose	E 464
Methylethyl-Cellulose	E 465

siehe auch Carboxymethylcellulosen

VERWENDUNG

Celluloseether sind ein wichtiges Hilfsmittel für Bäcker: Sie regulieren Volumen, Farbe und Frischhaltung von Backwaren und stabilisieren die Füllungen. Außerdem verbessern sie die Cremigkeit von Speiseeis, emulgieren Salatdressings und Mayonnaisen. Joghurt und Puddings bleiben fest und scheiden keine unschöne Flüssigkeit ab. Celluloseether halten Geleefrüchte feucht und verdicken Marmelade und Eierlikör. In fettarmen Lebensmitteln wirken sie magenfüllend und hungerreduzierend. Außerdem können mit ihrer Hilfe Trübungen in Wein und Fruchtsaft beseitigt werden.[320]

VERTRÄGLICHKEIT

Beim Menschen wurde teils abführende teils verstopfende Wirkung beobachtet. Ansonsten sind keine negativen Folgen bekannt.[321-324]

HERKUNFT

Celluloseether werden aus Cellulose (E 460) durch Umsetzung mit Methylchlorid, Ethylchlorid bzw. Propylenoxid hergestellt.[326]

SONSTIGES

In Sprays und Salben, die zur Behandlung von Verbrennungen dienen, zur Herstellung von Gips, Mörtel, Spachtelmasse und Zigarettennahtleim. Celluloseether verdicken zahlreiche kosmetische Mittel. E 465 wird zudem als Tapetenkleister eingesetzt.[326]

Chinin

Aromastoff, Konservierungsmittel

VERWENDUNG

Chinin verleiht Tonic Water, Zitronenlimonaden und alkoholhaltigen Aperitifs einen bitteren Geschmack. Wirkt daneben auch konservierend. Während Erfrischungsgetränke den Stempel 'chininhaltig' aufgedrückt bekommen, bleiben die Spirituosen von der Kennzeichnung verschont.[94,341]

VERTRÄGLICHKEIT

Chinin ist das älteste bekannte Malariamittel, wird heute jedoch nur noch eingesetzt, wenn die Erreger gegen das weniger giftige Ersatzmedikament Chloroquin resistent sind. Wird auch heute noch gegen nächtliche Wadenkrämpfe empfohlen. Als Nebenwirkungen wurden unter anderem allergische Hautreaktionen, Übelkeit, Seh- und Hörstörungen, schlechtere Blutgerinnung und Schwächung der körpereigenen Abwehr beobachtet.

In weißen Glasflaschen wird Chinin abgebaut. Die Reaktionsprodukte sind teilweise noch unbekannt, ebenso ihre gesundheitliche Wirkung. Chinin geht sowohl in die Muttermilch über als auch über den mütterlichen Stoffwechsel in das ungeborene Kind. So brachte eine Schwangere, die täglich etwa 1 Liter Tonic Water getrunken hatte, einen chininabhängigen Säugling zur Welt.[264,266,452,558,656-662,664-666]

HERKUNFT

Chinin ist ein Alkaloid, das bis zu 9% in der Rinde tropischer Chinarindenbäume enthalten ist. Die fiebersenkende Wirkung der 'Chinarinde' war bereits den Indianern Südamerikas bekannt und führte zum Namen 'Fieberrindenbaum'. Inzwischen ist auch ein chemischer Herstellungsweg für Chinin bekannt.[169,259,301,661]

Chinolingelb E 104
Gelber Farbstoff

VERWENDUNG

Wie die meisten Farbstoffe sorgt Chinolingelb vor allem für das verkaufsaktive Aussehen von Süßigkeiten, Limonaden und Pudding. Innerhalb der EU zugelassen, um das Aussehen von Keksen, Kuchen, Snacks, Senf, Suppen und eßbaren Käserinden aufzupeppen.[100,118]

VERTRÄGLICHKEIT

Ratten und Hunde scheinen den Farbstoff recht gut zu vertragen. Mangels aussagekräftiger Studien ist die Bedeutung für die menschliche Gesundheit jedoch weitgehend unbekannt. Bei aspirinempfindlichen Personen wurden pseudoallergische Reaktionen beobachtet.[364,763]

HERKUNFT

Wird chemisch aus Chinolin erzeugt, einem Konservierungsstoff für anatomische Präparate.[169,676]

Chlor E 925

Chlordioxid E 926

Natriumhypochlorit

Konservierungsstoffe, Desinfektionsmittel, Bleichmittel

VERWENDUNG

Chlor und Verbindungen, die aktives Chlor abspalten, werden vor allem zur Entkeimung von Trinkwasser verwendet. Mit Natriumhypochlorit werden in Deutschland außerdem die Schalen von Walnüssen und Stärke gebleicht.[118,420,424]

VERTRÄGLICHKEIT

Chlor reagiert mit organischen Substanzen im Trinkwasser und in Lebensmitteln zu krebserregenden Verbindungen wie z. B. Chloroform. Hauptaufnahmepfad sind aber weniger das Essen und Trinken, sondern das Duschen mit gechlortem Wasser, da die Verbindungen auch über die Haut und die Atemluft aufgenommen werden. Besonders in Hallenbädern herrschen optimale Bedingungen für Bildung und Aufnahme fragwürdiger Chlorkohlenwasserstoffe: Jeder Schwimmer trägt etwa fünf Gramm organisches Material (Haut, Schuppen, Haar, Urin) in das gechlorte Wasser ein.

Chlordioxid gilt als die weniger schädliche Alternative zum Chlor. Damit behandeltes Wasser kann jedoch die Schilddrüsenfunktion beeinflussen.

Diese Nebenwirkungen und der Nutzen von hygienisch einwandfreiem Wasser müssen im Einzelfall gegeneinander abgewogen werden.[413-417,419-421,423,755]

HERKUNFT

Chlor ist ein gelbgrünes stechend riechendes Gas, das elektrochemisch erzeugt wird. Chlordioxid ist gelblich-rot. Da es schnell zerfällt, kann es nicht auf Vorrat gelagert werden. Daher wird es vor Gebrauch immer frisch aus Salzsäure und Natriumhypochlorit hergestellt.[422]

SONSTIGES

Unsachgemäße Handhabung und unzureichende Gebrauchsanweisung führen bei hypochlorithaltigen Haushaltsreinigern immer wieder zu akuten Vergiftungen. Chlordioxid dient nach wie vor zur Bleichung von Papier und zur Desodorierung von stinkenden Abfällen und Abwasser.[169,418,422]

Chlorophylle a und b E 140

Grüne Farbstoffe

VERWENDUNG

Chlorophyll a färbt Limonaden, Desserts, Süßwaren und Liköre grün mit einem Stich ins Blaue, Chlorophyll b eher ins Gelbe. Beide Verbindungen werden in Pastillen gegen Mundgeruch eingesetzt – mit fraglicher Wirksamkeit.[799,933]

VERTRÄGLICHKEIT

Chlorophylle sind natürliche Farbstoffe grüner Pflanzen, die mit ihrer Hilfe das Kohlendioxid aus der Luft in Kohlenhydrate umwandeln (Photosynthese). Sie werden seit alters her in Form von Salat und Gemüse verzehrt, ohne daß schädliche Wirkungen auftraten. Nur bei der Herstellung von Chlorophyll aus Algen können gesundheitlich bedenkliche Begleitstoffe entstehen.

HERKUNFT

Die grünen Farbstoffe werden im Dunkeln mit organischen Lösungsmitteln wie Aceton aus Luzernen, Brennessel, Gras oder Algen herausgelöst. Bei zuviel Licht bilden sich aus den grünen Chlorophyllen olivbraune Phaeophytine. Die sind jedem bekannt, der grünes Gemüse wie etwa Broccoli schon mal zu lange gekocht hat.[680,799]

Citronensäure und Citrate

Säuerungsmittel, Stabilisator, Antioxidans

Citronensäure	E 330
Natriumcitrat	E 331
Kaliumcitrat	E 332
Calciumcitrat	E 333

VERWENDUNG

Citronensäure sorgt in Limonaden und Konfitüren für den 'frischen' Geschmackseindruck. Vor allem Obst profitiert davon: In Citronensäure getauchte Früchte behalten beim Tiefgefrieren ihre Farbe; mit Calciumcitrat eingemachtes Obst und Gemüse bleibt bißfest. Citronensäure verbessert die Haltbarkeit von Milchpulver und verhindert, daß Kondensmilch gerinnt. Wirkt synergistisch mit Antioxidantien und verzögert so das Ranzigwerden von Öl. Citronensäure ist außerdem in Backmitteln enthalten, aus denen der Bäcker minderwertiges 'Sauerteigbrot' fabriziert. Citrate machen Schmelzkäse geschmeidiger und 'streichzarter' und den Wasserzusatz in Brühwürsten schnittfest. Und Calciumcitrat ist beliebt, um Lebensmittel mit 'gesundem' Calcium anzureichern.[170,525,527,528,530,883,896,899]

VERTRÄGLICHKEIT

Citronensäure wird im menschlichen Organismus ständig hergestellt und wieder abgebaut. Dabei wird ein Vielfaches der täglich verzehrten Säure umgesetzt. Bei größerer Zufuhr mit der Nahrung nimmt der Darm jedoch leichter unverwünschte Metalle wie Blei, Aluminium oder Radionuklide auf.
Unter Umständen für Schimmelpilzallergiker problematisch, da die Säure noch Pilzsporen enthalten kann. [169,173,526,529-531]

HERKUNFT

Citronensäure ist natürlicher Bestandteil von Zitronen, Orangen und vielen anderen Früchten. Für die Anwendung in Lebensmitteln werden die Säure und ihre Salze (die Citrate) von Mikroben erzeugt: Schimmelpilze wie *Aspergillus niger* fermentieren die süßen Abfälle der Zuckerherstellung und bilden dabei Citronensäure.[172,530]

SONSTIGES

Citronensäure ist universell einsetzbar in Haushalt, Medizin und Technik: Sie entkalkt Kaffeemaschinen und Heizstäbe, entfernt Tintenflecken, verschönert über Kosmetikprodukte Haut und Haar, ersetzt Polyphosphate in Waschmitteln, reinigt und entrostet Metalloberflächen und verhindert die Blutgerinnung bei der Herstellung von Blutkonserven.[169,172,250,530]

Cochenille E 120
(Echtes Karmin, Karminsäure)
Roter Farbstoff

VERWENDUNG

Der nach Firmenauskunft 'erdbeerrote' Farbton ist sowohl im Süßigkeitenregal als auch in der Getränkeabteilung des Supermarktes zu finden. Darüberhinaus sorgt Cochenille in Obstkonserven für eine unverändert rote Farbe der erhitzten Früchte. Für Krabben, Lachsersatz und Surimi zugelassen. Neuerdings wird auch die Verwendung in Wurst toleriert.[100,118,765]

VERTRÄGLICHKEIT

Cochenille ist ein Anthrachinon-Derivat. Viele Anthrachinone gelten als krebserregend. Cochenille weist jedoch eher eine schwache Wirkung gegen Krebs auf. Gilt als einer der harmlosesten Farbstoffe.[764]

HERKUNFT

Der natürliche Farbstoff aus den befruchteten Weibchen der Scharlach-Schildlaus wurde von den Spaniern aus dem neu entdeckten Amerika nach Europa gebracht. Inzwischen werden jährlich etwa 300 Tonnen getrocknete Läuse zu Farbe verarbeitet.[676,933]

SONSTIGES

In Form sogenannter 'Aluminiumlacke' in Schminke, Lippenstift und Künstlerfarben. In der Textilfärbung weitgehend durch billigere synthetische Farbstoffe verdrängt.[676,933]

Cochenillerot A E 124
(Ponceau 4R)

Roter Farbstoff

VERWENDUNG

E 124 wird vor allem in süßen Lebensmitteln eingesetzt: Süßigkeiten, Puddings, Limonaden und Wassereis leuchten in diesem Rotton. Auch Light-Marmeladen und erhitzte Obstkonserven dürfen mit Cochenillerot A aufgepeppt werden, ebenso Likör. In geringerem Maße färbt es außerdem pikanten Seelachs, Surimi und Kaviarersatz.[100,118]

VERTRÄGLICHKEIT

Über längere Zeit gefüttert, färbte E 124 das Fell der Versuchstiere rosa. Beim Menschen kann der synthetische Farbstoff gelegentlich Allergien auslösen.[766]

VERKUNFT

E 124 darf nicht mit dem natürlichen Farbstoff Cochenille (E 120) verwechselt werden. Der Azofarbstoff wird synthetisch hergestellt.

Cyclamat E 952
Süßstoff

VERWENDUNG

Cyclamat süßt kalorienfrei Erfrischungsgetränke wie Limonaden und ist in Lebensmitteln für Diabetiker als Zuckerersatz zugelassen.[112,118,348]

VERTRÄGLICHKEIT

Problematischer als Cyclamat selbst sind wahrscheinlich seine Verunreinigungen und Abbauprodukte wie Cyclohexylamin. Das entsteht zum Beispiel beim Abbau von Cyclamat in sauren Getränken wie Zitronenlimonade. Auch die Darmflora mancher Menschen bildet aus Cyclamat Cyclohexylamin. Im Tierversuch schädigte dieser Stoff das Erbgut und die Hoden.

Andere Reaktionsprodukte des Süßstoffes können einen Fremdgeschmack des Lebensmittels hervorrufen. Über ihre Verträglichkeit ist noch nichts bekannt.[112,491-495]

HERKUNFT

Künstlich hergestellt aus Cyclohexylamin, das auch Ausgangsstoff für Schädlingsbekämpfungs- und Korrosionsschutzmittel ist und in der Kunststoff- und Kautschukindustrie eingesetzt wird.[169]

Cystein E 920
Cystin E 921
Backmittel, Mehlbehandlungsmittel, Aromastoff,
Geschmacksverstärker

VERWENDUNG

Cystein erlaubt als 'Antischnurrmittel' für Keksteige eine präzise Einstellung von Keksform und -größe und damit eine schnellere automatische Verpackung. Lästige Ruhe- und Knetzeiten des Teiges entfallen. Beide Stoffe ermöglichen dem Bäcker deklarationsfrei auch die Verarbeitung überalterter Teige. Cystin korrigiert darüberhinaus die Folgen einer Ascorbinsäureüberbehandlung des Mehls.
Beide Stoffe sind Vorläufer von Fleisch- und Röstaromen. Wichtig z.B. für Frühstückscerealien wie Cornflakes und für Brötchen. In Säuglingsnahrung und Geflügelmastfutter zur Verbesserung der Eiweißwertigkeit.[335,341,344-348,779]

VERTRÄGLICHKEIT

Cystein und Cystin sind eng verwandte schwefelhaltige Aminosäuren, die im Stoffwechsel eine zentrale Rolle spielen. Cystein wird in der Medizin vorbeugend gegen Strahlenschäden und als Lebertherapeutikum verabreicht. In den Mengen, die gegen Strahlenschäden eingesetzt werden, wirkt es bei Ratten fruchtbarkeitsschädigend. In wesentlich geringeren Dosen wurden bereits Störungen der Nierenfunktion beobachtet. Da es sich um einen natürlichen Lebensmittelbestandteil handelt, gelten die üblicherweise geringen Zusatzmengen für den Menschen als unbedenklich.[342,343,349]

HERKUNFT

In den meisten Eiweißen enthalten, am meisten jedoch in Haaren, Haut, Hufen, Nägeln, Hörnern, Federn und Wolle. Gewonnen wird es vor allem aus Schweineborsten und Menschenhaar, die mit Salzsäure gekocht werden. Eine synthetische Herstellung ist möglich, aber hierzulande unüblich.[259,344,345]

SONSTIGES

In Kapseln eingenommenes Cystin gilt als Schönheitsmittelchen für ein besseres Wachstum von Haaren und Nägeln. Der natürliche Gehalt an Cystein und Cystin in Haar und Nägeln ist für den Gestank beim Verbrennen von Haaren und beim Beschlagen von Pferdehufen verantwortlich.[169,349]

Dimethyldicarbonat E 242

Entkeimungsmittel, Konservierungsmittel

VERWENDUNG

Mit dem deklarationsfreien 'Kaltentkeimungsmittel' werden fruchtsafthaltige Erfrischungsgetränke, Limonaden, Brausen sowie alkoholfreier Wein und Instanttee haltbar gemacht. Dabei tötet es typische Getränkeschädlinge wie die Gärhefen ab.[118,249,408]

VERTRÄGLICHKEIT

E 242 zersetzt sich in den Getränken sehr schnell und ist beim Kauf schon nicht mehr vorhanden. Was jedoch noch enthalten ist, sind seine Reaktionsprodukte mit anderen Inhaltsstoffen der Getränke. So können zum Beispiel geringe Mengen Carbamat entstehen. Carbamate haben sich als Insektenbekämpfungsmittel bewährt.

Asthmatiker sollten sich nicht in Räumen aufhalten, in denen mit Dimethyldicarbonat gearbeitet wird, da der Stoff Asthmaanfälle auslösen kann.

Das früher zur Kaltentkeimung verwendete Diethyldicarbonat ist chemisch eng mit E 242 verwandt. Es mußte vom Markt genommen werden, weil es mit Lebensmittelinhaltsstoffen zu krebserregendem Urethan reagierte.[408,409]

Dimethylpolysiloxan E 900
Schaumbekämpfungsmittel

VERWENDUNG

Wird bei zahlreichen industriellen Prozessen als deklarationsfreier Schaumverhüter eingesetzt: beim Marmeladekochen, der Herstellung von Zucker, Bäckerhefe, Wein, Gelatine, Kaugummi, Instantkaffee, Kartoffelprodukten, Konfekt, Milchprodukten, Suppen, Fruchtsäften. Verhindert auch das Schäumen heißer Fritierfette und der Pökellake bei der maschinellen Spritzpökelung von Schinken und anderen umgeröteten Wurstwaren (siehe auch Kapitel 'Kunst im Darm').[132,304,341]

VERTRÄGLICHKEIT

E 900 ist nach dem derzeitigen Kenntnisstand als Zusatzstoff harmlos. Nach Informationen der Weltgesundheitsorganisation ist für einen Erwachsenen täglich etwa soviel E 900 unbedenklich, wie zum Beispiel in mehr als 10 Litern Ananassaft, 10 kg Konfitüre oder 1 kg Kaugummi enthalten sein darf.[663]

SONSTIGES

Hautschutzcremes, Babycremes und Sonnenschutzmittel mit Dimethylpolysiloxan lassen sich besser verteilen, Lippenstifte sind wasserfester. In verschiedenen Haarpflegepräparaten für bessere Naßkämmbarkeit und mehr Glanz.[250]

Diphenyl E 230
(Biphenyl, Phenylbenzol)
Konservierungsmittel, Fungizid

VERWENDUNG

Verhindert das Schimmeln von Orangen, Zitronen und Grapefruits. Früher wurden vor allem die Einwickelpapierchen mit Biphenyl imprägniert. Da das Fungizid leicht verdunstet, reicht es, wenn nur einige Früchte umhüllt sind. Heute werden die Früchte vor dem Wachsen in ein Bad aus Diphenyl/Orthophenylphenol bzw. Diphenyl/Natrium-Orthophenylphenolat getaucht.[249]

VERTRÄGLICHKEIT

Beim Schälen der Früchte überträgt man einen Teil des Fungizids mit den Fingern auf das Fruchtfleisch. Da Diphenyl als gesundheitlich bedenklich gilt, sollte man Kinder nicht mit den behandelten Einwickelpapieren spielen lassen. In den Herstellerwerken dieser Papiere kam es durch Diphenyl unter den Mitarbeitern zu Todesfällen. Im Tierversuch schädigte das Fungizid Leber und Nieren von Ratten. In Kombination mit E 231 und E 232 löste es sogar Blasenkrebs aus.[249,341,387,402,404,462]

HERKUNFT

Wird aus Steinkohlenteer gewonnen und kann deshalb mit anderen Teerbestandteilen verunreinigt sein.[112,249]

EDTA E 385

(Calcium-Dinatrium-Ethylendiamintetraacetat)
Komplexbildner

VERWENDUNG

Bindet Metallspuren in Bohnen-, Erbsen-, Pilz- und Artischockenkonserven und beugt damit unschönen Farbveränderungen vor. Verhindert das Bräunen von Kartoffelprodukten während der Herstellung. Ölige Fischfilets und Halbfettmargarine mit E 385 werden nicht so schnell ranzig, und tiefgefrorene Krebstiere bleiben in Aussehen und Geschmack länger appetitlich.[304,353]

VERTRÄGLICHKEIT

Bei vermehrter Zufuhr von E 385 mit der Nahrung nimmt der Darm leichter gleichzeitig enthaltene unerwünschte Schwermetalle wie Blei auf. Bei einer bereits bestehenden Schwermetallvergiftung wird es dagegen medizinisch eingesetzt, um die Metalle wieder aus dem Körper auszuschwemmen. Wirkt sensibilisierend bei Hautkontakt und ist womöglich ein bedeutenderes Kontaktallergen als das von Modeschmuck und Jeansknöpfen bekannte Nickel.[169,170,350,352]

SONSTIGES

Phosphatfreie Waschmittel enthalten vermehrt EDTA, das in den Kläranlagen kaum abgebaut wird und daher in unser Trinkwasser gelangt. In der Schweiz wurde vom Bundesamt für Gesundheitsschutz bereits ein provisorischer Grenzwert festgelegt. In Deutschland fehlt eine entsprechende Regelung noch.
EDTA wurde in der Kälbermast illegal als 'Eisenbinder' eingesetzt, um besonders weißes Kalbfleisch zu erzeugen. Es stabilisiert kosmetische Haarfarben, hilft beim Bleichen von Papier und Textilien und dient als Beizmittel für Metalloberflächen.[169,170,250,351,354,726,727]

Eisenoxid, Eisenhydroxid E 172

Gelbe, rote und schwarze Farbstoffe

VERWENDUNG

Mit E 172 gelingt eine hitzestabile und lichtbeständige Färbung von Oliven, Dragees, Süßwaren, Käserinden und Verpackungsmaterial.[100]

VERTRÄGLICHKEIT

In dieser Form aufgenommenes Eisen wird kaum resorbiert und kann daher nicht als Quelle für den Mineralstoff dienen. Ein erhöhtes Eisenangebot im Verdauungstrakt kann dagegen die Vermehrung verschiedener Krankheitserreger fördern. Zur Therapie von Malaria werden teilweise sogar Präparate eingesetzt, die dem Körper Eisen entziehen. Verursachen gelegentlich Hautausschläge.[839-843,845,846]

HERKUNFT

Natürliche Eisenoxide wie Ocker, Umbra oder Siena wurden wegen Verunreinigungen und geringer Farbstärke durch reinere synthetische Verbindungen ersetzt.

Erythrosin E 127
Roter Farbstoff

VERWENDUNG
Die Verwendung von Erythrosin wurde aufgrund gesundheitlicher Bedenken stark eingeschränkt. So ist der leuchtend rote Farbstoff innerhalb der Europäischen Union nur noch für Cocktailkirschen, kandierte Kirschen und Dosenobstsalat mit Kirscheinlage zugelassen.[100]

VERTRÄGLICHKEIT
Im Tierversuch beeinflußte Erythrosin schon in relativ geringen Dosierungen die Nervenfunktion. Bei manchen Versuchstieren zeigten sich krebsähnliche Veränderungen des Drüsengewebes. Neuere Versuche erhärten den Verdacht, daß Erythrosin die Schilddrüsenfunktion des Menschen beeinflussen kann.[756-758,804]

SONSTIGES
Der künstliche Farbstoff dient in der Medizin als Kontrastmittel beim Röntgen der Gallenblase.[169]

Essigsäure und Acetate

Säuerungsmittel, Konservierungsmittel, Lösungsmittel

Essigsäure	E 260
Kaliumacetat	E 261
Natriumdiacetat	E 262
Calciumacetat	E 263

VERWENDUNG

Obwohl Essig ursprünglich ein Naturprodukt war, wird als Zusatzstoff praktisch nur die synthetische Essigsäure verwendet. Allgemein bekannt ist das Einlegen von Gemüse in Essig und sein Zusatz zu Salat und Gewürzsoßen, Feinkostsalaten und Pickles. Essigsäure ist aber auch der Hauptbestandteil im 'Kunstsauer', der dann zu minderwertigem 'Sauerteig'-Brot verbacken wird. Und Natriumdiacetat ist genaugenommen ein deklarationsfreies Konservierungsmittel für Brot.[249, 437, 439]

VERTRÄGLICHKEIT

Essigsäure wird in Form von Naturessig seit tausenden von Jahren zum Einlegen von Lebensmitteln verwendet und gilt daher als harmlos.

HERKUNFT

Naturessig wie 'Branntweinessig' entsteht durch Gärung alkoholischer Flüssigkeiten und kann fast 16% Essigsäure enthalten. Dem aus 'Essigessenz' hergestellten Speiseessig fehlen die natürlichen Begleitstoffe des Naturessigs. Denn Essigsäure und ihre Salze werden heute größtenteils synthetisch erzeugt. Wirtschaftlich am bedeutendsten ist dabei die Umsetzung des giftigen Alkohols Methanol.[436, 438, 439]

SONSTIGES

Ausgangsstoff für die Produktion zahlreicher Lebensmittelzusatzstoffe wie z. B. dem Emulgator E 472c. Acetate sind Hilfsmittel in der Textil- und Lederindustrie, in Färberei und Medizin. Eine Verbindung von Calciumacetat mit Magnesium dient als Ersatz für Streusalz.[169, 349, 436]

Ethylmaltol E 637
Aromastoff, Geschmacksverstärker
siehe auch Maltol

VERWENDUNG

Ethylmaltol hat als Geschmacksverstärker etwa die sechsfache Wirksamkeit von Maltol (E 636). Es intensiviert vor allem den Geschmack von süßen Speisen und Getränken.[94,652]

VERTRÄGLICHKEIT

Wirkte im Langzeitversuch nicht so schädlich auf die Versuchstiere wie Maltol. Beide Stoffe können Metalle binden und leichter in den Körper, womöglich sogar ins Gehirn schleusen. Außerdem kann ein Risiko für Patienten mit Thalassämie (einer hierzulande seltenen Bluterkrankung) nicht ausgeschlossen werden.[650-653]

HERKUNFT

Ethylmaltol kommt in der Natur nicht vor. Hergestellt wird es durch Behandlung des Antibiotikums Streptomycin mit Laugen.

Ethylvanillin

Aromastoff

siehe auch Vanillin

VERWENDUNG

Billiger Vanillinersatz in Kaugummi, Schokoladen, Kunstspeiseeis, Brausen und Backwaren.[94,530]

VERTRÄGLICHKEIT

Ethylvanillin kann bei empfindlichen Personen Allergien auslösen. Besonders anfällig sind Patienten, die auch auf Perubalsam, Orangenschalen, Zimt oder Benzoesäure allergisch reagieren.[646]

HERKUNFT

Im Gegensatz zu Vanillin kommt Ethylvanillin in der Natur nicht vor. Es ist ein chemisch leicht abgeändertes Vanillin, das zwar intensiver schmeckt als sein natürliches Vorbild, aber dafür nicht so harmonisch.

Fumarsäure E 297

Säuerungsmittel

VERWENDUNG

Fumarsäure harmoniert gut mit dem Zitronen- oder Grapefruitgeschmack von Fruchtgetränken, geleeartigen Desserts und Süßigkeiten wie Kaugummis. Gut geeignet ist sie auch als Teigsäuerungsmittel und für die Glasuren von Kuchen und süßen Teilchen. Weil sie schlecht wasserlöslich ist, wird sie jedoch nur selten eingesetzt.[138,170,710,863]

VERTRÄGLICHKEIT

Der menschliche Körper setzt selbst täglich etwa ein Kilogramm Fumarsäure um. Mit der Nahrung aufgenommene Fumarsäure ist daher trotz leicht abführender Wirkung harmlos. Die Salze der Säure, die Fumarate, werden in der Ferkelmast eingesetzt. Für den Menschen sind sie jedoch nicht zugelassen.

Medizinisch äußerlich und innerlich gegen die Schuppenflechte Psoriasis verwendet, Wirksamkeit jedoch fraglich.[170,256,349,450,452]

HERKUNFT

Entdeckt wurde die Säure im namensgebenden Ackerkraut *Fumaria repens*. Heute wird sie vor allem katalytisch aus Maleinsäure hergestellt, manchmal auch mit Hilfe von Schimmelpilzen aus Kartoffelmehl oder Maisstärke.[438,451]

Gallate (Gallussäureester)
Antioxidantien

Propylgallat	E 310
Octylgallat	E 311
Dodecylgallat	E 312 (Laurylgallat)

VERWENDUNG

Gallate verhindern das Ranzigwerden von Fetten. In Tütensuppen, Würzen und Soßen schützen sie Farbe und Geschmack vor Veränderungen durch den Luftsauerstoff. Über Margarine und persipan- oder mohnhaltige Füllungen gelangen Gallate auch in Backwaren und über das Milchpulver in den dazu getrunkenen Milchkaffee aus dem Automaten. Darüber hinaus in typischen Kinderprodukten wie Kaugummi, Marzipan, Nougat, Pommes Frites und Knabbererzeugnissen enthalten.[118,304,358,361]

VERTRÄGLICHKEIT

Propylgallat führte bei Säuglingen zu lebensgefährlicher Blausucht. Zwar sind Gallate in Säuglingsnahrung nicht zugelassen, dafür aber in einigen Kinderleibspeisen (s.o.). Octyl- und Dodecylgallat sind wahrscheinlich weniger bedenklich. Alle Gallate können bei Hautkontakt Allergien auslösen. Betroffen davon sind nicht nur Personen, die gallathaltige Kosmetikartikel verwenden, sondern auch Bäcker, die gallathaltige Rohstoffe verarbeiten.[355-361, 506]

HERKUNFT

Gallate sind die Ester der Gallussäure. Die wiederum wird aus gerbstoffhaltigen Galläpfeln mit Hilfe von Säure oder dem Schimmelpilzenzym Tannase gewonnen.[169]

Gelatine

Verdickungsmittel, Geliermittel, Emulgator, Stabilisator, Klärmittel, Feuchtigkeitsbindemittel, Mundgefühlregulator

VERWENDUNG

Bis zu 12 Prozent in Gummibärchen und Weingummis enthalten. Gelatine läßt Götterspeise und Sülzen 'glibbern'. Wein, Sekt, Most und Fruchtsäfte werden damit geklärt und ein eventuell herber Geschmack gemildert. Verhindert in Fruchtjoghurt den Molkenaustritt (siehe Molke).[577,579,581-583,587,589,629]

VERTRÄGLICHKEIT

Unverträglichkeitsreaktionen nach dem Verzehr von Gummibärchen sind nicht immer auf 'künstliche Farbstoffe' zurückzuführen, sondern manchmal auch auf eine Allergie gegen Gelatine. Von Gelatine geht keine BSE-Gefahr aus.[580,912]

GEWINNUNG

Gelatine ist ein tierisches Eiweiß. Knochen und Häute aus Schlachthöfen und Gerbereien werden solange mit Schwefel-, Salz-, Phosphorsäure oder Lauge behandelt, bis sich die Gelatine mit heißem Wasser herauslösen läßt. Auch aus Fischhäuten und ähnlichem Material wird eine Gelatine gewonnen.[578,583-586,588,590,628]

SONSTIGES

Übrigens verwendeten die Ägypter bereits 4000 v. Chr. eine Gelatine – nicht zum Essen sondern als Leim. Heute als 'Protein' oder 'hydrolysiertes Collagen' in Shampoos, Cremes und Lotionen. Viele Medikamente und Vitaminpräparate werden in Gelatinekapseln angeboten.[585,587,589]

Gelborange S E 110

Orangeroter Farbstoff

VERWENDUNG

Der künstliche Farbstoff läßt Lachsersatz wie Lachs aussehen und verschönert verpackte Garnelen. Erhöht die optische Attraktivität von Süßwaren, Cremespeisen, Roter Grütze, kandierten Früchten, Obstkonserven und Likören.[100, 800]

VERTRÄGLICHKEIT

Gelborange S gehört zu den harmloseren Azofarbstoffen, kann jedoch gelegentlich Allergien auslösen.[364, 742, 803]

Gellan E 418
Stabilisator, Verdickungsmittel, Gelbildner, Filmbildner, Mundgefühlregulator

VERWENDUNG

Durfte in Deutschland bisher nur für Ingwerprodukte und das auch nur aufgrund einer Ausnahmegenehmigung eingesetzt werden. Der EU-Gesetzgeber macht dagegen kaum noch Einschränkungen: Zukünftig wird Gellan vor allem Fruchtzubereitungen und Konfitüren verdicken und Zuckerglasuren stabilisieren. Panaden mit Gellan bleiben nach dem Braten länger knusprig und auf Knabberartikel aufgesprühte Gellanlösung bildet einen Film, an dem Aromen- oder Gewürzmischungen besser haften.[281,304,336,338,339]

VERTRÄGLICHKEIT

Da Gellan erst in den 80er Jahren für die Anwendung in Lebensmitteln entwickelt wurde, gibt es wenig Untersuchungen zu seiner Verträglichkeit.[340]

HERKUNFT

Nach den guten Erfahrungen mit Xanthan (E 415) wurde gezielt nach weiteren bakteriellen Verdickungsmitteln gesucht. Mit Erfolg: Gellan wird heute großtechnisch von Bakterien (*Pseudomonas elodea*) erzeugt. Nach getaner Arbeit werden die Mikroben durch Hitze abgetötet.[281,337,338]

Glucono–δ-Lacton E 575

Säuerungsmittel, Reifungsbeschleuniger, Umrötungshilfsmittel, Konservierungsmittel

VERWENDUNG

Glucono-δ-Lacton ist eine besondere Form der Gluconsäure (E 574), die im Lebensmittel langsam wieder zur aktiven Säure wird. Wird eingesetzt, wenn eine verzögerte Freisetzung von Säure wie z. B. in Backpulver gewünscht wird. Beschleunigt die Reifung von Rohwürsten und Fischerzeugnissen (Anchosen). Verstärkt die Wirkung von Antioxidantien und Konservierungsmitteln und wirkt selbst konservierend. Stabilisiert die Farbe von Meeresfrüchten und Gemüse.[118,553,554]

VERTRÄGLICHKEIT

Im Lebensmittel bildet Glucono-δ-Lacton Gluconsäure (E 574) und Lacton. Beide Produkte kommen in geringen Mengen auch im menschlichen Organismus vor und gelten als harmlos.[555]

HERKUNFT

Wird durch Eindampfen von Gluconsäure (E 574) hergestellt. Auch beim Erhitzen oder Trocknen von Lebensmitteln, die von Natur aus Gluconsäure enthalten, bildet sich Glucono-δ-Lacton. So zum Beispiel bei der Herstellung von Rosinen.[170,438]

Gluconsäure und Gluconate
Komplexbildner, Säuerungsmittel

Gluconsäure	E 574 (Dextronsäure)
Natriumgluconat	E 576
Kaliumgluconat	E 577
Calciumgluconat	E 578

VERWENDUNG

Gluconsäure fängt in Lebensmitteln Metallspuren ab, die für einen schnelleren Fettverderb und unschöne Farbveränderungen verantwortlich sind. In Limonaden Säuerungsmittel und Antioxidans. Verhindert in Molkereien und Brauereien, daß sich schwerlöslicher Milchstein bzw. Bierstein in den Leitungen festsetzt. Gluconate maskieren den bitteren Nachgeschmack von Süßstoffen. E 578 bessert außerdem den Calciumgehalt von Diätlebensmitteln auf und ist als Rieselhilfsstoff geeignet.[169,348,438,557]

VERTRÄGLICHKEIT

In Wein und Honig natürlich enthalten. Im menschlichen Organismus entsteht Gluconsäure beim Abbau von Kohlenhydraten. In Mengen von über 20 Gramm, die kaum mit der Nahrung aufgenommen werden können, wirkt sie abführend.[438,555,556,558]

HERKUNFT

Wird großtechnisch mit Hilfe von Schimmelpilzen oder Bakterien aus Traubenzucker hergestellt.[438,462]

SONSTIGES

Bewährtes Rostschutzmittel, auch in Papier und Farben, Metallbeizmitteln und Textilhilfsmitteln enthalten.[169]

Glucoseoxidasen E 1102
Enzyme, Mehlreifungsmittel, Konservierungsmittel

VERWENDUNG

Glucoseoxidase bildet aus Traubenzucker konservierend wirkendes Wasserstoffperoxid. Sie erhöht die Haltbarkeit von Getränken und Sossen und beschleunigt die Mehlreifung.[89,876]

VERTRÄGLICHKEIT

Das Enzym wird vor allem von Schimmelpilzen der Spezies *Aspergillus* und *Penicillium* produziert und stellt nur bei ungenügender Erhitzung oder fehlender Deklaration ein potentielles Risiko für Allergiker dar.[89]

Glutaminsäure und Glutamate
Geschmacksverstärker

Glutaminsäure	E 620
Natriumglutamat	E 621
Kaliumglutamat	E 622
Calciumglutamat	E 623
Ammoniumglutamat	E 624
Magnesiumglutamat	E 625

VERWENDUNG

Wird viel in der chinesischen Küche eingesetzt. Verstärkt aber auch den Eigengeschmack von deutschen Suppen, Soßen, Fisch- und Fleischgerichten und rundet den Geschmack von Knabbermischungen, Gewürzmischungen, Brühwürfeln und Gemüse ab. Maskiert Bittergeschmack, hat jedoch kaum Einfluß auf den Geschmack süßer Speisen. Die Magnesium-, Kalium- und Calciumsalze werden auch als Kochsalzersatz bei natriumarmer Ernährung eingesetzt.[123,348,559,574]

VERTRÄGLICHKEIT

Die bekannteste Nebenwirkung ist das 'China-Restaurant-Syndrom': Die Betroffenen klagen über Kopfschmerzen, trockenen Mund, Beklemmung in der Brust, Gliederschmerzen, Schwindel, Brechreiz, teilweise auch über nervöse Muskelzuckungen. Der Effekt tritt vor allem bei Verzehr auf nüchternen Magen (z.B. Suppe) auf. In China kein Problem, da einerseits die Suppe als 'Nachtisch' gegessen wird, und andererseits kohlenhydrathaltige Speisen wie Reis die Verträglichkeit erhöhen.

Auch von Asthmaanfällen wurde berichtet. Bei neugeborenen Tieren schädigte Natriumglutamat zudem das Gehirn, erzeugte Freßlust und förderte Übergewicht. Es kam zu Fortpflanzungsstörungen und Lernschwierigkeiten bei den Nachkommen. Bei Menschen dient Glutamat als Appetitstimulans und fördert Übergewicht. Wird zur Behandlung von Epilepsie und Depressionen eingesetzt.[349,560-571,573,575,919]

HERKUNFT

Glutaminsäure ist ein Eiweißbestandteil und ist daher in vielen Lebensmitteln zu finden. Im Fernen Osten fanden die Köche bereits vor über 1000 Jahren heraus, daß die Speisen mit einem Fond aus einer bestimmten Algensorte besser schmeckten. Wie sich später herausstellte, enthalten die Algen viel Glutaminsäure. Für den Einsatz in Lebensmitteln wird Glutaminsäure zunehmend gentechnisch durch Fermentation von Getreide- oder Kartoffelstärke oder Zuckermelasse erzeugt.[559]

SONSTIGES

In Dauerwellprodukten als Schutz für die Haare.

Gold E 175

Goldener Farbstoff

VERWENDUNG

Mit Gold gefärbte Verzierungen veredeln Pralinen und Konfekt. Und auch Likören darf mit Gold Glanz verliehen werden.[100]

VERTRÄGLICHKEIT

Der hohe Preis beschränkt die Anwendung von Gold als Farbstoff und gewährt Sicherheit vor unerwünschten Nebenwirkungen der damit gefärbten Köstlichkeiten.[676]

Guanylsäure und Guanylate

Geschmacksverstärker, Kochsalzersatz

Guanylsäure	E 626
Natriumguanylat	E 627
Kaliumguanylat	E 628
Calciumguanylat	E 629

VERWENDUNG

Die geschmacksverstärkenden Zusatzstoffe können die sparsame Verwendung von teuren Rohstoffen kaschieren. Besonders häufig wird das in Suppen, Soßen und Würzmitteln, aber auch in Tomatenprodukten und Fleischerzeugnissen ausgenutzt. E 628 eignet sich aufgrund seines Eigengeschmacks auch als Kochsalzersatz.[348,833,850]

VERTRÄGLICHKEIT

Guanylsäure und ihre Salze (die Guanylate) werden vom Menschen zu Harnsäure abgebaut. Und die kann sich bekanntlich im Gewebe ablagern (Gicht). Angesichts der geringen Einsatzmengen besteht jedoch kein Anlaß zur Besorgnis. Im Tierversuch zeigte sich der unerwünschte Effekt übrigens nicht: Im Gegensatz zum Menschen können Ratten und Mäuse den Geschmacksverstärker in unbedenkliches Allantoin umwandeln.[830,833]

HERKUNFT

Guanylsäure ist als Bestandteil der Nukleinsäuren in jeder pflanzlichen und tierischen Zelle enthalten.

Guarkernmehl E 412
(Guar)
Verdickungsmittel, Stabilisator, Feuchthaltemittel,
Mundgefühlregulator

VERWENDUNG

Für die meisten Lebensmittel zugelassen: In Ketchup, Mayonnaisen und Barbecue-Soßen als Verdickungsmittel. In Fertigsuppen verhindert Guar das schnelle Absinken von Fleisch- und Gemüsepartikeln. Hält Brot und Backwaren länger frisch. Verringert das Krümeln von Kuchen. Erhöht das Volumen von Weizenbrot und Eiscreme. In Kondensmilch und Sahne gegen das Aufrahmen und zur Verbesserung des Mundgefühls (in Deutschland nicht zulässig).
Sonstiges: in Sprengstoff, Kosmetika, Hundefutter und Textilien; zur Papierherstellung und Erz- und Erdölgewinnung.[334,603,611,613,627,706]

VERTRÄGLICHKEIT

Unter den Begleitstoffen (max. 25%) gelten vor allem die Eiweißbestandteile (max. 7%) als problematisch, weil sie Allergien auslösen können. Außerdem fördert Guar die Aufnahme größerer Partikel aus dem Speisebrei durch die Darmwand. Auch dies kann Allergien z. B. gegen Hühnerei oder Milch begünstigen.[572,603,604 606]

HERKUNFT

Eine alte indische Kulturpflanze liefert den Rohstoff für das Guarkernmehl. Aus den rosa Blüten entwickeln sich 5–10 cm lange Schoten mit erbsengroßen Samen. Vor allem die Schalen enthalten einen Cocktail giftiger Begleitstoffe wie z. B. Trypsininhibitoren, toxische Globuline, Saponine, Hämagglutinine, Cyanogene und Fluoressigsäure. Sie werden deshalb zusammen mit den Keimlingen abgetrennt. Durch Vermahlen erhält man Guarkernmehl.[572,602,605,607-610,612]

Gummi arabicum E 414

(Akaziengummi, Arabisches Gummi, Sudangummi, Senegalgummi)

Emulgator, Stabilisator, Feuchthaltemittel

VERWENDUNG

In Europa wird Gummi arabicum hauptsächlich für Süßwaren eingesetzt: Es verhindert, daß der Zucker auskristallisiert und sorgt im Überzug von Dragees für den appetitlichen Glanz. In Eiscreme verhindert Gummi arabicum die Bildung großer Eiskristalle und sorgt damit für ein angenehmes Mundgefühl. Auch kohlensäurehaltige Getränke profitieren davon: Es stabilisiert den Schaum von Colagetränken und Pilsbieren.

Als wasser- bzw. spuckelöslicher Klebstoff auf Briefmarken.[170,172,286,303,304,307]

VERTRÄGLICHKEIT

Gummi arabicum ist relativ gut verträglich. Allergien wurden nur selten beobachtet. Es bindet Mineralstoffe wie Calcium und Magnesium, die dann wahrscheinlich nicht mehr so gut vom Körper aufgenommen werden. Die frühere Annahme, daß das Gummi das Herz schädigt, konnte in neueren Untersuchungen nicht bestätigt werden.[284,285,287,289,298,300,302]

HERKUNFT

Gummi arabicum ist das Harz verschiedener vor allem in Afrika beheimateter Akazienarten. Die Rinde der Bäume wird angeritzt und das aus der Wunde tretende Harz eingesammelt.[266,286,301,915]

Hexacyanoferrate
(Blutlaugensalze)
Rieselhilfsstoffe, Schönungsmittel

Natriumhexacyanoferrat	E 535
Kaliumhexacyanoferrat	E 536
Calciumhexacyanoferrat	E 538

VERWENDUNG

Hexacyanoferrate dürfen Kochsalz und Kochsalzersatz zugesetzt werden, um ein Verklumpen zu verhindern. E 536 wird außerdem in den großen Weinkellereien als Hilfsmittel verwendet, um dem Wein Klarheit zu verleihen. Anschließend wird es größtenteils abfiltriert.[190,811,862]

VERTRÄGLICHKEIT

Die gelben und roten Salze enthalten Blausäure. Diese kann aber nur von sehr starken Säuren freigesetzt werden. Einfacher Essig, mit dem die gesalzenen Speisen angerührt werden, oder die Magensäure reichen dazu normalerweise nicht aus. Giftig ist Blausäure jedoch nur in freier Form.[783]

HERKUNFT

Früher wurde Blutlaugensalz durch Erhitzen von eingetrocknetem Blut oder Hornsplittern mit Pottasche (E 501) hergestellt. Heute wird es dagegen völlig synthetisch erzeugt.

Hexamethylentetramin E 239
(Urotropin, Formin, Hexamin, Aminoform, Methenamin)
Konservierungsmittel

VERWENDUNG

Der eigentliche Wirkstoff von E 239 ist Formaldehyd. Er wird in sauren Lebensmitteln freigesetzt. In den 20er Jahren wurde es vor allem zur Konservierung von Fischmarinaden verwendet, dann aber wegen toxikologischer Bedenken verboten. Heute ist es innerhalb der EU nur noch für die Käsesorte Provolone zugelassen.[249,304]

VERTRÄGLICHKEIT

Wurde früher beim Menschen zur Behandlung von Harnwegsinfekten und Gicht eingesetzt. Als Nebenwirkungen der medikamentösen Therapie wurden u. a. Übelkeit, Erbrechen und Hautreaktionen beobachtet. Solange der Einsatz als Zusatzstoff auf Provolone-Käse beschränkt bleibt, sind keine Nebenwirkungen zu befürchten.[169,411,412]

HERKUNFT

Wird aus Formaldehyd und Ammoniakwasser synthetisiert.[169]

SONSTIGES

Hexamethylentetramin hat als reaktionsfreudiger Stoff universelle Eigenschaften: als Pilzbekämpfungsmittel für Citrusbäume, bei Geflügel gegen Cholera, außerdem zur Herstellung von Sprengstoff, Kunststoff und Brennstofftabletten und als Rostschutzmittel.[169,259]

Indigotin I E 132

(Indigo-Carmin)

Dunkelblauer Farbstoff

VERWENDUNG

Indigotin färbt Süßwaren, Kunstspeiseeis, Cremespeisen, Brause, Liköre und Arzneimittel.[100]

VERTRÄGLICHKEIT

E 132 beeinträchtigt die Wirksamkeit von Verdauungsenzymen und wurde gelegentlich als Auslöser von Allergien beschrieben.[721,803]

HERKUNFT

Bis etwa um die Jahrhundertwende wurde Indigotin aus ostasiatischen Indigoferapflanzen gewonnen. Dann gelang die chemische Synthese des blauen Farbstoffes, der daraufhin den natürlichen vom Markt verdrängte.[676,804]

SONSTIGES

Indigotin wurde früher zum Waschen verwendet, um den Gelbstich weißer Wäsche zu verdecken. Heute enthalten die Waschmittel stattdessen optische Aufheller.

Inosinsäure und Inosinate
Geschmacksverstärker

Inosinsäure	E 630
Natriuminosinat	E 631
Kaliuminosinat	E 632
Calciuminosinat	E 633

VERWENDUNG

Inosinate sorgen trotz sparsamem Rohstoffeinsatz für einen vollmundigen Geschmack von Suppen, Soßen und Würzmitteln. Sie sind dabei etwa zehn Mal wirksamer als Glutaminsäure und ihre Salze (E 620–E 625).[831,833]

VERTRÄGLICHKEIT

Der Mensch wandelt – im Gegensatz zu zahlreichen Versuchstieren – Inosinate und Guanylate in Harnsäure um, die sich im Gewebe ablagern kann (Gicht). Inosinate wirken appetitstimulierend (vgl. Guanylsäure).[830,833,848]

HERKUNFT

Inosinsäure ist in Muskeln enthalten und findet sich daher auch in Muskelfleischextrakten wie Fleischbrühe.[833,848]

Invertase E 1103

Enzym

VERWENDUNG

Invertase hält die Marzipan- und Schokoladenfüllungen von Konfekt cremig und weich. Außerdem kann man mit Hilfe des Enzyms aus Zucker Kunsthonig ('Invertzuckercreme') herstellen.[89,873]

VERTRÄGLICHKEIT UND HERKUNFT

Das Enzym wird vor allem aus Hefen wie zum Beispiel *Candida* gewonnen. Im fertigen Enzympräparat dürfen nach geltendem Recht keine pathogenen Keime mehr enthalten sein. Eine *Candida*-Infektion ist daher nicht möglich.[89]

Isoascorbinsäure E 315 (Erythrobinsäure)
Natriumisoascorbat E 316 (Natriumerythrobat)
Antioxidantien, Farbstabilisatoren, Umrötungsbeschleuniger

VERWENDUNG

Isoascorbinsäure und ihr Salz sind erst seit kurzem offiziell zugelassen. Sie werden anstelle von Ascorbinsäure (siehe dort) beim Umröten von Wurst und Schinken verwendet und in Fischerzeugnissen. Ohne namentliche Zulassung werden E 315 und E 316 als technische Hilfsstoffe bei der Verarbeitung von Obst und Gemüse eingesetzt.[304,551,784,785]

VERTRÄGLICHKEIT

E 316 verstärkte bei Ratten künstlich erzeugten Blasenkrebs. Isoascorbinsäure tritt im Körper in Konkurrenz zur Ascorbinsäure (E 300) und natürlichem Vitamin C und kann dessen Aufnahme aus der Nahrung hemmen. Die Datenlage erlaubt nach Angaben des Wissenschaftlichen Lebensmittelausschusses der EU keine endgültige Beurteilung.[361,554]

HERKUNFT

Isoascorbinsäure ist ein Zwischenprodukt der Ascorbinsäureherstellung. Es ist daher schneller zu gewinnen als Ascorbinsäure und damit billiger.[925]

Isomalt E 953
(Palatinit)
Zuckeraustauschstoff, Trägerstoff, Stabilisator

VERWENDUNG

Isomalt kann anstelle von Zucker in allen süßen Lebensmitteln eingesetzt werden. Trägerstoff in Süßstofftabletten. Beim industriellen Tiefgefrieren von Lebensmitteln stabilisiert Isomalt die Eiweiße und beugt so unschönen farblichen oder geschmacklichen Veränderungen vor. [118,456,459,866]

VERTRÄGLICHKEIT

Isomalt wird größtenteils erst von der Darmflora abgebaut und kann zu Blähungen und Durchfall führen. Daher darf der Zuckeraustauschstoff nicht zum Süßen von Getränken, von denen man ja viel zu sich nimmt, eingesetzt werden. Allerdings kann bereits der Verzehr einer halben Tafel Isomaltschokolade abführend wirken.
Liefert dem Körper nur etwa halb so viel Energie (Kalorien) wie Zucker, ist allerdings auch nur halb so süß. [466,488,490]

HERKUNFT

Ausgangsstoff für die Herstellung von Isomalt ist normaler Haushaltszucker. Der wird mit Hilfe von Enzymen erst auseinander und dann umgekehrt wieder zusammengebaut. Dabei entsteht Isomaltulose, die unter Verwendung von Katalysatoren zu Isomalt, einem Gemisch von zwei süßen Stoffen, hydriert wird. [112, 459,466,914]

Johannisbrotkernmehl E 410
(Carubenmehl, Locust)
Verdickungsmittel, Stabilisator, Feuchthaltemittel, Mundgefühlregulator

VERWENDUMG

Stabilisiert Schmelzkäsezubereitungen, Milchmischgetränke und Speiseeis. Verzögert in Joghurt das Auskristallisieren des Milchzuckers (siehe Lactose). Hält Backwaren länger frisch. Verhindert die Trennung von Öl und Wasser in Salatsoßen, bindet Suppen und Soßen. Wird in Lebensmitteln fast nur in Kombination mit anderen Dickungsmitteln verwendet.[329,331,332,335]

VERTRÄGLICHKEIT

Senkt den Cholesterinspiegel, kann die Eiweißverdauung etwas verringern. Gelegentlich wurde allergene Wirkung beobachtet.[170,264]

HERKUNFT

Johannisbrotkernmehl wird aus den Samen des immergrünen Johannisbrotbaumes nach Abtrennen von Schale und Keimling gewonnen. Die harte Samenschale muß mit aggressiven Chemikalien wie zum Beispiel Schwefelsäure weggeätzt werden. Der Keimling wird mechanisch abgetrennt und der Mehlkern zum Johannisbrotkernmehl vermahlen.

Die Früchte des Baumes werden übrigens zu Kaffee- und Schokoladenersatz ('Carob') verarbeitet.[266,327,333,334,539]

SONSTIGES

Die Samen wiegen ziemlich genau 0,18 Gramm, weshalb sie früher Gewichtseinheit für Gold und Edelsteine waren. 'Karat' leitet sich vom arabischen 'qirat' ab, was sowohl Johannisbrotkern als auch kleines Gewicht bedeutet. Wurde im alten Ägypten zur Mumifizierung verwendet.[301,328,330,331]

Kaliumcarbonat E 501
(Pottasche, Holzasche)
Backtriebmittel, Säureregulator

VERWENDUNG
Pottasche wird traditionell zur Lockerung von Lebkuchenteig verwendet, da es stärker bräunt als Backpulver. Neutralisiert die Salzsäure (E 507) bei der Würzegewinnung (siehe Würze). Zur Behandlung von Kakaobohnen und Kaffeeersatz. Außerdem zur Schnelltrocknung von Rosinen: Die äußere Wachsschicht der Trauben wird mit E 501 entfernt, so daß die Feuchtigkeit leichter verdunsten kann. Eine Deklaration ist fast nie erforderlich.[718,835,858]

VERTRÄGLICHKEIT
Gilt als unbedenklich.

HERKUNFT
Früher wurde zur Gewinnung von Pottasche Holz verbrannt und ausgelaugt. Heute wird sie vor allem durch Einleiten von Kohlendioxidgas in Kalilauge erzeugt.[169]

Kaliumchlorid E 508
Säureregulator, Nährstoff

VERWENDUNG

In Brauereien dient Kaliumchlorid als 'Futtermittel' für die Bierhefe. In der Küche kann es Kochsalz ersetzen. Außerdem härtet es das Gel bestimmter Verdickungsmittel, wie zum Beispiel von Carrageen (E 407).[348]

VERTRÄGLICHKEIT

In den Mengen, die in Lebensmitteln eingesetzt werden, ist Kaliumchlorid gesundheitlich unbedenklich.

HERKUNFT

Die salzig schmeckenden Kristalle kommen allein oder als Bestandteil anderer Kalisalze in Salzlagerstätten vor.

Kaliumhydroxid E 525
(Kalilauge)
Säureregulator, Aufschlußmittel, Schälhilfe

VERWENDUNG

Kaliumhydroxid wird zur Behandlung von Rohkakao verwendet, zur Herstellung von Instant-Tee und von Zusatzstoffen ohne E -Nummer aus Milch (siehe Kapitel 'Die Milch macht's'). Gelegentlich zur Umwandlung von Eiweißrückständen in Würze (siehe dort) und zum 'Schälen' von Kartoffeln. Deklarationsfrei.[118,718]

VERTRÄGLICHKEIT

Aus der Verwendung in Lebensmitteln sind keine Risiken bekannt. Nur in hohen Konzentrationen, wie sie im Labor eingesetzt werden oder früher teilweise in Haushaltsreinigern, wirkt Kalilauge stark hautreizend.

Katalasen

Enyzme

VERWENDUNG

Katalasen werden relativ selten eingesetzt: Mit ihrer Hilfe wird überschüssiges Wasserstoffperoxid entfernt. Und das wird beispielsweise in der Molkereiwirtschaft als Desinfektionsmittel für Anlagen und Verpackungsmaterial verwendet.[89]

VERTRÄGLICHKEIT UND HERKUNFT

Katalasen sind natürlicher Bestandteil tierischer und pflanzlicher Zellen. Auch dort haben sie die Aufgabe, entstehendes Wasserstoffperoxid zu entgiften. Gewonnen werden die Enzyme aus Schimmelpilzen, Bakterien oder Rinderleber.[89]

Kohlendioxid E 290
(Kohlensäureanhydrid, Kohlensäure)
Konservierungsmittel, Treibgas, Aufschäummittel, Antioxidans, Kühlmittel

VERWENDUNG

Kohlensäurehaltige Getränke gelten als erfrischender als stille Getränke und sind länger haltbar. Durch Einleiten des Gases in Wein und anschließendes Süßen wird billiger Sekt hergestellt.
Viele Lebensmittel werden mit Kohlendioxid in einer sogenannten 'Schutzgasatmosphäre' verpackt. So werden Käse und Backwaren konserviert und das Aroma von Kaffee bewahrt. Die Scheiben von abgepacktem Wurstaufschnitt kleben nicht mehr zusammen. In Schutzatmosphäre gelagertes Obst und Gemüse sieht länger frisch aus.
Als 'Kohlendioxidschnee' zum schnellen Kühlen von Lebensmitteln verwendet. Außerdem zum Entcoffeinieren von Kaffee.[249,407]

VERTRÄGLICHKEIT

Kohlendioxid ist als Zusatzstoff in Lebensmitteln harmlos.

HERKUNFT

Entsteht bei vielen Gärprozessen, so auch beim Bierbrauen und Weinkeltern. Außerdem bei der Verbrennung von fossilen Brennstoffen wie Öl und Kohle. Gelegentlich wird auch natürliche Quellkohlensäure für Lebensmittelzwecke verwendet.[249]

SONSTIGES

In der Medizin werden kohlensäurehaltige Bäder gegen Herz- und Kreislauferkrankungen verordnet. Als Treibgas in Sprays, zur Kohlensäuredüngung in Gewächshäusern sowie zur Herstellung von Düngemitteln verwendet.[169,349]

Kupferkomplexe der Chlorophylle E 141

Grüner Farbstoff
siehe auch Chlorophylle

VERWENDUNG

E 141 wird wie Chlorophylle eingesetzt (E 140), ist aber intensiver in der Farbe und nicht so empfindlich gegen Licht und Hitze.[800]

VERTRÄGLICHKEIT

Vermeidbarer Risikofaktor für Patienten mit Wilson-Syndrom, einer seltenen angeborenen Stoffwechselstörung. Für alle anderen Menschen in der üblichen Dosis unbedenklich.

HERKUNFT

Wird aus E 140 hergestellt, indem das komplex gebundene Magnesium durch Kupfer ersetzt wird.[800]

Kurkumin E 100 (Curcumagelb)
gelber Farbstoff

VERWENDUNG

Der natürliche Farbstoff ist für die gelbe Farbe von Currypulver verantwortlich. Wird gern für Vanillepudding und andere Vanilledesserts verwendet. Über die EU auch für Margarine. Wird oft illegal zur Verfälschung von Safran eingesetzt.
Häufiger als den isolierten Farbstoff verwendet die Industrie Extrakte aus der Gelbwurz, die nicht nur färben, sondern auch Geschmack verleihen – und denen nicht das schlechte Image einer E-Nummer anhaftet.[100,118,301,676,933]

VERTRÄGLICHKEIT

Im Tierversuch beeinflußten kurkuminhaltige Gelbwurzextrakte die Schilddrüse von Schweinen. Vom natürlichen in Kurkumin enthaltenen Farbstoff sind keine nachteiligen Wirkungen bekannt. Reagenzglasversuche deuten darauf hin, daß Kurkumin antiallergische Eigenschaften haben könnte.[681-683]

HERKUNFT

Der gelbe Farbstoff entwickelt sich beim Kochen der asiatischen Gelbwurz. Inzwischen kann E 100 jedoch auch synthetisch hergestellt werden.[301,693,933]

SONSTIGES

Weil der Farbstoff nicht lichtecht ist, wird er heute nicht mehr zum Färben von Textilien verwendet. Immer noch dagegen für Holz, Lack, Papier, Salben und Wachs.[169]

Lactate

Feuchthaltemittel, Säureregulatoren, Geschmacksverstärker
Teigverbesserungsmittel, Stabilisatoren, Konservierungsmittel

Natrium-Lactat	E 325
Kalium-Lactat	E 326
Calcium-Lactat	E 327

siehe auch Milchsäure (E 270)

VERWENDUNG

Lactate verstärken den frischen Fleischgeschmack und unterdrücken einen unangenehmem Beigeschmack in Fertiggerichten. Auf die Oberfläche von Fleisch und Geflügel aufgesprüht, verlängern sie die Haltbarkeit. In Frankfurtern und anderen Brühwürsten kann mehr Wasser verarbeitet werden. Das Calciumsalz spart in Meringuen und Marshmallows teure Eier.[441-443]

VERTRÄGLICHKEIT

Die Muskelzellen unseres Körpers bilden täglich etwa 200 Gramm Lactat. Das ist etwa das 20fache der mit der Nahrung aufgenommenen Menge. Das zugeführte Lactat spielt also nur eine untergeordnete Rolle und ist wahrscheinlich harmlos.[440]

HERKUNFT

Lactate sind die Salze der Milchsäure (E 270), die mikrobiell aus Stärke erzeugt wird. Die Salze bilden sich bei Zusatz von Lauge.

SONSTIGES

Calciumlactat reguliert die Mikroflora in Silage.[443]

Lactit E 966
Süßungsmittel, Zuckeraustauschstoff, Füllstoff

VERWENDUNG

Wird in Deutschland selten eingesetzt. Lactit hat nur etwa ein Drittel der Süße von Saccharose (Haushaltszucker) und wird daher in Brotaufstrichen und Desserts meistens mit Süßstoffen kombiniert. Verleiht kalorienreduzierten Backwaren eine bessere Textur und stabilisiert gefrorenes Surimi.[456,459,479,626,866]

VERTRÄGLICHKEIT

Schädigte im Tierversuch die Föten von Ratten. Beim Menschen sind beim Verzehr großer Mengen Durchfälle und Blähungen aufgetreten. Ansonsten keine Nebenwirkungen bekannt.[466,479,576]

HERKUNFT

Lactit entsteht durch Hydrierung von Milchzucker (siehe auch Lactose) mit Hilfe eines Nickel-Katalysators. Dadurch gelangen geringe Mengen des Metalls auch in den Zusatzstoff.[461,466,479]

Lactose (Milchzucker)

Bindemittel, Füllmittel, Süßungsmittel, Trägerstoff, Geschmacksverstärker

VERWENDUNG

Lactose ist billig und hat vielfältige technologische Eigenschaften, so daß sie in Lebensmitteln fast allgegenwärtig ist: sie bräunt Mikrowellengerichte, Pommes Frites und Brotkrusten, dekoriert tiefgekühlte Backwaren, macht Pralinenmassen schnittfest, hebt das Kakaoaroma von Schokolade hervor, stabilisiert den Geschmack von Gewürzmischungen und verbessert die Löslichkeit von Suppenpulver. Sie maskiert den Bittergeschmack von wasserbindendem Phosphat in Würsten. Außerdem ist sie Trägerstoff in Süßstofftabletten und unzähligen Medikamenten.[219,231,349,597,601]

VERTRÄGLICHKEIT

Milchzucker macht das Calcium der Milch für den Körper verfügbar. Aber nur dann, wenn er auch verdaut wird. Und diese Fähigkeit fehlt etwa 10 Millionen Deutschen. Viele von ihnen leiden nach dem Verzehr von Lactose an Blähungen, Durchfall, Völlegefühl und Bauchschmerzen. Der Arzt spricht von einer 'Lactoseintoleranz'. Oft werden nur Milch und andere lactosereiche Produkte nicht vertragen, Produkte mit geringerem Lactosegehalt wie z. B. Joghurts dagegen schon.[233,511,595,596,598-600]

HERKUNFT

Milchzucker ist nicht nur in der Kuhmilch sondern in der Milch fast aller Säugetiere enthalten. Industriell wird er aus einem Nebenprodukt der Käseherstellung, der Molke, gewonnen.[232,597]

Lecithin E 322

Emulgator, Antioxidans, Stabilisator, Antihaftmittel, Bräunungsmittel

VERWENDUNG

Lecithin erleichtert die Herstellung von Schokolade, weil es die geschmolzene Masse pumpfähig macht. Die fertige Schokoladentafel kann länger gelagert werden, ohne daß sich weißer Fettreif abscheidet. Lecithin verhindert, daß Kakaogetränkepulver oder Instant-Säuglingsnahrung beim Einrühren in Flüssigkeit klumpen.
In Backwaren erlaubt es die Einsparung von Eiern. Gebäck erhält ein größeres Volumen, wird mürber und hält länger frisch. Öl und Wasser lassen sich mit Lecithin besser zu Margarine mischen, die dadurch länger haltbar ist. In naturtrüben Getränken täuscht es einen höheren Fruchtsaftanteil vor.[748-750,752,753,818,819,870]

VERTRÄGLICHKEIT

Lecithin ist in jeder lebenden Zelle enthalten, besonders reichlich in Hirn- und Rückenmarkszellen. Im Lebensmittel bildet Lecithin mit den Eiweißen sogenannte Lipoproteine, die auf die Körperzellen bedeutende Funktionen ausüben können.
Wahrscheinlich weder besonders nützlich noch schädlich.[750,817]

HERKUNFT

Der Name 'Lecithin' täuscht darüber hinweg, daß es sich um ein heterogenes Stoffgemisch handelt, daß je nach Herstellung unterschiedlich zusammengesetzt ist. Der Emulgator wird vor allem aus Soja- oder Rapsöl gewonnen. Wird das Öl mit Wasser versetzt, scheidet sich 'Lecithin-Schlamm' ab. Seltener ist die Gewinnung aus Eidotter oder Hirnsubstanz.[753,817,829,897]

SONSTIGES

Lecithin gilt sogar als Schönheitsmittel: Es soll in Form von 'Liposomen' zahlreiche Wirkstoffe durch die Haut befördern. In Seifen und Shampoos verhindert es das Austrocknen der Haut.[753,817,829]

Lipoxygenasen
Enzyme, Backmittel

VERWENDUNG

Lipoxygenasen bleichen Mehl, indem sie die natürlichen Carotinoide zersetzen. Wichtig sind enzymatisch aufgehellte Mehle für Toastbrot und Brötchen. Daneben verbessern die Enzyme die Teigfestigkeit, das Volumen und die Beschaffenheit der Krume.[876,877]

VERTRÄGLICHKEIT

Im Vergleich zu den früher verwendeten Bleichungsmitteln Agene (Stickstofftrichlorid) und Chlordioxid (E 926) sind Lipoxygenasen harmlos. Unerwünschter Nebeneffekt der Enzymverwendung: Carotin verliert seine biologische Wirkung und ungesättigte Fettsäuren werden zu Hydroperoxiden umgewandelt. Lipoxygenasen sind potentielle Allergene.

HERKUNFT

Auch im Weizenkeim sind Lipoxygenasen vorhanden. Lipoxygenasen aus der Sojabohne besitzen jedoch ein größeres Wirkungsspektrum. Daher wird Weizenteigen oft Sojamehl mit erhöhter Enzymaktivität zugesetzt.[877]

Litholrubin E 180
(Rubinpigment BK)
Roter Farbstoff

!

VERWENDUNG

Der künstliche Azofarbstoff ist nur für Käserinde zugelassen – allerdings auch für solche, die mitverzehrt wird.[100]

VERTRÄGLICHKEIT

Mit Litholrubin gefütterte Mäuse und Ratten wiesen im Langzeitversuch eine erhöhte Sterblichkeit auf. Der Farbstoff beeinträchtigte die Funktion von Nieren, Schilddrüse und Milz. Darüberhinaus waren die Nager anfälliger für Infekte. Allergiker sollten die gefärbte Käserinde sicherheitshalber nicht mitverzehren.[894]

Lutein E 161 b

Gelber Farbstoff

VERWENDUNG

Lutein gelangt über den Zusatz zu Hühnerfutter in den Dotter des Frühstückseis. Zwar ist es in zahlreichen Lebensmitteln erlaubt, meistens werden aber billigere gelbe Farbstoffe vorgezogen. Selten in trüben Erfrischungsgetränken mit Zitronengeschmack oder ausgewählten Süßigkeiten – zu erkennen als 'Xanthophyll'. [138,256,797,933]

VERTRÄGLICHKEIT

Gilt als harmlos.

HERKUNFT

Lutein ist in Luzernensamen (Alfalfa) enthalten, in Palmöl, Gras und Brennesselblättern. Gewonnen wird es vor allem durch Extraktion von Ringelblumen mit verschiedenen Lösungsmitteln oder durch chemische Synthese. [680,797]

Lycopin E 160d
(Tomaten-Oleoresin)
Orangeroter Farbstoff

VERWENDUNG

Lycopin färbt vor allem herzhafte Produkte wie Suppen oder Soßen, in denen der Beigeschmack nach Tomate nicht stört oder sogar erwünscht ist. Seltener ist es in Kuchen, Waffeln, Keksen oder Süßigkeiten zu finden.[304,934]

VERTRÄGLICHKEIT

Als Lebensmittelfarbstoff harmlos. Lycopin kommt in verschiedenen Formen vor, die der Chemiker als "cis- und trans-Isomere" bezeichnet. Die biologische Bedeutung dieser Isomere für den Menschen ist weitgehend unbekannt.[795,932]

HERKUNFT

Der rote Tomatenfarbstoff wird mit Lösungsmitteln wie Dichlormethan, Methanol oder Hexan aus den Früchten extrahiert. Auch Wassermelonen, Orangen, Pfifferlinge und Leber enthalten Lycopin, jedoch nicht in lohnenden Mengen. Lycopin wird auch synthetisch hergestellt.[680,795]

Lysozym E 1105

Konservierungsstoff, Aromaverbesserer

VERWENDUNG

In der Käserei beschleunigt das Enzym Lysozym das Gerinnen der Milch und konserviert den Käse anstelle des in Verruf geratenen Nitrats (E 251, E 252). Verbessert das Aroma von Erbsen und Bohnen. Besonders in Japan beliebt für die Konservierung von Sushi, Krabben, Nudeln, Tofu und Miso.[84,119,304,427,431]

VERTRÄGLICHKEIT

Lysozym wird vor allem aus Hühnereiern gewonnen und kann daher für Hühnereiallergiker problematisch werden. Dabei ist daran zu denken, daß auch pflanzliche Lebensmittel wie Konfitüren damit konserviert sein können. Zusammen mit Lysozym können auch andere allergen wirkende Zusatzstoffe wie PHB-Ester (E 214–219) ins Lebensmittel gelangen. Achtung: Lysozym muß nur selten deklariert werden.[249,428,431,432]

HERKUNFT

Lysozym findet sich natürlich in Eiern, Speichel, Schleimhäuten und in der Tränenflüssigkeit, wo es die Aufgabe hat, eindringende Bakterien abzutöten. Kommerziell wird es vor allem aus Hühnereiklar gewonnen, aber auch gentechnologisch produziert.[169,249,429]

SONSTIGES

In der Medizin zur Bekämpfung von Infekten. Auch zur Kariesprophylaxe vorgeschlagen.[250,349,431]

Magnesiumcarbonat E 504

Trennmittel, Aufschlußmittel, Füllstoff

VERWENDUNG

E 504 ist ein deklarationsfreier Hilfsstoff bei der Kakaoherstellung und wird zur Aufbereitung von Trinkwasser verwendet. Außerdem ist es als Füllstoff für Kaugummi und als Antiklumpmittel für Speisesalz zugelassen.[118,718,862]

VERTRÄGLICHKEIT

Magnesiumcarbonat ist ein gesundheitlich harmloses Pulver. Es wird medizinisch bei Säurevergiftungen eingesetzt, bei einer Übersäuerung des Magens oder auch bei offenen Wunden.[169,349]

Magnesiumchlorid E 511
Kochsalzersatz

VERWENDUNG

Wird in Deutschland vor allem als Kochsalzersatz verwendet, zum Beispiel von Patienten mit Bluthochdruck. Daneben ist Magnesiumchlorid zur Trinkwasseraufbereitung zugelassen.[348,424]

VERTRÄGLICHKEIT

Wahrscheinlich unbedenklich.

HERKUNFT

Magnesiumchlorid findet sich im Meerwasser und in zahlreichen Solequellen.

Magnesiumoxid E 530
(Bittererde, Magnesia)
Trennmittel, Rieselhilfsstoff, Säureregulator

VERWENDUNG

Magnesiumoxid reguliert den Säuregehalt von Trinkwasser, ist als Mineralstoff in Säuglingsnahrung zu finden und verhindert, daß Waffeln am Waffeleisen hängen bleiben. Es verbessert die Rieselfähigkeit von pulverförmigen Lebensmitteln und die Glimmfähigkeit von Tabak.[836, 859, 862]

VERTRÄGLICHKEIT

Magnesium ist ein wichtiger Mineralstoff. Die Wirkungen der Oxidverbindung sind jedoch kaum bekannt.

HERKUNFT

Entsteht als weißes Pulver beim Verbrennen von Magnesium.

Magnesiumsilikate E 553a
Füllmittel, Filterhilfsstoff

VERWENDUNG

Als Filterhilfsmittel sorgen Magnesiumsilikate für deklarationsfreie Klarheit von Fruchtsäften. Daneben werden sie vor allem als Füllstoff in Kaugummi eingesetzt, in Farben, Verpackungsmaterialien und als Magenentsäuerungsmittel.[118,734]

VERTRÄGLICHKEIT

Magnesiumtrisilikat führte bei Hunden zu Nierenschäden. Das Expertenkomitee von WHO und FAO hält eine Beschränkung der täglichen Aufnahme beim Menschen dennoch nicht für notwendig.[734]

HERKUNFT

Wird zum Beispiel durch Zusammenschmelzen von Quarz mit Magnesiumverbindungen erhalten.

Maltit, Maltitsirup E 965
Süßungsmittel, Zuckeraustauschstoff, Feuchteregulator

VERWENDUNG

Hält Marzipan- und Nougaterzeugnisse weich. Der Sirup selbst erzeugt keinen Karies. Beim Erhitzen kann jedoch Traubenzucker freigesetzt werden. Gesäuerte Süßwaren mit Maltitsirup gelten daher nicht als zahnschonend.
Reguliert die Feuchte und Konsistenz in Kosmetikartikeln und Tabak.
[118,170,461]

VERTRÄGLICHKEIT

Ist für Diabetiker geeignet und wirkt weniger abführend als andere Zuckeraustauschstoffe (z. B. Sorbit E 420).[170]

HERKUNFT

Maltit kommt in der Natur nicht vor. Er wird großtechnisch aus maltosehaltigen Stärkeverzuckerungsprodukten oder reiner Maltose (Malzzucker) durch Hydrierung synthetisiert.[459,479]

Maltol E 636

Aromastoff, Geschmacksverstärker

VERWENDUNG

Maltol entsteht beim Backen von Brot und beim Rösten von Kakao- und Kaffeebohnen. Der appetitliche Geruch und Geschmack legte es nahe, den Stoff zu isolieren und anderen Lebensmitteln zuzusetzen. Heute verstärkt der Zusatzstoff Frucht- und Schokogeschmack von Getränken und Desserts, vermindert den Hefegeschmack von Backwaren und den bitteren Nachgeschmack von Saccharin (E 954).[650,657]

VERTRÄGLICHKEIT

Bei Hunden und Ratten schädigten größere Mengen Maltol die Nieren und veränderten das Blutbild. Angesichts des vermeidbaren Risikos für die menschliche Gesundheit wäre ein sparsamer Einsatz in Lebensmitteln wünschenswert.[650,652,654]

HERKUNFT

Maltol kommt natürlich in Kiefernnadeln vor. Die steigende Nachfrage der Lebensmittelindustrie läßt sich jedoch nicht mit solchen natürlichen Quellen decken, daher wird der Geschmacksverstärker synthetisch hergestellt.[650,657]

Mannit E 421

Süßungsmittel, Zuckeraustauschstoff, Trennmittel, Füllstoff

VERWENDUNG

Mannit ist nur etwa halb so süß wie Saccharose (Haushaltszucker) und relativ teuer. Daher wird er nur selten wegen seiner Süßkraft eingesetzt: Er verhindert das Zusammenkleben von Kaugummis und dient bei der Herstellung von Streifenkaugummis als pulveriges Gleitmittel. Wird auch eingesetzt zum Pudern der Oberfläche von Backwaren und als Trägerstoff für Multivitamin-Brausetabletten.[118,170,459]

VERTRÄGLICHKEIT

Im Grunde harmlos. Er wird sogar intravenös verabreicht, wenn eine stärkere Harnbildung erwünscht ist. Also z.B. bei Vergiftungen, wenn der giftige Stoff möglichst schnell aus dem Körper ausgeschwemmt werden soll.
Kann in größeren Mengen (etwa 50 Gramm/Tag) zu Durchfällen und Blähungen führen und wird daher medizinisch als leichtes Abführmittel eingesetzt.[170,459,464,465]

HERKUNFT

Natürlich im Saft der Mannaesche und in Braunalgen enthalten, geringe Mengen außerdem in Kürbis, Sellerie, Jasmin und bestimmten Speisepilzen. Entsteht natürlich in Silagen beim Abbau der pflanzlichen Fructose durch Bakterien. Industriell wird Mannit durch Hydrierung von Fructose hergestellt.[459,461,463]

SONSTIGES

Auch als Füllstoff, Schmiermittel und Rohstoff zur Produktion synthetischer Harze.[169]

Mikrokristalline Wachse E 907
Überzugsmittel

VERWENDUNG

Mikrokristalline Wachse sind in der Kaumasse von Kaugummis enthalten. Sie überziehen Käse und via Kosmetika auch das Gesicht. Die EU sieht keine Verwendung für Lebensmittel mehr vor.[118, 304]

VERTRÄGLICHKEIT

Das Gemisch aus Kohlenwasserstoffen wird zum Schutz vor Verfärbungen mit den Antioxidantien BHA (E 320) und BHT (E 321) versetzt, teilweise auch mit Kunststoffen wie Polyethylen. Eine endgültige toxikologische Bewertung steht noch aus. Bei sorgfältiger Reinigung von polycyklischen aromatischen Verbindungen aber wahrscheinlich harmlos.[734]

HERKUNFT

Mikrokristalline Wachse sind in Erdöl enthalten. Sie scheiden sich bei der Lagerung des Rohöls ab oder werden aus den Rückständen der Schmierölherstellung gewonnen.[734]

Milchsäure E 270

Säuerungsmittel, Konservierungsstoff, Geschmacksverstärker
siehe auch Lactate

VERWENDUNG

Bei Milchprodukten ersetzt sie die aufwendigere mikrobielle Säuerung: z. B. in 'mildgesäuerter Butter'. In nachgemachten Milcherzeugnissen wie Margarine sorgt sie für geschmackliche Ähnlichkeit mit dem Vorbild. Verbessert die Verdaulichkeit eiweißhaltiger Säuglingsnahrung. Milchsäure erhöht die Haltbarkeit von sauren Produkten wie Salaten, Mayonnaisen, Dressings, Marinaden oder Essiggurken. Sie ist Bestandteil von 'Kunstsauer', der zu einem minderwertigen Sauerteigbrot verbacken wird. Milchsäure verbessert Lagerfähigkeit und Geschmack von Bier. Wird außerdem Limonaden und Süßwaren wie z. B. Weingummis zugesetzt.[438,441-443,447,449,863-865]

VERTRÄGLICHKEIT

Milchsäure ist ein natürlicher Stoff, der bei jeder Milchsäuregärung (Joghurt, Sauerkraut, Sauerteigbrot) entsteht. Es gibt sie in zwei Formen: die rechtsdrehende L-Form und die linksdrehende D-Form. Je nach Bakterienart entstehen D- und L-Form in unterschiedlichem Verhältnis.[623] Da L-Milchsäure als Zwischenprodukt natürlich im menschlichen Stoffwechsel auftritt, wird sie auch als physiologische Milchsäure bezeichnet. D-Milchsäure wird über einen Umweg verstoffwechselt. Kleinkindern stehen die dazu benötigten Enzyme nicht immer ausreichend zur Verfügung, so daß es zu einer Übersäuerung ihres Blutes kommen kann (Acidose). Säuglingsnahrung mit D-Milchsäure muß daher einen entsprechenden Warnhinweis tragen. Für den Erwachsenen ist es egal, ob er die D- oder die L-Form aufnimmt.[348,438,440,444-446,448,926]

HERKUNFT

Reine Milchsäure wird mikrobiell aus Stärke erzeugt.[438]

Modifizierte Stärken

Verdickungsmittel, Gelbildner, Bindemittel, Filmbildner, Füllmittel, Trägerstoff, Mundgefühlregulatoren, Stabilisatoren

Säurebehandelte Stärke	E 1401
Gebleichte Stärke	E 1403
Oxidierte Stärke	E 1404
Monostärkephosphat	E 1410
Distärkephosphat/NMP	E 1411
Distärkephosphat/POC	E 1412
Phosphatiertes Distärkephosphat	E 1413
Acetyliertes Distärkephosphat	E 1414
Stärkeacetat	E 1420
Acetyliertes Distärkeadipat	E 1422
Hydroxypropylstärke	E 1440
Hydroxypropyl-Distärkephosphat	E 1442
Stärkenatrium-Octenyl-Succinat	E 1450

siehe auch Stärke

VERWENDUNG

Modifizierte Stärken ersetzen das Milcheiweiß in Milchprodukten und das Fett in Light-Lebensmitteln, ohne daß es unser Gaumen erkennen könnte. Sie verdicken Suppen und Soßen und hindern die Kräuter im Salatdressing am Absinken. Sie sorgen für die richtige Konsistenz von Ketchup und die Cremigkeit von Schmelzkäse. Backwaren wie Brötchen bleiben länger frisch, Tiefkühlprodukte behalten beim Auftauen ihre Form und werden mikrowellengeeignet. E 1422 verhindert zudem das Austrocknen von Füllungen und ist Extrusionshilfe in Knabbergebäck. [618,619,622-625,699,709]

VERTRÄGLICHKEIT

Im Tierversuch führten modifizierte Stärken in Verbindung mit phosphatreicher Ernährung zu Kalkablagerungen in Becken und Nieren. Fraglich ist, ob dieser Befund Bedeutung für den Menschen hat.[620, 621]

HERKUNFT

Stärke wird chemisch mit Natriummetaphosphat, Kaliumpermanganat, Natriumhypochlorit, Phosphoroxychlorid, Essigsäureanhydrid, Adipinsäureanhydrid bzw. Octenylbernsteinsäureanhydrid umgesetzt. Die erhaltenen Reaktionsprodukte sind stabiler gegen Hitze, Kälte und können besser maschinell verarbeitet werden als die herkömmliche Stärke.[618]

Molkenpulver

Milchersatz, Emulgator, Stabilisator, Geliermittel, Schaumbildung

VERWENDUNG

Molkenpulver dient in vielen Fertigprodukten als billiger Milchersatz. Zugleich lassen sich aus Molke einzelne Eiweißprodukte gewinnen, mit denen man Zusatzstoffe wie z. B. Emulgatoren ersetzen kann. Auch bei Backmitteln greifen die Hersteller immer öfter auf Molkenpulver zurück, da es für eine bessere Bräunung der Brot- und Brötchenkruste sorgt. Füllungen für Konditoreiwaren werden streichfähiger. Ermöglicht die Verarbeitung von mehr Wasser in Wurstwaren. Durch Zusatz von Molkeneiweiß zu Säuglingsnahrung soll diese in der Zusammensetzung der Muttermilch näherkommen.[216,217,219-221,223,224,232]

VERTRÄGLICHKEIT

Besteht vor allem aus Eiweiß und Milchzucker (siehe Lactose). Lebensmittel mit Molkezusatz können daher bei Patienten mit einer Milchzuckerunverträglichkeit zu Völlegefühl, Blähungen und Durchfall führen. Molkeneiweiß ist ein starkes Allergen. Darüberhinaus gilt die Verwendung von Molkenpulver in der adaptierten Säuglingsmilch als eine mögliche Ursache von Diabetes Typ I.[211,217,226,432,594]

GEWINNUNG

Molke ist ein Abfallprodukt der Käse- und Quarkherstellung, das früher gewöhnlich an Schweine verfüttert wurde. Da sie nicht einfach über die Kläranlagen entsorgt werden darf, muß sie 'recycelt' werden. Deshalb wird sie in konzentrierter Form wieder dem Quark zugemischt oder taucht in getrockneter Form zum Beispiel als 'Milcheiweiß' in der Zutatenliste anderer Lebensmittel wieder auf.[135,213,218,222,225,232,593]

Mono- und Diglyceride von Speisefettsäuren E 471
Emulgatoren, Stabilisatoren

VERWENDUNG
E 471 verbessert die Streichfähigkeit von Margarine und verhindert, daß sie beim Erhitzen spritzt. In Eis kann mehr Luft eingearbeitet werden, so daß es lockerer schmeckt. Verzögert das Ausblühen von Fettkristallen auf der Oberfläche von Pralinen und Schokoriegeln. Kakaopulver, Milchpulver und Säuglingsnahrung sind leichter löslich, Kartoffelpürree läßt sich ohne Klumpen anrühren. Nudeln kleben beim Kochen nicht aneinander, Reis bleibt körnig. Brot und Gebäck werden lockerer und halten länger frisch.[749,750]

VERTRÄGLICHKEIT
Gelten als unbedenklich.

HERKUNFT
Mono- und Diglyceride sind Spaltprodukte von Fetten und kommen besonders in verdorbenen Fetten natürlich vor. Für die Verwendung als Zusatzstoff werden sie aus Glycerin und Fettsäuren synthetisiert. Je nach den verwendeten Fettsäuren sind sie weiß bis braun und schmecken ölig, schmalzartig oder neutral.[750]

Mono- und Diglyceride von Speisefettsäuren, verestert E 472

Emulgatoren, Backmittel

Mono- und Diglyceride von Speisefettsäuren,	
verestert mit Essigsäure	E 472 a
verestert mit Milchsäure	E 472 b
verestert mit Citronensäure	E 472 c
verestert mit Weinsäure	E 472 d
verestert mit Monoacetyl- und Diacetylweinsäure	E 472 e
verestert mit Essigsäure und Weinsäure	E 472 f

VERWENDUNG

Für Margarine, Wurst, Soßen, Backwaren, Süßwaren, Desserts und Speiseeis. E 472e wird vor allem von Bäckern geschätzt: Der Stoff wirkt auf das Weizeneiweiß, so daß der Hefeteig mehr Gas halten kann. Kein anderer Stoff kann Brötchen so stark 'aufblähen' – deklarationsfrei. E 472c verstärkt die Wirkung von Antioxidantien.[774-779]

VERTRÄGLICHKEIT

Die meisten veresterten Mono- und Diglyceride werden im Organismus in ihre Einzelbestandteile zerlegt, die dann ganz normal verstoffwechselt werden. Die Ausnahme bildet E 472e. Es kann nicht vollständig verdaut werden, wurde von Ratten, Kaninchen und Hunden aber dennoch gut vertragen.[774-776]

HERKUNFT

Die Emulgatoren entstehen aus E 471 durch Umsetzung mit Säuren.
[774-776]

Montansäureester E 912
Überzugsmittel

VERWENDUNG

Montansäureester waren in Deutschland bisher nur als deklarationsfreier Überzug für Zitrusfrüchte zugelassen. Die EU plant, auch das Wachsen von Melonen, Mangos, Papayas und Avocados mit E 912 zu erlauben.[304,734,862]

VERTRÄGLICHKEIT

Der Wissenschaftliche Lebensmittelausschuß der EU sagt den toxikologischen Studien 'gewisse Unzulänglichkeiten' nach. Da die Schalen der mit E 912 behandelten Früchte jedoch selten verzehrt werden, ist es äußerst unwahrscheinlich, daß das Überzugsmittel gesundheitliche Probleme verursacht.

HERKUNFT

Ausgangsmaterial für die Herstellung von Montansäureestern ist Montanwachs, das mit Lösungsmitteln aus Braunkohle herausgelöst wird. Das Wachs wird gebleicht und mit Ethylenglykol oder Butylenglykol verestert und/oder teilweise mit Calciumhydroxid verseift.[734]

Natamycin E 235
(Pimaricin)
Konservierungsmittel, Antibiotikum

VERWENDUNG

In Human- und Tiermedizin äußerlich angewendet zur Behandlung von Geschlechtskrankheiten, Mundfäule und Fußpilz. In Käse und Käseumhüllungen wirkt Natamycin gegen Schimmel. Seit kurzem wird in Deutschland auch die Behandlung von getrockneten und gepökelten Würsten wie Salami oder Landjäger akzeptiert.[249,302,304,743,747]

VERTRÄGLICHKEIT

Schwere allergische Reaktionen sind deutschen Ärzten, nicht jedoch der Weltgesundheitsorganisation bekannt. Bei Verzehr von sparsam entrindetem Käse trat sogar ein hämatogenes Kontaktekzem auf. Es besteht darüberhinaus die Gefahr einer allmählichen Resistenzentwicklung von Krankheitskeimen gegen das Antibiotikum. In Lebensmitteln haben Antibiotika, die noch dazu allergisierend wirken, nichts zu suchen.[138,744,745]

GEWINNUNG

Natamycin wird biotechnologisch vom Schimmelpilz *Streptomyces natalensis* produziert.[138]

Natriumcarbonate E 500
(Soda, Natron, Natriumhydrogencarbonat, Natriumbicarbonat)
Säureregulator, Backtriebmittel, Trägerstoff

VERWENDUNG

Kakao wird mit Natriumcarbonat behandelt, um seine Farbe zu vertiefen. Diese dunklen Kakaosorten werden für Zartbitterschokolade benötigt. Sie verbessern die Ausbeute in der Schmelzkäseproduktion und verzögern das Gerinnen von Kondensmilch. In Sauermilchkäse und Säuglingskost werden sie als Säureregulatoren eingesetzt. Als Bestandteil von Backpulver sorgen sie für Volumen im Gebäck, in Brausepulvern für das Sprudeln beim Auflösen. E 500 ist Trägerstoff für Farbstoffe und Aromen. Außerdem ist es zur Herstellung von Tafelwasser zugelassen.[118,512,718,724,863]

VERTRÄGLICHKEIT

Im Lebensmittel ist E 500 nur in gesundheitlich unbedenklichen Mengen vorhanden.

HERSTELLUNG

Kann aus der Asche verbrannter Pflanzen gewonnen werden oder durch Verdunsten von Wasser aus den Natronseen Afrikas und Amerikas. Meistens wird es jedoch chemisch aus Ammoniakgas, Kohlendioxid und Kochsalzlösung erzeugt.

SONSTIGES

Soda ist eine wichtige Natriumverbindung für die Glasproduktion, die Papier- und Zellstoffindustrie, für Seife, Waschmittel und Feuerlöschmittel.

Natriumhydroxid E 524
(Natronlauge)
Neutralisationsmittel, Geschmacksstoff, Aufschlußmittel

VERWENDUNG

Brezeln werden vor dem Backen in Natronlauge getaucht. Sie sorgt für den charakteristischen Geschmack des Laugengebäcks. Reife Oliven werden mit Natronlauge entbittert und entwickeln die gewünschte dunkle Farbe. Außerdem zum Aufschluß von Kakao und Milcheiweiß, zur Gewinnung von Würze (siehe dort) und zur Aufbereitung von Trinkwasser. Eine Deklaration ist nicht erforderlich.[303,718]

VERTRÄGLICHKEIT

Natronlauge ist in niedrigen Konzentrationen harmlos. Werden bei der Herstellung von Laugengebäck jedoch Bleche aus Aluminium verwendet, reichern sich Teiglinge und Tauchlösung mit dem Leichtmetall an. Auf diese Weise kann die tägliche Aluminiumaufnahme um ein Vielfaches erhöht werden. Ein Faktor, der mit der Entstehung von Alzheimerscher Demenz in Zusammenhang gebracht wird.[712,715,895]

Natriumsulfate E 514
(Glaubersalz)
Füllstoff, Säureregulator, Trägerstoff

VERWENDUNG

Natriumsulfat ist zur Trinkwasseraufbereitung zugelassen. Es dient zur besseren Dosierung von Lebensmittelfarbstoffen und als volumengebender Füllstoff in Waschmitteln. Kompaktwaschmittel enthalten weniger Füllstoff.[118,424]

VERTRÄGLICHKEIT

Glaubersalz ist als starkes Abführmittel Wirkstoff zahlreicher Medikamente gegen Verdauungsstörungen. Seine Konzentration in Lebensmitteln ist jedoch zu gering, um eine entsprechende Wirkung auszuüben.[349]

HERKUNFT

Das Salz der Schwefelsäure (E 513) fällt als Nebenprodukt bei der Gewinnung von Kochsalz an. Es wird außerdem in der Glasindustrie eingesetzt, zur Papier- und Zellstoffgewinnung und zur Herstellung des Farbstoffs Ultramarin.[169]

Neohesperidin E 959
Süßstoff, Geschmacksverstärker, Mundgefühlregulator

VERWENDUNG

Künstlicher Süßstoff mit menthol- bis lakritzartigem Beigeschmack. Daher nur in Kombination mit anderen Süßstoffen, die diesen Fehler kaschieren. In so geringer Dosierung, daß die Süße nicht mehr wahrnehmbar ist, verstärkt Neohesperidin das Aroma von Tomatenketchup und Zitronengetränken und verbessert das Mundgefühl von Diätgetränken. In Futtermitteln stimuliert E 959 den Appetit von Ferkeln, Hunden, Kälbern und Schafen.[256,459,475-477]

VERTRÄGLICHKEIT

Die EU stufte Neohesperidin 1987 als "toxikologisch akzeptabel" ein, obwohl nur wenige Langzeitstudien durchgeführt wurden. Weitere Untersuchungen wären wünschenswert.[479,931]

HERKUNFT

Aus Grapefruitschalen und unreifen Pomeranzen (Bitterorangen) werden die Bitterstoffe extrahiert, mit Lauge behandelt und in E 959 umgewandelt. Auch die Bitterstoffe selbst werden verwendet, z.B. das Naringin in Orangenmarmelade. Aus bitterem Grapefruitsaft wird Naringin dagegen mit Hilfe von Enzymen entfernt.[459,461,476,478-480]

Niacin

Vitamin

VERWENDUNG

Niacin ist ein verlockendes aber illegales Mittel, um die schöne rote Farbe von Hackfleisch zu sichern. In Form von Multivitaminpräparaten und mit Vitaminen angereicherten Lebensmitteln steht es legal auf dem Speiseplan zahlreicher Zeitgenossen. Hoch dosiert wird es von Ärzten zur Senkung des Cholesterinspiegels verordnet.[889,890,906,907]

VERTRÄGLICHKEIT

Bei Hühnern führte Niacin zu Skelettschäden. Und beim Menschen sind vom Verzehr unsachgemäß vitaminierter Lebensmittel Vergiftungen bekannt: Die gesundheitsbewußten Esser litten unter Hautausschlägen mit brennenden Rötungen, aber auch Gelbsucht und schwere Leberschäden sind dokumentiert. Die natürlichen Gehalte des Vitamins in unserer Nahrung sind selbstverständlich völlig harmlos.[888-892, 908-911]

HERKUNFT

Niacin ist natürlicher Bestandteil von Hefe, Leber und Geflügel und entsteht beim Rösten von Kaffee. Das von Natur aus in Getreide enthaltene Niacin wird größtenteils erst durch einen Kochvorgang freigesetzt. Unser Körper kann das Vitamin aus der Aminosäure Tryptophan selbst herstellen. Für die Verwendung in Vitaminpräparaten wird Niacin aus Pyridinderivaten synthetisiert.[887,888,890]

Nisin E 234

Konservierungsmittel, Antibiotikum

VERWENDUNG

Nisin ist in Deutschland seit kurzem für Grießpudding, gereiften Käse und Schmelzkäse zugelassen. Im Käse verhindert es die sogenannte 'Spätblähung', die von gasbildenden Bakterien verursacht wird und den Käselaib zum Platzen bringt.[304,401]

VERTRÄGLICHKEIT

Unter dem Namen Nisin verbergen sich verschiedene antibiotisch wirksame Eiweiße, die im Körper gut abgebaut werden. In geringen Mengen sind sie von Natur aus in Milchprodukten enthalten, da sie von verschiedenen Milchsäurebakterien gebildet werden. Nisin wird in der Humanmedizin als Antibiotikum eingesetzt. Durch die gleichzeitige Verwendung als Zusatzstoff in der Nahrung besteht die Gefahr einer unnötigen Resistenzbildung. Bisher wurden allerdings noch keine Resistenzen beobachtet.[170,401,733]

HERKUNFT

Nisin wird aus Bakterien der Gattung *Streptococcus lactis* gewonnen.[401]

Nitrate
Konservierungsmittel, Umrötungsmittel, Reifungsmittel

Kaliumnitrat E 252 (Natronsalpeter, Salpeter)
Natriumnitrat E 251 (Kalisalpeter, Salpeter)

VERWENDUNG

Nitrat oder Nitrit (E 249, 250) verlängern die Haltbarkeit von Wurst und erzeugen ihre verkaufsaktive rote Farbe – der Metzger spricht von 'Umröten'. Käselaibe mit Nitrat platzen bei der Reifung nicht auf. Anchosen (Fischerzeugnisse wie z. B. Heringsfilet nach Matjesart) behalten ihre Farbe.[118,508]

VERTRÄGLICHKEIT

Nitrat hemmt die Jodaufnahme und kann so zu einem Kropf führen. Im Speichel wird es von Enzymen in giftigeres Nitrit umgewandelt. Unter bestimmten Bedingungen können sich daraus im Magen krebserregende Nitrosamine bilden (siehe auch Nitrit). Besonders schädlich sind Nitrate für Kleinkinder. Aus Nitrat kann Nitrit entstehen, das dann zu Blausucht führen kann. Mineralwasser, das 'zur Zubereitung von Säuglingskost geeignet' ist, darf daher nur ein Fünftel der im normalen Trinkwasser erlaubten Nitratmenge enthalten.[105,249,424,509,510,512]

HERKUNFT

Nitrate werden chemisch aus nitrosen Gasen oder Salpetersäure und Lauge erzeugt. Sie sind Bestandteil von Kunstdünger und sind natürlich in Gülle enthalten. Durch Überdüngung gelangen Nitrate ungewollt in Gemüse und Trinkwasser. Besonders in Treibhauspflanzen reichert sich Nitrat an (Lichtmangel). Daher erlaubt der Gesetzgeber im Winter höhere Rückstände im Salat. Der Hauptaufnahmeweg von Nitraten sind daher nicht die Zusatzstoffe, sondern pflanzliche Lebensmittel.[394,508]

SONSTIGES

Da Nitrate sich zur Sprengstoffherstellung eignen, beschlagnahmte das Militär im 1. Weltkrieg sämtliche Nitratvoräte bei den Schlachtern. Das führte dazu, daß oft und illegal das giftigere Nitrit zum Umröten eingesetzt wurde. In der Folge traten Massenvergiftungen unter der Kundschaft auf.[105,108]

Nitrite

Umrötungsmittel, Konservierungsmittel

Kaliumnitrit	E 249
Natriumnitrit	E 250

VERWENDUNG

Wegen ihrer beachtlichen Giftigkeit dürfen Nitrite nur gemischt mit Kochsalz als sogenanntes 'Nitritpökelsalz' (NPS) verwendet werden. NPS erzeugt beim Pökeln die rote Farbe und das Aroma von Würsten wie z. B. Salami und verbessert ihre Haltbarkeit.[138,249]

VERTRÄGLICHKEIT

Nitrit kann im Magen zu krebserregenden Nitrosaminen reagieren. Auch in umgeröteter Wurst können beim Erhitzen oder bei längerer Lagerung Nitrosamine entstehen. In Ländern, in denen viel gepökelter Fisch gegessen wird, wurde ein Zusammenhang von Fischverzehr und Krebs im Nasen-Rachenraum festgestellt.

Bei hohen Dosen, wie sie bei sachgerechter Verwendung als Zusatzstoff nicht auftreten können, kommt es zur Nitritvergiftung. Sie äußert sich in starkem Blutdruckabfall, Bauchschmerzen, Schwindel und Kopfschmerzen. Durch Reaktion mit dem Blutfarbstoff Hämoglobin kann dieser keinen Sauerstoff mehr bilden, es entsteht Blausucht.[105, 113-115,117,510]

HERKUNFT

Für die Verwendung als Lebensmittelzusatzstoff wird Nitrit chemisch synthetisiert. Nitrit kann auch in nitrathaltigem überlagertem Gemüse vorhanden sein.[249,513]

Orthophenylphenol E 231
Natrium-Orthophenylphenolat E 232
Konservierungsstoffe, Fungizide
siehe auch Diphenyl (E 230)

VERWENDUNG

E 231 und E 232 sind zur Konservierung von Zitrusfrüchten erlaubt. Die Früchte werden in eine Lösung getaucht, der außerdem Komplexbildner (wie z.B. NaEDTA) und Hexamethylentetramin (E 239) zugemischt sein können. Gekennzeichnet werden jedoch nur die Fungizide. Wird oft zusammen mit Diphenyl (E 230) oder Thiabendazol (E 233) eingesetzt.[169,249]

VERTRÄGLICHKEIT

Löste bei Ratten Blasenkrebs aus und schädigte die Niere. Beim Schälen der Früchte überträgt man mit den Fingern einen Teil des Fungizids auf das Fruchtfleisch. Die Schalen behandelter Früchte sollten nicht mehr verzehrt, also auch nicht als Aroma in Kuchen gerieben werden.[387,396,405,867]

SONSTIGES

Manch 'blinder Passagier' überlebte die Überfahrt im mit Südfrüchten gefüllten Schiffsladeraum nicht: die 'frische' Seeluft war mit den Behandlungsstoffen des Obstes 'vergiftet'.
Ist auch als Konservierungsmittel in Seife, Mund- und Haarwasser zu finden.[250,403]

Parahydroxy-Benzoesäureester

PHB-Ethylester	E 214
PHB-Ethylester, Natriumsalz	E 215
PHB-Propylester	E 216
PHB-Propylester, Natriumsalz	E 217
PHB-Methylester	E 218
PHB-Methylester, Natriumsalz	E 219

(Paraben-Ester, PHB-Ester, Parabene)

Konservierungsmittel

VERWENDUNG

PHB-Ester beeinflussen den Geschmack negativ. Deshalb eignen sie sich nur für Produkte mit starkem Eigengeschmack wie Anchosen, Fischpasten, Marinaden, Garnelenprodukte oder Würzsoßen. Auch flüssige Enzymzubereitungen, die in der Käserei verwendet werden, um Milch dickzulegen, werden damit konserviert. Häufiger werden sie jedoch in Medikamenten und Kosmetika eingesetzt.[118,249,250,349,514,520,521]

VERTRÄGLICHKEIT

Sowohl im Essen als auch in Kosmetika und damit bei Hautkontakt gelten PHB-Ester als starke Allergene. Da sie leicht anästhesierend wirken, wurden sie von Forschern zur Betäubung von Versuchstieren (Fröschen) vorgeschlagen.[302,364,515-519]

HERKUNFT

PHB-Ester werden chemisch über Umwege aus dem Atemgift Phenol synthetisiert.[249]

SONSTIGES

Sie gehören zu den bevorzugten Konservierungsmitteln in Kosmetika. Für Menschen sind sie geruchlos, jedoch ist Methylparaben als Sexuallockstoff läufiger Hündinnen bekannt. Über Wechselwirkungen zwischen Herrchen, Hautkosmetik und Hund ist nichts bekannt.[250,520,521]

Patentblau V E 131
Dunkelblauer Farbstoff

VERWENDUNG

Patentblau färbt Süßigkeiten wie Eisbonbons und Liköre.[100]

VERTRÄGLICHKEIT

Der künstlich hergestellte Farbstoff gilt als relativ harmlos. Der anfänglich bestehende Krebsverdacht hat sich als unbegründet erwiesen.[800]

Pektinasen

Enzyme

VERWENDUNG

Pektinasen zersetzen das Stützgewebe von Obst und Gemüse, was die Herstellung von Fruchtsaft, -nektar und von Wein effektiver macht. Aus Trauben kann mit Pektinasen etwa 20% mehr Saft gewonnen werden als ohne Enzyme. Durch gezielte Förderung von Begleitenzymen (siehe S. 66 f., S. 76) können Pektinasen bei der Weinbereitung auch die Gärung beschleunigen, Schaum verhindern, Aroma bilden und den Rebensaft klären.

Außerdem wird mit Pektinasen auch Frucht- und Gemüsemus für Babykost hergestellt.[77,873,874,878]

VERTRÄGLICHKEIT

Als Nebenprodukt ensteht Methanol, was besonders bei Säuglingskost wie Karottenbrei oder Kartoffelpüree nicht erwünscht ist.[875]

HERKUNFT

Pektinasen werden vor allem aus Schimmelpilzen oder aus Bakterien gewonnen, seltener aus Tomaten.[873]

Pektine

Verdickungsmittel, Gelbildner, Mundgefühlregulatoren, Feuchthaltemittel, Emulgatoren, Stabilisatoren

Pektin	**E 440a**
amidiertes Pektin	**E 440b**

VERWENDUNG

Marmelade, Fruchtzubereitungen und Tortengüsse gelieren mit Hilfe eines Pektinzusatzes. Besonders amidierte Pektine verhindern in fruchthaltigen Milchgetränken, daß das Eiweiß durch die Fruchtsäuren gerinnt. Pektine binden die Feuchtigkeit in Lebkuchen und halten sie damit länger frisch. Sie regulieren das Mundgefühl von Kleinkindernahrung und Eiscreme, verdicken Salatsoßen und sorgen für das richtige Fließverhalten von Würzsoßen wie Ketchup.[668-670,702]

VERTRÄGLICHKEIT

E 440a ist ein natürlicher Bestandteil pflanzlicher Nahrung und gilt als harmlos. Auch die chemisch veränderten amidierten Pektine werden als unschädlich angesehen. Vorsicht ist allenfalls bei einer Überempfindlichkeit gegen Sulfit geboten, da flüssige Pektine (Obstgeliersaft) mit Sulftiten (E 220–227) konserviert werden.[667,672]

HERKUNFT

Pektine sind in den Zellwänden von Pflanzen eingelagert. Sie werden vor allem aus Apfeltrestern und Zitrusschalen, den Überbleibseln der Fruchtsaftgewinnung, extrahiert. Die so gewonnenen Lösungen werden mit Ethanol oder Isopropanol gereinigt. Amidierte Pektine entstehen durch Reaktion von Pektin mit Ammoniak.[668,671,702]

Pentosanasen

Enzyme

VERWENDUNG

Pentosanasen machen Roggenbrot saftig und die Krume von Weizen-Weißbroten mürbe und weich, so daß sie länger frisch wirkt. Der Teig für Kekse und Kräcker wird mit Enzymzusatz weniger zäh.

Neuerdings wird auch in der Geflügelmast mit Pentosanasen experimentiert: Sie spalten die natürlich im Futtergetreide (wie zum Beispiel Weizen) enthaltenen Pentosane und machen sie so für die Tiere leichter verdaulich.[335,462,871]

HERKUNFT UND VERTRÄGLICHKEIT

Die Enzyme werden aus Bakterien- oder Schimmelpilzkulturen hergestellt und können gewollt oder ungewollt mit anderen Enzymen verunreinigt sein. Diese Nebenaktivitäten werden bei der toxikologischen Prüfung des reinen Enzyms nicht erfaßt.

Pflanzenkohle E 153

(Carbo medicinalis vegetabilis)

Schwarzer Farbstoff

VERWENDUNG

Wie die meisten Farbstoffe wird auch Pflanzenkohle vor allem in Süßigkeiten eingesetzt. Zugelassen ist sie jedoch für zahlreiche weitere Lebensmittel.[118,676]

VERTRÄGLICHKEIT

Besser bekannt ist E 153 als 'medizinische Kohle': Sie wird vor allem gegen Durchfall eingesetzt. Daneben hilft sie aber auch bei Vergiftungen durch Lebensmittel, Arzneimittel oder Schwermetalle. Verunreinigungen mit carcinogenen Stoffen können durch moderne Herstellungsverfahren weitgehend ausgeschlossen werden.[770]

HERKUNFT

E 153 wird aus Torf gewonnen, aber auch durch Verbrennen von Pflanzenabfällen wie Kokosnuß- oder anderen Schalen. Je niedriger dabei die Temperatur ist, desto geringer ist die Gefahr, daß sich gesundheitsschädliche Nebenprodukte bilden.[676,680]

Phosphate

Säureregulatoren, Stabilisatoren, Gerinnungshemmer, Emulgatoren, Kutterhilfsmittel, Rieselhilfsstoffe, Konservierungsmittel

Orthophosphorsäure	E 338
Natrium-Orthophosphate	E 339
Kalium-Orthophosphate	E 340
Calcium-Orthophosphate	E 341
Magnesium-Orthophosphate	E 342
Natrium-Kalium-Diphosphate	E 450a
Natrium-Kalium-Triphosphate	E 450b
Natrium-Kalium-Polyphosphate	E 450c
Calcium-Diphosphate	E 540
Natrium-Calcium-Polyphosphate	E 543
Calcium-Polyphosphate	E 544

VERWENDUNG

Phosphate erhöhen die Haltbarkeit von Kartoffelprodukten wie Chips oder Pommes Frites und hellen sie auf. In Backpulver zusammen mit Natriumhydrogencarbonat (E 500) für eine feinere Porung des Kuchens. In Backwaren helfen Phosphate zudem, Eier zu sparen. Bei der Herstellung von pasteurisierten Eiprodukten verhindern sie das Gerinnen des Eiweißes. Sie verbessern die Schlagfähigkeit von Sahne und stabilisieren das Milcheiweiß in Kondensmilch. Machen Schmelzkäse cremiger, Brühwurst knackiger. In Schinken kann mehr Wasser eingearbeitet werden. Sie vermindern Wasserverluste beim Braten, Backen oder Kochen von Fisch. Im Speiseeis regulieren sie die Struktur der Eiskristalle und sorgen damit für ein besseres Mundgefühl. In pulverförmigen Lebensmitteln verhindern sie das Zusammenklumpen. Außerdem reichern sie Säuglingsnahrung mit Mineralstoffen an und dienen als Nährmedium für Back- oder Weinhefen. [49,631,632,637-639,643,695-698,707,883]

VERTRÄGLICHKEIT

Phosphate gehören zu den umstrittensten, wenn auch nicht den bedenklichsten Zusatzstoffen. Sie werden verschiedentlich als Auslöser für das 'Zappelphilipp-Verhalten' (Hyperaktivität) unruhiger Kinder genannt. Ein Zusammenhang besteht jedoch allenfalls bei den Polyphosphaten. Diese beeinflussen den Calciumhaushalt und erleichtern die Aufnahme von Schwermetallen durch den Darm. Das ist besonders wichtig im Hinblick darauf, daß die Zusatzstoffe selbst bereits mit Cadmium, Uran oder Arsen verunreinigt sind. In Japan kam es in den 50er Jahren zu einer Massenvergiftung von Kleinkindern durch Babykost, die Phosphatzusätze mit hohen Arsenrückständen enthielt. Der Urangehalt in Rohphosphat ist teilweise sogar so hoch, daß er sich als wirtschaftlich lohnende Quelle für den Kernbrennstoff anbietet. Inzwischen wurden Höchstmengen für die wichtigsten Verunreinigungen festgelegt. Die oft behauptete Unbedenklichkeit wird schon allein dadurch in Frage gestellt, daß E 341 erfolgreich als Schädlingsbekämpfungsmittel gegen Kornkäfer und Motten eingesetzt wird.[54-56,633-635, 641,642]

HERKUNFT

Phosphate sind auf der Erde weit verbreitet. Sie werden vor allem in afrikanischen Lagerstätten aus den Phosphaterzen Apatit und Vivianit gewonnen. Oder aber aus südamerikanischen Vogelexkrementen, die der Hobbygärtner hierzulande auch als 'Guano-Dünger' schätzt.[169]

SONSTIGES

Weltweit wird das meiste Phosphat als Düngemittel eingesetzt. Früher steigerte Phosphat auch durch Ausfällung der Wasserhärte die Waschkraft von Waschmitteln. In Deutschland sind jedoch fast nur noch phosphatfreie Waschmittel im Handel. Außerdem Bestandteil von Korrosionsschutzmitteln und Feuerschutzmitteln. Zur Herstellung von flammfesten Papiererzeugnissen, optischen Spezialgläsern und vielem mehr.[631,636]

Polyethylenwachsoxidate E 914
Oberflächenbehandlungsmittel

VERWENDUNG

Bisher werden nur Zitrusfrüchte deklarationsfrei mit E 914 überzogen. Die EU plant jedoch auch die Behandlung der Oberfläche von Melonen, Mangos, Papayas und Avocados zuzulassen.[118,862]

VERTRÄGLICHKEIT

Polyethylenwachsoxidate gelten als unbedenklich, zumal die Schale der Früchte äußerst selten verzehrt wird.

HERKUNFT

Bei E 914 handelt es sich um teilweise oxidiertes Polyethylen. Das synthetische Produkt ist zwar ähnlich zusammengesetzt wie Naturwachse, aber wesentlich billiger.

Polyglycerinester von Speisefettsäuren E 475
Emulgatoren, Stabilisatoren
siehe auch Polyglycerin-Polyricinoleat

VERWENDUNG
E 475 ist in deutschen Backstuben weit verbreitet: Es stabilisiert deklarationsfrei die Schäume von Biskuitmassen, die Blätterung von Blätterteigen und ersetzt teures Fett. Über die EU wird es nun doch in einigen Zutatenverzeichnissen erscheinen: Als Emulgator in Eiprodukten, als Stabilisator in Getränkeweißer und in Frühstücksgetreide à la 'Granola'.[304,750]

VERTRÄGLICHKEIT
Die Verbindungen gelten als harmlos.

HERKUNFT
Wird mit einem chemischen Kunstgriff aus Glycerin und Fettsäuren gewonnen.[750]

Polyglycerin-Polyricinoleat E 476
Emulgator, Stabilisator

VERWENDUNG

E 476 war bisher in Deutschland nicht zugelassen. Im Zuge der EU erleichtert der Emulgator zukünftig die Einarbeitung von Wasser in fettarme Brotaufstriche und Salatsoßen. Er wird auch in Pralinen, Schokotoffees, Schokolade und anderen Leckereien auf Kakaobasis enthalten sein.[304,645]

VERTRÄGLICHKEIT

E 476 kann die Durchlässigkeit der Darmwand verändern. Daher wird befürchtet, daß es Darmerkrankungen und Allergien begünstigt. Bei einem Versuch mit 19 Freiwilligen wurden jedoch Nebenwirkungen beobachtet.[780,811]

HERKUNFT

Der Emulgator wird künstlich aus den natürlichen Fettsäurebausteinen und Glycerin zusammengesetzt.[810]

Polyvinylpyrrolidon E 1201 (PVP)
Polyvinylpolypyrrolidon E 1202 (PVPP)
Trägerstoffe, Klärmittel, Bindemittel

VERWENDUNG

Trägerstoffe in Vitamin- und Süßstoffmischungen. PVPP ist auch in vielen Tabletten als Hilfsstoff enthalten – und teilweise sogar auf dem Beipackzettel zu finden – als 'Polyvidon'.

Die popcornartigen PVPP-Körner werden außerdem bei der Wein- und Bierbereitung verwendet, um sogenannte Polyphenole zu binden, die sonst die Getränke trüben. Nach der Behandlung wird der Hilfsstoff mit Filtern oder Separatoren wieder herausgefischt.[190,304,885]

VERTRÄGLICHKEIT

Harmlos, weil sie weitgehend wieder aus den Lebensmitteln entfernt werden. Im zweiten Weltkrieg verwendete man PVP auch als Blutersatzstoff. Weil der eingespritzte Kunststoff sich im Körper anreichert, kam man jedoch wieder davon ab.[886]

HERKUNFT

PVP und PVPP werden aus Vinylpyrrolidon hergestellt, einem Stoff, der sich im Tierversuch als krebserzeugend erwiesen hat.[169]

SONSTIGES

Filmbildner in Haarsprays und Festigern, zur Herstellung fettfreier Cremes, Verdickungsmittel in Klebstoff.[250]

Propionsäure und Propionate
Konservierungsmittel

Propionsäure	E 280
Natriumpropionat	E 281
Calciumpropionat	E 282
Kaliumpropionat	E 283

VERWENDUNG

Wegen gesundheitlichen Bedenken wurden die Propionsäure und ihre Salze 1988 in Deutschland verboten. Inzwischen EU-weit wieder zugelassen, um bestimmte abgepackte Backwaren wie Schnittbrot und Kuchen vor dem Verschimmeln zu schützen.

Da sie unangenehm schmecken und riechen, werden sie nur relativ selten eingesetzt. Besonders in Toastbrot fällt der ranzige Geruch auf.[249,302,522]

VERTRÄGLICHKEIT

Propionsäure entsteht bei der Verdauung pflanzlicher Rohfaser im menschlichen Darm. Bei Ratten erzeugt sie krebsähnliche Schleimhautveränderungen im Vormagen. Da der Mensch keinen Vormagen besitzt, ist die Bedeutung der Ergebnisse für die Gesundheit des Menschen umstritten.[423,524]

HERKUNFT

Manche Bakterien produzieren bei der Käsereifung Propionsäure. Die geringen Mengen reichen jedoch nicht aus, um die Haltbarkeit zu verlängern. Versuche, Bakterien zu züchten, die ausreichend Säure herstellen, mißlangen. Deshalb wird die Säure z.B. aus Ethylen synthetisiert. Ethylen ist ein Gas, das hierzulande verwendet wird, um die noch grün importierten Bananen reifen zu lassen.[169,249,283]

Propylenglykolalginat E 405

Verdickungsmittel, Schaumstabilisator, Feuchthaltemittel

VERWENDUNG

Propylenglykolalginat ist in Deutschland bisher nur für die Soßen von Fischerzeugnissen zugelassen. Nach der Umsetzung von EU-Recht in deutsches Recht kann es jedoch vielfältiger eingesetzt werden, so z.B. als Stabilisator für Bierschaum und als Feuchthaltemittel in Kuchenteig.[118,267,304,616]

VERTRÄGLICHKEIT

Wird im Körper teilweise in Propylenglykol und Alginsäure gespalten. Das freie Propylenglykol kann dann im Gegensatz zum ungespaltenen Zusatzstoff durch die Darmwand aufgenommen werden. Zwar gilt Propylenglykol als harmlos, jedoch wurden bei Katzen Schäden des Blutbildes beobachtet. Da die Lebensmittelindustrie Propylenglykol vielfältig einsetzt (z.B. als Trägerstoff für Zusatzstoffe) fordert der Wissenschaftliche Lebensmittelausschuß nun eine Überprüfung der Verwendung.[169,617,939]

HERKUNFT

E 405 ist eine Verbindung der Alginsäure (E 400) und wird aus dieser mit Propylenoxid hergestellt.[169,617]

Proteasen E 1101
Enzyme

VERWENDUNG

Proteasen wandeln Eiweiße in Würze um (siehe Würze). Sie verkürzen die Reifezeit von Rohwürsten wie Salami. Bei der Käseherstellung ersetzen sie das traditionelle Lab. In Getränken beseitigen sie Trübungen. Sie erweichen Keksteige und verkürzen so die Knetzeit. Gleichzeitig verbessern sie die Mürbheit des Gebäcks. Bei der Waffelproduktion verflüssigen sie das Getreideeiweiß in der Teigmasse und machen sie dadurch pumpfähig. Deklariert werden sie in den seltensten Fällen: so zum Beispiel im 'Fleischzartmacher' aus dem Gewürzregal als 'Papain'.[89,119,872,880,881]

VERTRÄGLICHKEIT

Proteasen werden medizinisch bei Entzündungen eingesetzt und um die Verdauung zu unterstützen. Als Nebenwirkungen der Behandlung werden allergische Reaktionen genannt.[349,879]

HERKUNFT

Die Verdauungsenzyme von Mensch und Tier bestehen zum Teil aus Proteasen. Auch Pflanzen enthalten Proteasen: So stammt das Enzym Papain aus Papayas, Bromelain aus Ananas und Ficin aus Feigen. Neben den Enzymen pflanzlicher und tierischer Herkunft (z. B. aus Kälbermägen) werden in Lebensmitteln auch mit Hilfe von Schimmelpilzen gewonnene Proteasen eingesetzt.[89]

Quassia

Aromastoff

VERWENDUNG

In Deutschland als bitterer Geschmacksstoff in Branntwein (Magenbitter) und als Fraßgift gegen Fliegen.[94,259,264,266]

HERKUNFT UND VERTRÄGLICHKEIT

Wird aus mittelamerikanischen Bitterholzgewächsen gewonnen. Das auch als Fliegenholz bezeichnete Holz des Baumes wird von den Einheimischen gegen Magenschmerzen, Würmer, Fieber eingesetzt, führt in großen Mengen jedoch zu Erbrechen. Der geruchlose Bitterstoff Quassin kann die Herzfrequenz von Säugetieren erniedrigen und in großer Menge Muskelzittern und Lähmungen hervorrufen.[169,259,264]

Quillaja-Extrakt E 999
Schaumstabilisator, Schaumbildner

VERWENDUNG

Quillajaextrakt stabilisiert den Schaum in Waschmitteln und alkoholfreien aromatisierten Getränken wie Ginger Ale. Schäumender Inhaltsstoff von Feuerlöschern.[264,266]

VERTRÄGLICHKEIT

E 999 enthält Saponine. Diese wirken als Blutgifte und können im Darm Entzündungen hervorrufen. Wird von AIDS-Forschern auf die Eignung als immunwirksames Medikament untersucht. In der traditionellen Medizin erleichtert Quillaja Husten, chronische Bronchitis und Jucken der Kopfhaut.[264,266]

HERKUNFT

Wird aus der Rinde eines in Südamerika heimischen immergrünen Baumes (*Quillaja saponaria*) gewonnen. Wegen ihrer schäumenden Eigenschaften wird sie auch als Seifenrinde oder Waschholz bezeichnet.[264,266]

Riboflavine
(Vitamin B$_2$)
Grünlich-gelbe Farbstoffe

Riboflavin (Lactoflavin)	E 101
Riboflavin-5-Phosphat	E 101a

VERWENDUNG

Riboflavine sind zur Färbung von allen Lebensmitteln zugelassen, werden aber hauptsächlich in Mayonnaise, Eiscreme und Pudding eingesetzt.[118,808]

VERTRÄGLICHKEIT

Im Lebensmittel unbedenklich. Der Konsum von Vitaminpräparaten ist jedoch bei Reisen in Malariagebiete nicht zu empfehlen, da Vitamin B$_2$ eine Infektion mit der Krankheit begünstigen kann.[905]

HERKUNFT

Riboflavin kommt natürlich zum Beispiel in Milch, Eiern und Leber vor. Bei abgestandenem Joghurt wird dieser Gehalt manchmal sichtbar: Die austretende Flüssigkeit (Molke) schimmert leicht grünlich. Für die Verwendung als Lebensmittelfarbstoff wird das Vitamin künstlich hergestellt.[169,170]

Ribonucleotide

Geschmacksverstärker

Calcium-5'-Ribonucleotid	E 634
Dinatrium-5'-Ribonucleotid	E 635

VERWENDUNG

E 634 und E 635 verstärken den Geschmack von Tütensuppen, -soßen und Würzmischungen. Für flüssige Lebensmittel sind sie weniger geeignet.[832,850]

VERTRÄGLICHKEIT

Ribonucleotide wirken appetitstimulierend. Im Stoffwechsel wirken sie als Energietransporteure und sind Bestandteil jeder lebenden Zelle.[833]

HERKUNFT

Ursprünglich wurden Ribonucleotide aus getrockneten Pilzen oder aus Fleisch- und Fischextrakten isoliert. Inzwischen werden Hefebestandteile mit Hilfe von Enzymen zu Ribonucleotiden abgebaut.[850]

Saccharin E 954
Süßstoff

VERWENDUNG

Meistens zusammen mit anderen Süßstoffen, die den unangenehmen bitteren Nachgeschmack von Saccharin verdecken sollen. Süße Komponente in Essiggurken und Salatsoßen. Verheißt in zahlreichen 'Light'-Lebensmitteln vom Erfrischungsgetränk bis zum Dessert kalorienarmen Genuß.
Auch in Mundwasser und Lippenstiften enthalten. [118,256,348,456,459,461]

VERTRÄGLICHKEIT

Saccharin regt den Appetit an. Ein Effekt, der auch in der Ferkelmast genutzt wird. Bei Ratten erzeugte Saccharin Blasenkrebs und verstärkte die Wirkung bekannter Cancerogene. In Zusammenhang mit bestimmten Medikamenten bzw. Umweltgiften kann es die Blasenschleimhaut schädigen. Vorsicht ist bei Blasenerkrankungen oder Arzneimitteleinnahme geboten. In seltenen Fällen wurden auch allergische Reaktionen beobachtet.[341,461,485-487,708]

HERKUNFT

Wird chemisch aus dem Lösungsmittel Toluol hergestellt. Zwischenprodukte dieser Synthese (Toluolsulfonamide) sind im Süßstoff noch enthalten. Ihr Gehalt ist jedoch gesetzlich auf 10 Milligramm pro Kilogramm Saccharin begrenzt.[112,459]

Salze der Speisefettsäuren E 470
Emulgatoren, Stabilisatoren, Trägerstoffe

Natrium-, Kalium- und Calciumsalze der Speisefettsäuren E 470a
Magnesiumsalze der Speisefettsäuren E 470b

VERWENDUNG

Bisher wurde E 470a in Deutschland ziemlich zurückhaltend verwendet: Es verbesserte nur die Mürbe von Zwieback. Über die EU wird nun nicht nur das Anwendungsspektrum erweitert, sondern zusätzlich noch E 470b zugelassen. Zum Beispiel für Backpulver, Würfelzucker, Zwiebel- und Knoblauchgranulate.[118,304,829,862]

VERTRÄGLICHKEIT

In den wenigen toxikologischen Prüfungen wurden keine auffälligen Nebenwirkungen beobachtet. Da Emulgatoren jedoch die Oberfläche der Darmschleimhaut verändern können, wird befürchtet, daß sie in höheren Konzentrationen den Darm für allergieauslösende Nahrungsbestandteile durchlässig machen können.[811]

HERKUNFT

Aus natürlichen Fetten werden zunächst Speisefettsäuren gewonnen. Um diesen die gewünschten seifenähnlichen Eigenschaften zu verleihen, werden sie mit Laugen versetzt.[750]

Salzsäure E 507
Säuerungsmittel

VERWENDUNG

Salzsäure wurde bisher vor allem zur Herstellung von Würzen aus tierischen oder pflanzlichen Eiweißen eingesetzt (siehe Würze). Außerdem zur Spaltung von Stärke, um daraus Glucosesirup und Traubenzucker zu gewinnen. Zucker kann mit Salzsäure zu Invertzucker umgewandelt werden ('Kunsthonig'). Die EU plant nun auch die Zulassung für Mozzarella: Durch die Zugabe des Säuerungsmittels wird die Milch für die italienische Käsespezialität schneller dickgelegt.

VERTRÄGLICHKEIT

Normalerweise in Lebensmitteln nicht mehr enthalten: Die Säure wird durch Zugabe von Natronlauge (E 524) abgefangen. Dabei entsteht Kochsalz. Nur unter extremen Bedingungen wie der Würzeherstellung können toxische Stoffe entstehen (siehe Würze).

HERKUNFT

Stark verdünnte Salzsäure ist im Magensaft natürlich enthalten, unterstützt die eiweißverdauenden Enzyme und hemmt das Wachstum von schädlichen Bakterien. Eine Störung der Magensäureproduktion macht sich oft als Sodbrennen bemerkbar. Die Salzsäure für die Lebensmittelherstellung wird chemisch erzeugt.

Schellack E 904
Überzugsmittel, Oberflächenbehandlungsmittel, Farblack

VERWENDUNG

Besonders viel E 904 wird vor Ostern abgesetzt, denn Schellack ist zum Lackieren von bemalten Eiern zugelassen. Daneben ist es in Stempelfarben für Käseüberzüge enthalten und schützt als Überzugsmittel Zitrusfrüchte, Melonen und andere Früchte vor dem Austrocknen. Auch Kaffeebohnen und Ersatzkaffee werden mit Schellack glasiert. [118,304,734,855,858]

VERTRÄGLICHKEIT

Der gelbliche Schellack scheint gut verträglich zu sein. Gebleichter farbloser Schellack kann dagegen gebundenes Chlor enthalten und sollte sicherheitshalber nicht so oft verwendet werden. [169,704,855]

HERKUNFT

Das natürliche Harz wird von weiblichen Lackschildläusen zum Schutz ihrer Brut abgesondert. Es wird in Südostasien von den Bäumen abgekratzt, auf denen die Tiere in großen Kolonien leben. Der im Harz enthaltene Farbstoff wird mit verdünnten Laugen ausgewaschen. Er dient in Japan als Lebensmittelfarbstoff. [704,855-857]

SONSTIGES

Schellack wird vielfältig eingesetzt: zur Herstellung von Klebstoffen, Fußbodenpflegemitteln, Möbelpolituren und Tinten. Außerdem in Hutsteife und Lederappretur, Haarspray, Haarfestiger, Shampoo und Nagellack. In Pestiziden zur kontrollierten Freisetzung des Wirkstoffes – ähnlich als Umhüllung für magensaftresistente Tabletten und als Zusatzstoff in Tabak. [856,857,859]

Schwefeldioxid und Sulfite

Konservierungsmittel, Antioxidantien, Schönungsmittel, Gärstopper, Bleichmittel

Schwefeldioxid	E 220
Natriumsulfit	E 221
Natriumbisulfit	E 222
(Natriumhydrogensulfit)	
Natriumdisulfit	E 223
(Natriumpyrosulfit, Natriummetasulfit)	
Kaliumdisulfit	E 224
(Kaliumpyrosulfit, Kaliummetasulfit)	
Calciumsulfit	E 226
Calciumhydrogensulfit	E 227
Kaliumhydrogensulfit	E 228

VERWENDUNG

Sulfit ist in fast allen Weinen deklarationsfrei enthalten. Als Faustregel gilt: Weißwein enthält mehr als Rotwein, süßer Wein mehr als trockener Wein.

In Kombination mit Phosphaten verhindern Sulfite das lagerbedingte Braunwerden von Kartoffelfertigprodukten wie Chips, Pommes Frites oder Kartoffelpuffer. Außerdem bleichen sie Lebensmittel wie Zucker und zerkleinerten Meerrettich, erhalten die frische Farbe von Trockenobst und konservieren Marmelade und Säfte. Shrimps werden teilweise direkt nach dem Entladen mit Schwefeldioxid haltbar gemacht. [118, 383, 385]

VERTRÄGLICHKEIT

Sulfite können zahlreiche Beschwerden wie Magenschmerzen, Kopfschmerzen, Übelkeit, Völlegefühl oder Asthmaanfälle verursachen.

Leider wurden auch verschiedene Asthmamedikamente mit Sulfiten konserviert. Todesfälle unter Asthmapatienten sind bekannt.

Mit E 222 gefütterte Ratten erkrankten an Geschwüren im Vormagen. [301,380-384,397-400]

HERKUNFT

Schwefeldioxid wird beim Erhitzen schwefelhaltiger Erze, dem sogenannten 'Rösten' freigesetzt. Beim Einleiten des Gases in Lauge entstehen die Sulfitsalze. In geringen Mengen bildet der Körper selbst Sulfit.[249,385]

SONSTIGES

Nicht nur Meerrettich, auch Kunstseide wird mit Sulfiten gebleicht. Fässer, Flaschen und Kronkorken werden damit desinfiziert. [169,249]

Schwefelsäure E 513
Säuerungsmittel

VERWENDUNG

Schwefelsäure wird zur Aufbereitung von Trinkwasser eingesetzt, zur Herstellung von Glucosesirup und zur Modifizierung von Stärke (E 1401). Außerdem dient die Säure zur Herstellung von Casein, das sich als 'Milcheiweiß' in zahlreichen Fertigprodukten findet. Die Säure selbst muß als Verarbeitungshilfsstoff auf keinem Etikett erscheinen.

VERTRÄGLICHKEIT

In hoher Konzentration wirkt Schwefelsäure auf der Haut ätzend. In Lebensmitteln ist jedoch nur so wenig enthalten, daß keine Nebenwirkungen zu befürchten sind.

HERKUNFT

Schwefelsäure entsteht aus Schwefeldioxid (E 220), Sauerstoff und Wasser.

Silber E 174
Silberner Farbstoff, Konservierungsmittel

VERWENDUNG

Silber dient in Ausnahmefällen als Entkeimungsmittel für Trinkwasser. Es färbt die Überzüge von exklusiven Süßwaren, Verzierungen teurer Pralinen oder wird verwendet, um bei Likören Spezialeffekte zu erzielen.[100,424]

VERTRÄGLICHKEIT

In Tierversuchen beeinträchtigte Silber das Immunsystem. Es blockiert die Funktion zahlreicher Enzyme und kann sich zudem in Geweben ablagern. Durch die Verwendung als Zusatzstoff gelangen jedoch keine toxischen Mengen in die Lebensmittel, sondern allenfalls durch die unsachgemäße Handhabung von silberhaltigen Desinfektionsmitteln.[800,809]

SONSTIGES

Wichtiger als für die Lebensmittelindustrie ist Silber für Fotografen, Elektrotechniker, chemische Industrie, Zahnmedizin und natürlich Schmuckhersteller.

Sorbinsäure und Sorbate
Konservierungsmittel

Sorbinsäure	**E 200**
Natrium-Sorbat	**E 201**
Kalium-Sorbat	**E 202**
Calcium-Sorbat	**E 203**

VERWENDUNG

Mit Sorbinsäure schimmelt Margarine nicht so schnell und wird später ranzig. Halbfettmargarine braucht wegen ihres hohen Wassergehaltes annähernd doppelt so viel Sorbat. Als Konservierungsmittel auch in Mayonnaisen und Feinkostsalaten, in Käseumhüllungen ebenso wie in Wurstpellen, in Fisch- und Fleischerzeugnissen, Sauergemüse und Obstprodukten, abgepacktem Schnittbrot und Wein enthalten. Teilweise werden Verpackungen für Margarine, Butter und Käse mit Calciumsorbat deklarationsfrei vorbehandelt. Auch Futtermittel, Arzneimittel und Kosmetika sowie Spül- und Reinigungslösungen für die Lebensmittelindustrie werden mit Sorbinsäure konserviert.[123,249,290,291,297,312,319]

VERTRÄGLICHKEIT

Ruft von allen Konservierungsstoffen am seltensten Allergien hervor. Da Sorbinsäure im Körper wie Fettsäuren verstoffwechselt wird, gilt sie als harmlos. Lediglich Natriumsorbat veränderte in Zellkulturen und in Tierversuchen das Erbgut der Zellen. Dieser Stoff wird jedoch kaum hergestellt, da er sich bei der Lagerung zersetzt. [291,292,294-296,299,305,306,308,311]

HERKUNFT

Sorbinsäure kommt natürlich in Vogelbeeren vor, außerdem in einigen Blattlausarten und in Wein. Für die Nutzung als Konservierungsstoff wird sie chemisch synthetisiert. [169,312]

Sorbit, Sorbitsirup E 420
Zuckeraustauschstoff, Füllstoff, Feuchthaltemittel, Trägerstoff

VERWENDUNG

Ersetzt den Zucker in Diabetiker-Lebensmitteln (oft auch zusammen mit Fructose). Hält Marzipan- und Persipanfüllungen, Backwaren und Wurstpellen weich und geschmeidig. Verhindert in Süßwaren, daß andere Zucker auskristallisieren. Da Sorbit auf der Zunge einen kühlenden Effekt hervorruft, ist es besonders in Menthol- und Pfefferminzbonbons beliebt.
Aus Sorbit wird künstliches Vitamin C (Ascorbinsäure, E 300) hergestellt.
Außerdem verhindert es das Austrocknen von Cremes, Salben und Medikamentenkapseln.[123,459,489]

VERTRÄGLICHKEIT

Kann wie die meisten Zuckeralkohole (siehe auch Mannit, Xylit, Isomalt) in größeren Mengen (etwa 50 g/Tag) zu Durchfall und Blähungen führen. Auf einige Lebensmittel muß daher die Warnung 'kann bei übermäßigem Verzehr abführend wirken'. Sorbit kann Karies erzeugen, wenn auch in geringerem Maß als Zucker. Die Verwendung zum Weichhalten und Süßen von Zahnpasta ist daher fragwürdig.[118,459,488,489,882]

HERKUNFT

Natürlich in vielen Früchten wie Pflaume und Eberesche, in Algen, Tabak und Sperma enthalten. Industriell wird Sorbit billig aus Glucosesirup, einem Abbauprodukt von Stärke, erzeugt.[459,489]

SONSTIGES

Verhindert, daß Papier spröde wird und Kunststoffschäume austrocknen. Veredelt Leder und Pelze und hält Klebstoffe, Leime und Farben feucht.[170,459]

Sorbitanmonostearat	E 491
Sorbitantristearat	E 492
Sorbitanmonolaurat	E 493
Sorbitanmonooleat	E 494
Sorbitanmonopalmitat	E 495

Emulgatoren, Stabilisatoren, Schaumverhüter

VERWENDUNG

E 491–495 wurden lange Zeit als Technische Hilfsstoffe verwendet. Inzwischen sind sie über die EU offiziell als Zusatzstoffe zugelassen. Sie verzögern die Bildung von Fettreif in Schokolade und verbessern die Löslichkeit von Kaffeeweißer, einem Sahneimitat. Außerdem verhindern sie die Schaumbildung beim industriellen Kochen von Marmeladen und Süßspeisen.[304,812]

VERTRÄGLICHKEIT

Die toxikologische Datenlage ist dürftig. Sicher ist, daß der größte Teil der Zusatzstoffe im Verdauungstrakt wieder in seine harmlosen Ausgangsstoffe gespalten wird.

HERKUNFT

Beim Erhitzen des Süßstoffes Sorbit (E 420) mit den Fettsäuren Stearin-, Laurin-, Öl- oder Palmitinsäure bilden sich komplexe Mischungen mit emulgierenden Eigenschaften.[812]

Stärke

Verdickungsmittel, Mundgefühlregulator, Geliermittel
siehe auch Modifizierte Stärken

VERWENDUNG

Stärke bindet Soßen, Fertiggerichte und Süßspeisen. Die Lebensmittelindustrie verwendet oft enzymatisch oder physikalisch veränderte Stärken, die ebenfalls als 'Stärke' deklariert werden. Sind die Lebensmittel während ihrer Herstellung starken Beanspruchungen wie Hitze oder Kälte ausgesetzt, werden die Stärken teilweise chemisch stabilisiert (modifizierte Stärken).[618,622,623]

VERTRÄGLICHKEIT

Als natürlicher Bestandteil von Mais, Reis, Weizen und zahlreichen anderen Grundnahrungsmitteln wird sie seit alters her verzehrt – ohne negative Auswirkungen auf die menschliche Gesundheit.

HERKUNFT

In Europa wird Stärke vor allem aus Weizen, Mais und Kartoffeln gewonnen. 'Sago', Stärkekügelchen aus der ostindischen Sagopalme, sind hierzulande vor allem aus Roter Grütze bekannt.[301,618]

SONSTIGES

Auch in anderen Wirtschaftszweigen wird Stärke eingesetzt: zum Beispiel bei der Papierherstellung oder der Erdölförderung.[622]

Talcum E 553b

Trennmittel, Füllmittel, Rieselhilfsstoff

VERWENDUNG

Talcum verhindert das Verklumpen von trockenen Lebensmitteln wie Puderzucker, Pudding- und Suppenpulver, von Speisesalz und Würzen in Streudosen. Käsescheiben kleben nicht zusammen, ebensowenig Geleefrüchte oder Karamelbonbons. Die Oberfläche luftgetrockneter Salami wird oft mit Talcum behandelt und Schälerbsen werden mit einer talcumhaltigen Glucoseglasur umhüllt.[118,123,304,734,836]

VERTRÄGLICHKEIT

Es muß sichergestellt werden, daß in Talcum nicht auch der chemisch verwandte, krebserregende Asbest enthalten ist. Abestfreier Talcum ist in Lebensmitteln wahrscheinlich harmlos.[138]

HERKUNFT

Unter dem Namen Talcum verbergen sich wasserhaltige Magnesiumsilikate wechselnder Zusammensetzung. Sie werden aus magnesiumreichen Gesteinen wie dem Talkschiefer der Alpen gewonnen.[734]

SONSTIGES

Zum Einreiben der Hände beim Kunstturnen, zur Herstellung von Glanzpapier, Tapeten und Schneiderkreide. Als Füllstoff in Kunststoffen, Lacken und Schuhcreme, als Wirkstoffträger in Schädlingsbekämpfungsmitteln, Arzneimitteln und Kosmetika. Früher auch zum Pudern von Gummihandschuhen.[169]

Tartrazin E 102

Gelber Farbstoff

VERWENDUNG

Der künstliche Azofarbstoff durfte wegen zahlreicher Nebenwirkungen in Deutschland nur noch in Likör und Branntwein. Die EU erweitert das Anwendungsspektrum jedoch wieder: So landet Tartrazin auch über Kekse, Kuchen, Pudding, Eis, Soßen, Suppen oder Knabbererzeugnisse wieder auf unserem Tisch.[100,118]

VERTRÄGLICHKEIT

Tartrazin gehört zu den Zusatzstoffen mit dem höchsten allergenen Potential. Hautreaktionen, Erstickungsgefühle, Asthmaanfälle und verschwommenes Sehen sind nur einige Symptome tartrazinempfindlicher Personen. Obwohl diese Wirkungen seit langem bekannt sind, wird Tartrazin immer noch zum Färben von Medikamenten verwendet. [176,364,676,735,736,803,805,806]

Thaumatin E 957

Süßstoff, Geschmacksverstärker

VERWENDUNG

Thaumatin ist mehrere 1000 Mal süßer als Zucker. Es reichen daher minimale Mengen aus, um kalorienarme Kaugummis, Desserts und Brotaufstriche zu süßen und ihr Aroma zu verstärken. Der lakritzartige Nebengeschmack begrenzt den Einsatz.

Beim Kochen und Backen kann der süße Geschmack verloren gehen. [301,456,459,460,462]

VERTRÄGLICHKEIT

Thaumatin ist die Bezeichnung für einige ähnlich zusammengesetzte Eiweiße aus den Samen des Katemfe-Strauchs, der im afrikanischen Regenwald heimisch ist. Diese Samen werden in Westafrika seit Jahrhunderten zum Süßen von Tee, Brot und Palmwein verwendet, ohne daß negative Wirkungen bekanntwurden. Allerdings besteht wie bei allen Süßstoffen die Gefahr der Appetitstimulation.[301,458,461]

HERKUNFT

Die Kultivierung des afrikanischen Strauches in europäischen Gewächshäusern schlug fehl: Es entwickelten sich ausschließlich männliche Pflanzen, also keine samenhaltigen Früchte. Aus einem Kilo Früchten werden nur etwa fünf Gramm Thaumatin gewonnen. Inzwischen wurde das Thaumatin-Gen in Mikroorganismen eingeschleust, so daß einer billigeren gentechnischen Massenproduktion nichts mehr im Wege steht. [301,457,460,462]

Thiabendazol E 233
Konservierungsmittel, Fungizid

VERWENDUNG

Thiabendazol schützt die Schalen von Zitrusfrüchten und Bananen vor Schimmelbefall. Bei Bananen muß diese Anwendung nicht gekennzeichnet werden. Da Thiabendazol in der Landwirtschaft als Pestizid gegen Pilzkrankheiten verwendet wird, kann es auch in anderes Obst wie Äpfel und Birnen gelangen oder auch in Kartoffeln. In Tier- und Humanmedizin wird es als Wurmmittel verwendet. Rückstände in Fleisch und Milch sind daher möglich.[118,388-395]

VERTRÄGLICHKEIT

Zusammen mit Natrium-Orthophenylphenolat (E 232) ruft Thiabendazol bei Ratten Blasenkrebs hervor. Bei Mäusen führte es zu Nierenschäden. Zwar gelangen nur sehr geringe Mengen durch die Schale in das Fruchtfleisch, jedoch werden beim Schälen der Früchte bis zu 12% der Rückstände über die Hände auf das verzehrte Fruchtfleisch übertragen.[386-388,396,410,838]

HERKUNFT

Als Spritzmittel eingesetzt darf Thiabendazol teilweise sogar in größeren Mengen auf unserem Obst und Gemüse vorhanden sein als als Zusatzstoff. So dürfen Bananen nur mit 3 mg/kg des Zusatzstoffes behandelt werden. Gespritzte Kartoffeln dürfen dagegen 4 mg/kg enthalten. Die größte Aufnahme von Thiabendazol erfolgt daher wahrscheinlich über das Pestizid.[118,394]

Titandioxid E 171
(Rutil)
Weißer Farbstoff

VERWENDUNG

Zum Weißfärben von Dragees. In kosmetischen Sunblockern als strahlenabweisendes Mineral.[520,739]

VERTRÄGLICHKEIT

Das weiße Pigment wird praktisch nicht resorbiert und erwies sich in den wenigen Tierversuchen die durchgeführt wurden als ungiftig.[676]

HERKUNFT

Der Bedarf wird aus natürlichen Lagerstätten gedeckt: Das weiße Pigment wird aus schwarzem Ilmenit-Erz oder aus -Schlacke gewonnen.[739]

Tocopherole
(Vitamin E)
Antioxidantien

Tocopherolhaltige Extrakte	E 306
Alpha-Tocopherol	E 307
Gamma-Tocopherol	E 308
Delta-Tocopherol	E 309

VERWENDUNG

Tocopherole erhöhen die Lagerfähigkeit von Ölen, Margarinen und fettigen Lebensmitteln und sind Bestandteil von Vitaminpräparaten.

VERTRÄGLICHKEIT

Als Antioxidantien in Lebensmitteln sind Tocopherole harmlos. Mengen, wie sie über Vitaminpräparate zugeführt werden, können jedoch gelegentlich Risse an den Lippen verursachen, Thromboseneigung und Fruchtbarkeitsstörungen fördern. Tocopherole zeigen mit anderen Vitaminen Wechselwirkungen, ein Ungleichgewicht in der Vitaminzufuhr sollte daher nach Ansicht des Wissenschaftlichen Lebensmittelausschusses der EU vermieden werden.[361,781,782]

HERKUNFT

In Nüssen, Getreide, Blattgemüse und vor allem Pflanzenölen ist Vitamin E natürlich enthalten. E 306 wird aus diesen Ölen extrahiert. Die übrigen Tocopherole sind synthetisch hergestellte Vitamin E-Bestandteile.[138]

Tragant E 413
(Traganth, Tragacanth)
Verdickungsmittel, Stabilisator

VERWENDUNG

Da Tragant ziemlich teuer ist, wird es fast nur in solchen Lebensmitteln eingesetzt, in denen es technologisch erforderlich ist, so etwa in sauren Lebensmitteln wie Salatdressings und Pickles und Lebensmitteln, die erhitzt werden. Seltener als Verdickungs- und Bindemittel in der Konditorei und als Stabilisator in Eiscreme.
Verdickt Handlotionen und stabilisiert den Schaum von Zahnpasta. Außerdem in Vaginalgels und -cremes, in Pastillen und Tabletten.[259, 264, 310, 314, 316]

VERTRÄGLICHKEIT

Die in früheren Studien beobachteten allergischen Reaktionen sind wahrscheinlich auf Verunreinigungen zurückzuführen. Auch die zunächst beobachteten Herz- und Leberschäden wurden durch neuere Studien nicht bestätigt. Wahrscheinlich harmlos.[285, 309, 310, 313-315]

HERKUNFT

Tragant ist ein getrocknetes Pflanzengummi aus asiatischen *Astralagus*-Sträuchern. Die Rinde von Ästen und Stamm wird eingeritzt. Der aus der Wunde ausgetretene Saft erhärtet an der Luft zu einer hornartigen Masse. Die Griechen nannten ihn daher Ziegenhorn.[264, 310]

Vanillin

Aromastoff
siehe auch Ethylvanillin

VERWENDUNG

Vanillin aromatisiert Süßwaren wie Schokolade, Getränke, Pudding und andere Milchprodukte und natürlich Vanilleeis. Daneben rundet es den Geschmack von Backwaren ab und in geringen Mengen auch den von herzhaften Produkten wie beispielsweise Wurst.[530]

VERTRÄGLICHKEIT

Der an sich harmlose Stoff wurde jahrzehntelang in Säuglingsnahrung verwendet – mit der Folge einer Futterprägung: Die in ihrer Kindheit so manipulierten Erwachsenen greifen eher zum vanillinhaltigen Ketchup als zu einer Marke, der diese Geschmacksnote fehlt. Außerdem gilt Vanillin als starkes Allergen.[67]

HERKUNFT

Vanillin kommt als natürlicher Bestandteil in den Früchten einer tropischen Orchideenart vor. Die Vanilleschoten werden unreif geerntet und durch die fruchteigenen Enzyme fermentiert. Dabei bildet sich das Aroma, das größtenteils von Vanillin bestimmt wird. Etwa 600 Mal mehr Vanillin wird synthetisch – und damit billiger – hergestellt: Aus Sulfitablaugen, die bei der Papierherstellung anfallen oder aus Erdöl. Auch eine gentechnische Herstellung ist möglich.[264,644,647,648,851]

Vitamin B₆
(Pyridoxin, Pyridoxal, Pyridoxamin)
Vitamin

VERWENDUNG

In Multivitaminsaft, anderen vitaminierten Lebensmitteln und in Vitaminpräparaten enthalten.

VERTRÄGLICHKEIT

In den Mengen, in denen es natürlich in Lebensmitteln vorkommt, ist Vitamin B_6 harmlos. Bei Megadosen wurde von Bewegungsstörungen, Taubheitsgefühl in Armen und Beinen und psychischen Beschwerden beim Menschen berichtet. Daneben soll Beobachtungen zufolge die Einnahme von Vitamin B_6-Präparaten bei Schwangeren zu conterganähnlichen Mißbildungen der Kinder geführt haben.[890,893,900-902]

HERKUNFT

Vitamin B_6 ist natürlicher Bestandteil zahlreicher pflanzlicher und tierischer Nahrungsmittel. Mangelerscheinungen treten daher nur selten auf. Für Pillen und Säfte werden die Verbindungen chemisch synthetisiert.

Vitamin B₁₂
(Cobalamin)
Vitamin

VERWENDUNG

Vitamin B_{12} gehört zur Gruppe der wasserlöslichen Vitamine, wird Säuglingsnahrung und Milchpulver zugesetzt oder geht in Form von Multivitamintabletten über den Ladentisch von Drogerien.

VERTRÄGLICHKEIT

Auch bei übermäßigem Konsum traten nur geringe Nebenwirkungen auf. Allerdings kann es bei parenteraler Verabreichung (z. B. künstliche Ernährung) zu allergischen Reaktionen kommen.[890]

HERKUNFT

Vor allem in tierischen Lebensmitteln und Fäkalien, wie Rindermist, enthalten. Seit 1971 wird Cobalamin auch synthetisch hergestellt.[169,903]

Weinsäure und Tartrate

Säuerungsmittel, Säureregulator, Komplexierungsmittel, Kutterhilfsmittel

Weinsäure	E 334
Natriumtartrate	E 335
Kaliumtartrate	E 336
Natrium-Kalium-Tartrate (Seignette-Salz)	E 337
Calciumtartrat	E 354

VERWENDUNG

Reguliert die Geliergeschwindigkeit von Sülzen und Desserts. Hält Brühwürste auch mit viel Wasser drin schön knackig. Unterstützt die Wirkung von Antioxidantien. Verbessert den Geschmack säurearmer südländischer Weine, säuert Brausepulver und sprudelnde Tabletten an. E 336 setzt in Backpulver langsam Säure frei und wird auch als Kochsalzersatz verwendet.[169,170,438,552]

VERTRÄGLICHKEIT

Weinsäure gibt es in drei verschiedenen Formen, von denen jedoch nur die unproblematische und natürliche L-Form als Zusatzstoff für Lebensmittel erlaubt ist. Die DL-Form wird größtenteils unverändert über die Niere ausgeschieden, kann jedoch in den Nierengängen zu schwerlöslichen Kristallablagerungen führen. Sie darf allenfalls als Technischer Hilfsstoff z. B. störendes Calcium in Säften oder Jungwein entfernen.[118,170,552]

HERKUNFT

Kommt natürlich in Trauben vor. Wird meist aus Rückständen der Weinbereitung gewonnen. Dabei wird Weinstein (E 336) zunächst mit Kalkmilch (E 526) und dann mit Schwefelsäure (E 513) versetzt. Als Nebenprodukt entsteht Gips.[438]

SONSTIGES

Macht Seide und Kunstseide griffiger, Hilfsmittel beim Färben von Textilien und von Metall, in der Galvanotechnik, zur Glasversilberung.[169]

Würze
(Speisewürze, Würzmittel, Proteinhydrolysat, Gemüsebrühe, Fleischbrühe, Hefehydrolysat, Aroma)
Würzmittel

VERWENDUNG
Nomen est omen: Sie würzt herzhafte Lebensmittel. Jederman kennt die braun-schwarzen Flüssigkeiten á la Maggi oder die 'gekörnte Gemüsebrühe' aus den grünen Läden. Sie gibt es auch in Würfel-, Pasten- und Pulverform. Sie bilden nicht nur die Basis von Suppenwürfeln und Flüssigwürze sondern auch von Instantsuppen und -soßen. In den meisten Fertiggerichten sind sie als Geschmacksverstärker enthalten.

VERTRÄGLICHKEIT
Während der Herstellung von Würze aus fetthaltigen Rohstoffen mittels Salzsäure (siehe unten) entstehen chlorierte Sterine und Chlorpropanole. Chlorpropanole machen Nagetiere unfruchtbar und schädigen die Nieren. Deshalb wurden sie sogar als Rattengift benutzt. Chlorierte Sterine sind auch in den Flüssigkristallen von Digitalanzeigen (beispielsweise von CD-Playern) enthalten. Sie gelten als relativ harmlos, auch weil der Körper davon nur geringe Mengen aufnimmt, allerdings lagert er sie im Fettgewebe ab. Durch Einsatz fettarmer Rohstoffe, bessere Verfahrensführung und nachträgliche Abtrennung konnte der Gehalt an schädlichen Verbindungen inzwischen deutlich gesenkt werden. Glutamatempfindliche Personen sollten wegen des hohen Glutaminsäuregehalts sparsam mit Würze umgehen.
837,869,924,940

HERKUNFT
Ausgangsstoffe für die Würzebereitung sind eiweißhaltige Abfallprodukte wie Sojaexpeller, Palmkern- und Erdnußschrot aus den Ölmühlen. Auch Reststoffe aus der Stärke- und Glucosesirupgewinnung wie Weizen- und Reiskleber werden verwendet. Als tierische Ausgangsma-

terialien eignen sich Fleisch- und Blutmehl, Knochenextrakte, Fischabfälle oder Caseine. Sie werden unter Druck mit Salzsäure (E 507) gekocht. Dabei bilden sich aus den Eiweißen zahlreiche geschmacksgebende Substanzen wie freie Aminosäuren, Peptide und Lactone. Anschließend wird die Säure mit Natronlauge (E 524) neutralisiert. Dabei entsteht Kochsalz. Für kochsalzfreie Würzen kann anstelle der Salzsäure Schwefelsäure (E 513) eingesetzt werden.

Alternativ ist auch mit Enzymen (siehe Proteasen) eine Würzegewinnung möglich.

Xanthan E 415

Verdickungsmittel, Stabilisator, Mundgefühlregulator

VERWENDUNG

Hindert die Kräuter bzw. 'Schaugewürze' in Salatsoßen und Dressings am Absinken. Verdickt Soßen, Senf und Ketchup. In Backwaren sorgt Xanthan für eine feinere Porung, größeres Volumen und verlängerte Frischhaltung. Gelegentlich auch in Tiefkühlprodukten, Kaugummis und Speiseeis.

Auch in kosmetischen Lotionen, Cremes, Shampoos, flüssiger Seife und Zahnpasta.[264,279,280-282,335]

VERTRÄGLICHKEIT

Unverdaulicher Ballaststoff mit geringem allergenen Potential.

GEWINNUNG

Xanthan war vor der Zulassung von Gellan (E 418) das einzige Verdikkungsmittel, das von Bakterien (*Xanthomonas campestris*) erzeugt wird. Diese werden in großen Fermentern auf einer Zuckerlösung gezüchtet, schließlich abgetötet und der von ihnen produzierte Schleim geerntet. In der Natur verursachen die Bakterien beim Kohl die 'Schwarzbeinigkeit', eine Pflanzenkrankheit. Für den Menschen sind sie unschädlich. Zur Sicherheit darf Xanthan jedoch keine lebensfähigen Mikroben mehr enthalten.[138,264,279-281,283,852]

Xylit E 967
Süßungsmittel, Zuckeraustauschstoff, Trägerstoff

VERWENDUNG

Xylit ist zwar für die meisten Lebensmittel zugelassen, oft wird aber stattdessen das billigere Sorbit (E 420) eingesetzt. Ist genauso süß wie Zucker, erzeugt aber keinen Karies. Daher süßt Xylit vor allem Produkte, die lange im Mund verweilen, zwischen den Mahlzeiten verzehrt werden oder an den Zähnen kleben bleiben: also vor allem zahnschonende Süßwaren wie Kaugummis. Unterstützt durch den auf der Zunge entstehenden Kühleffekt erfrischende Geschmacksrichtungen wie Menthol.[118,459,467-474,649]

VERTRÄGLICHKEIT

Wird nicht wie andere Kohlenhydrate direkt, sondern vor allem indirekt von der Darmflora verstoffwechselt. Daher wird angenommen, daß dem Körper nur etwa halb so viel Energie zur Verfügung gestellt wird, wie von normaler Saccharose (Haushaltszucker). Wirkt bei übermäßigem Verzehr abführend.[170,472,649,882]

HERKUNFT

In der Natur weit verbreitet, z.B. in Erdbeeren, Himbeeren und Blumenkohl. Wird aus Holzgummi (Xylan) gewonnen. Xylan findet man vor allem in Birkenholz, aber auch in Stroh, Holzspänen, Maisspindeln, Nußschalen und Abfällen der Papierindustrie.[170,649]

Zuckerester von Speisefettsäuren E 473

Emulgatoren, Stabilisatoren, Konservierungsmittel, Filmbildner, Mundgefühlregulatoren

VERWENDUNG

E 473 darf erst seit kurzem über die EU in zahlreichen Lebensmitteln enthalten sein: Verzögert das Altbackenwerden von Brot und Brötchen und vergrößert das Volumen von Kuchen und Gebäck. Festigt den Schaum von Desserts auf Milchbasis, stabilisiert Speiseeis gegen Temperaturschwankungen. Verhindert, daß Pasta zusammenklebt und Kaugummi an den Zähnen hängen bleibt. Sorgt dafür, daß Kaffeeweißer sich gleichmäßig im Kaffee verteilt. Außerdem ermöglicht E 473 die Produktion von fettarmen Brotaufstrichen und Dressings. [771-773, 814, 815, 820-822]

VERTRÄGLICHKEIT

E 473 wird im Körper in seine Bausteine, Zucker und Fettsäuren, gespalten. Aus der Herstellung des Zusatzstoffes können Lösungsmittelreste vorhanden sein. Die Mengen im fertigen Lebensmittel werden von der Weltgesundheitsorganisation (WHO) jedoch als unbedeutend eingestuft.[773, 813, 847, 983]

HERKUNFT

Zuckerester sind synthetische Umsetzungsprodukte von Zucker mit verschiedenen Fettsäuren.[773]

Zuckerglyceride E 474

Emulgatoren, Stabilisatoren, Konservierungsmittel, Filmbildner, Mundgefühlregulatoren

VERWENDUNG

Bislang war E 474 in Deutschland nur für alkoholfreie Aperitifs zugelassen. In der EU sind die Glyceride jetzt auch für zahlreiche alkoholische Getränke erlaubt. Außerdem für Speiseeis, Süßigkeiten, Desserts, Soßen, Light-Produkte, Suppen, Kaffeeweißer und zur Oberflächenbehandlung von Frischobst.[773,816]

VERTRÄGLICHKEIT

Wie auch in den Zuckerestern (E 473) wurden in E 474 Rückstände der Lösungsmittel Dimethylsulfoxid bzw. Methylethylketon gefunden. Wahrscheinlich harmlos.

HERKUNFT

E 474 wird aus Zucker und Speiseöl zusammengesetzt.[773]

Zuckerkulör E 150
Brauner Farbstoff

Einfache Zuckerkulör	E 150a
Sulfitlaugen-Zuckerkulör	E 150b
Ammoniak-Zuckerkulör	E 150c
Ammonsulfit-Zuckerkulör	E 150d

VERWENDUNG

Zuckerkulör wird vor allem zur Färbung von Colagetränken und Spirituosen verwendet. Kaum ein Essig, der nicht mit Zuckerkulör eingefärbt wurde. Auch Fleischbrühwürfel, Bratensoße in der Tüte und Worcester-Soße enthalten E 150. Zuckerkulör wurde bereits illegal zur Färbung von Bier und Rotwein verwendet. Und mancher Bäcker konnte der Versuchung nicht widerstehen und färbte seine Roggenbrötchen oder sein Vollkornbrot damit dunkel.[100,118,759-761,786-788]

VERTRÄGLICHKEIT

E 150 ist der Überbegriff für völlig unterschiedlich zusammengesetzte Stoffgemische. Vor allem bei der Herstellung von E 150d entstehen gesundheitsschädliche Imidazole. Allerdings konnte ihr Gehalt in den letzten Jahren erheblich verringert werden.[761,762,789-792,917,918]

HERKUNFT

Zuckerkulör ist kein Karamel. Es entsteht nicht durch haushaltsübliches Erhitzen von Zucker. Diese Reaktion geht für den industriellen Gebrauch zu langsam vonstatten. Indem Zucker mit Ammoniak, Ammoniumsulfit und Säuren chemisch umgesetzt wird, erhält man schneller ein braunes Endprodukt. Je nach Reaktionspartner des Zuckers entstehen E 150a, b, c oder d.[760,792]

E-Nummern-Schlüssel

E 100	Kurkumin (Curcumagelb)
E 101	Riboflavin (Lactoflavin)
E 101a	Riboflavin-5-Phosphat
E 102	Tartrazin
E 104	Chinolingelb
E 110	Gelborange S
E 120	Cochenille (Echtes Karmin, Karminsäure)
E 122	Azorubin
E 123	Amaranth
E 124	Cochenillerot A (Ponceau 4R)
E 127	Erythrosin
E 129	Allurarot AC
E 131	Patentblau V
E 132	Indigotin I (Indigo-Carmin)
E 140	Chlorophylle a und b
E 141	Kupferkomplexe der Chlorophylle
E 142	Brillantsäuregrün (Grün S, Lisamingrün)
E 150	Zuckerkulör
E 150a	Einfache Zuckerkulör
E 150b	Sulfitlaugen-Zuckerkulör
E 150c	Ammoniak-Zuckerkulör
E 150d	Ammonsulfit-Zuckerkulör
E 151	Brillantschwarz BN
E 153	Pflanzenkohle (Carbo medicinalis vegetabilis)
E 154	Braun FrK
E 155	Braun HT
E 160a	Carotin (α-Carotin, β-Carotin, γ-Carotin)
E 160b	Bixin, Norbixin (Annatto)
E 160c	Capsanthin, Capsorubin (Paprikaextrakt)
E 160d	Lycopin (Tomaten-Oleoresin)
E 160e	Beta-Apo-8-Carotinal
E 160f	Beta-Apo-8-Carotinsäureester

E 161b	Lutein
E 161g	Canthaxanthin
E 162	Betanin (Beetenrot)
E 163	Anthocyane
E 170	Calciumcarbonat (Kreide3
E 171	Titandioxid (Rutil)
E 172	Eisenoxid, Eisenhydroxid
E 173	Aluminium
E 174	Silber
E 175	Gold
E 180	Litholrubin (Rubinpigment BK)
E 200	Sorbinsäure
E 201	Natrium-Sorbat
E 202	Kalium-Sorbat
E 203	Calcium-Sorbat
E 210	Benzoesäure
E 211	Natriumbenzoat
E 212	Kaliumbenzoat
E 213	Calciumbenzoat
E 214	Parahydroxy-Benzoesäure-Ethylester
E 215	Parahydroxy-Benzoesäure-Ethylester, Natriumsalz
E 216	Parahydroxy-Benzoesäure-Propylester
E 217	Parahydroxy-Benzoesäure-Propylester, Natriumsalz
E 218	Parahydroxy-Benzoesäure-Methylester
E 219	Parahydroxy-Benzoesäure-Methylester, Natriumsalz (Paraben-Ester, PHB Ester, Parabene)
E 220	Schwefeldioxid
E 221	Natriumsulfit
E 222	Natriumbisulfit (Natriumhydrogensulfit)
E 223	Natriumdisulfit (Natriumpyrosulfit, Natriummetasulfit)
E 224	Kaliumdisulfit (Kaliumpyrosulfit, Kaliummetasulfit)
E 226	Calciumsulfit
E 227	Calciumhydrogensulfit

E 228	Kaliumhydrogensulfit
E 230	Diphenyl (Biphenyl, Phenylbenzol)
E 231	Orthophenylphenol
E 232	Natrium-Orthophenylphenolat
E 233	Thiabendazol
E 234	Nisin
E 235	Natamycin (Pimaricin)
E 236	Ameisensäure
E 237	Natriumformiat
E 238	Calciumformiat
E 239	Hexamethylentetramin (Urotropin, Formin, Hexamin, Aminoform, Methenamin)
E 242	Dimethyldicarbonat
E 249	Kaliumnitrit
E 250	Natriumnitrit
E 251	Natriumnitrat (Kalisalpeter, Salpeter)
E 252	Kaliumnitrat (Natronsalpeter, Salpeter)
E 260	Essigsäure
E 261	Kaliumacetat
E 262	Natriumdiacetat
E 263	Calciumacetat
E 270	Milchsäure
E 280	Propionsäure
E 281	Natriumpropionat
E 282	Calciumpropionat
E 283	Kaliumpropionat
E 284	Borsäure
E 285	Borax
E 290	Kohlendioxid (Kohlensäureanhydrid, Kohlensäure)
E 296	Äpfelsäure
E 297	Fumarsäure
E 300	Ascorbinsäure (Vitamin C)
E 301	Natrium-L-Ascorbat

E 302	Calcium-L-Ascorbat
E 304	Ascorbylpalmitat
E 306	Tocopherolhaltige Extrakte
E 307	Alpha-Tocopherol
E 308	Gamma-Tocopherol
E 309	Delta-Tocopherol
E 310	Propylgallat
E 311	Octylgallat
E 312	Dodecylgallat (Laurylgallat)
E 315	Isoascorbinsäure (Erythrobinsäure)
E 316	Natriumisoascorbat (Natriumerythrobat)
E 320	Butylhydroxyanisol (BHA)
E 321	Butylhydroxytoluol (BHT)
E 322	Lecithin
E 325	Natrium-Lactat
E 326	Kalium-Lactat
E 327	Calcium-Lactat
E 330	Citronensäure
E 331	Natriumcitrat
E 332	Kaliumcitrat
E 333	Calciumcitrat
E 334	Weinsäure
E 335	Natriumtartrate
E 336	Kaliumtartrate
E 337	Natrium-Kalium-Tartrate (Seignette-Salz)
E 338	Orthophosphorsäure
E 339	Natrium-Orthophosphate
E 340	Kalium-Orthophosphate
E 341	Calcium-Orthophosphate
E 342	Magnesium-Orthophosphate
E 350	Natrium-Malat
E 351	Kalium-Malat
E 352	Calcium-Malat
E 354	Calciumtartrat

E 355	Adipinsäure
E 356	Natriumadipat
E 357	Kaliumadipat
E 363	Bernsteinsäure
E 385	EDTA (Calcium-Dinatrium-Ethylendiamintetraacetat)

E 400	Alginsäure
E 401	Natrium-Alginat
E 402	Kalium-Alginat
E 403	Ammonium-Alginat
E 404	Calcium-Alginat
E 405	Propylenglykolalginat
E 406	Agar (Agar-Agar)
E 407	Carrageen (Carraghenan, Carragenin, Carragenate, Florideenstärke)
E 410	Johannisbrotkernmehl (Carubenmehl, Locust)
E 412	Guarkernmehl (Guar)
E 413	Tragant (Traganth, Tragacanth)
E 414	Gummi arabicum (Akaziengummi, Arabisches Gummi, Sudangummi, Senegalgummi)
E 415	Xanthan
E 418	Gellan
E 420	Sorbit, Sorbitsirup
E 421	Mannit
E 440a	Pektin
E 440b	Amidiertes Pektin
E 442	Ammoniumphosphatide
E 450a	Natrium-Kalium-Diphosphate
E 450b	Natrium-Kalium-Triphosphate
E 450c	Natrium-Kalium-Polyphosphate
E 460	Cellulose
E 461	Methyl-Cellulose
E 463	Hydroxypropyl-Cellulose
E 464	Hydroxypropylmethyl-Cellulose

E 465	Methylethyl-Cellulose
E 466	Carboxymethylcellulose (CMC), Natriumcarboxymethylcellulose
E 468	vernetzte Carboxymethylcellulose
E 469	enzymatisch hydrolysierte Carboxymethylcellulose
E 470	Salze der Speisefettsäuren
E 470a	Natrium-, Kalium- und Calciumsalze der Speisefettsäuren
E 470b	Magnesiumsalze der Speisefettsäuren
E 471	Mono- und Diglyceride von Speisefettsäuren
E 472	Mono- und Diglyceride von Speisefettsäuren, verestert
E 472a	Mono- und Diglyceride von Speisefettsäuren, verestert mit Essigsäure
E 472b	Mono- und Diglyceride von Speisefettsäuren, verestert mit Milchsäure
E 472c	Mono- und Diglyceride von Speisefettsäuren, verestert mit Citronensäure
E 472d	Mono- und Diglyceride von Speisefettsäuren, verestert mit Weinsäure
E 472e	Mono- und Diglyceride von Speisefettsäuren, verestert mit Monoacetyl- und Diacetylweinsäure
E 472f	Mono- und Diglyceride von Speisefettsäuren, verestert mit Essigsäure und Weinsäure
E 473	Zuckerester von Speisefettsäuren
E 474	Zuckerglyceride
E 475	Polyglycerinester von Speisefettsäuren
E 476	Polyglycerin-Polyricinoleat
E 491	Sorbitanmonostearat
E 492	Sorbitantristearat
E 493	Sorbitanmonolaurat
E 494	Sorbitanmonooleat
E 495	Sorbitanmonopalmitat
E 500	Natriumcarbonate (Soda, Natron, Natriumhydrogencarbonat, Natriumbicarbonat)

E 501	Kaliumcarbonat (Pottasche, Holzasche)
E 503	Ammoniumcarbonate (Hirschhornsalz)
E 504	Magnesiumcarbonat
E 507	Salzsäure
E 508	Kaliumchlorid
E 509	Calciumchlorid
E 510	Ammoniumchlorid (Salmiak)
E 511	Magnesiumchlorid
E 513	Schwefelsäure
E 514	Natriumsulfate (Glaubersalz)
E 516	Calciumsulfat (Gips)
E 520	Aluminiumsulfat
E 521	Aluminiumnatriumsulfat
E 522	Aluminiumkaliumsulfat
E 523	Aluminiumammoniumsulfat
E 524	Natriumhydroxid (Natronlauge)
E 525	Kaliumhydroxid (Kalilauge)
E 526	Calciumhydroxid (Kalkmilch, gelöschter Kalk, Kalkwasser)
E 527	Ammoniumhydroxid (Ammoniak)
E 529	Calciumoxid (Gebrannter Kalk)
E 530	Magnesiumoxid (Bittererde, Magnesia)
E 535	Natriumhexacyanoferrat
E 536	Kaliumhexacyanoferrat
E 538	Calciumhexacyanoferrat
E 540	Calcium-Diphosphate
E 543	Natrium-Calcium-Polyphosphate
E 544	Calcium-Polyphosphate
E 553a	Magnesiumsilikate
E 553b	Talcum
E 574	Gluconsäure (Dextronsäure)
E 575	Glucono-δ-Lacton
E 576	Natriumgluconat

E 577	Kaliumgluconat
E 578	Calciumgluconat
E 620	Glutaminsäure
E 621	Natriumglutamat
E 622	Kaliumglutamat
E 623	Calciumglutamat
E 624	Amrnoniumglutamat
E 625	Magnesiumglutamat
E 626	Guanylsäure
E 627	Natriumguanylat
E 628	Kaliumguanylat
E 629	Calciumguanylat
E 630	Inosinsäure
E 631	Natriuminosinat
E 632	Kaliuminosinat
E 633	Calciuminosinat
E 634	Calcium-5'-Ribonucleotid
E 635	Dinatrium-5'-Ribonucleotid
E 636	Maltol
E 637	Ethylmaltol
E 900	Dimethylpolysiloxan
E 901	Bienenwachs, gelb und weiß
E 902	Candelillawachs
E 903	Carnaubawachs
E 904	Schellack
E 907	Mikrokristalline Wachse
E 912	Montansäureester
E 914	Polyethylenwachsoxidate
E 920	Cystein
E 921	Cystin
E 925	Chlor
E 926	Chlordioxid

E 950	Acesulfam
E 951	Aspartam
E 952	Cyclamat
E 953	Isomalt (Palatinit)
E 954	Saccharin
E 957	Thaumatin
E 959	Neohesperidin
E 965	Maltit, Maltitsirup
E 966	Lactit
E 967	Xylit
E 999	Quillaja-Extrakt
E 1100	Amylasen
E 1101	Proteasen
E 1102	Glucoseoxidasen
E 1103	Invertase
E 1105	Lysozym
E 1201	Polyvinylpyrrolidon (PVP)
E 1202	Polyvinylpolypyrrolidon (PVPP)
E 1401	Säurebehandelte Stärke
E 1403	Gebleichte Stärke
E 1404	Oxidierte Stärke
E 1410	Monostärkephosphat
E 1411	Distärkephosphat/NMP
E 1412	Distärkephosphat/POC
E 1413	Phosphatiertes Distärkephosphat
E 1414	Acetyliertes Distärkephosphat
E 1420	Stärkeacetat
E 1422	Acetyliertes Distärkeadipat
E 1440	Hydroxypropylstärke
E 1442	Hydroxypropyl-Distärkephosphat
E 1450	Stärkenatrium-Octenyl-Succinat

Literaturangaben

1. Egger J et al, Lancet 1983/11/S.866
2. Egger J et al, Lancet 1985/1/S.540
3. Czech W et al, Allergologie 1996/19/S.442
4. Sampson HA et al, N Engl J Med 1992/327/S.380
5. Halbherzig offen. In: Die Zeit 9. Juni 1995
6. Vieths S et al, Bundesgesundhbl 1994/37/S.51
7. Hefle SL, Food Technol 1996/H.3/S.86
8. Wüthrich B, Nahrungsmittel und Allergien. München-Deisenhofen 1996
9. Sloan AE, Food Technol 1996/H.7/S.55
10. Grimm: Ideen gegen die Krise. Die Woche 5. Juli 1995
11. Grimm: Die Küche der Nation. Deutsche Lebensmittelindustrie sucht neue Märkte im Ausland. Süddeutsche Zeitung 18. September 1996
12. Ash M, Ash I, Handbook of Food Additives. Aldershot 1995
13. Diamalt, DE-PS 3712825. 3.11.1988
14. Procter & Gamble, US-Patent 5,026,569 vom 25.6.1991
15. Anon., EU.L.E.n-Spiegel 1995/H.3/S.5
16. Anon., Back Journal 1990/H.5/S.54
17. Schuler P, Hoffmann-La Roche, Ascorbic Acid as a Flour Improver, Technical Information 1982
18. Wettig R, Chancen 1988/H.2/S.33
19. Keil H, Back Journal 1994/H.5/S.55
20. Anon., Back Journal 1990/H.5/S.26
21. Enderstein H, Back Journal 1990/H.7/S.4
22. Anon., Brot & Backwaren 1982/H.10/S.216
23. Schata M, Back Journal 1992/H.2/S.43
24. Anon., Back Journal 1990/H.2/S.26
25. Anon., Back Journal 1989/H.8/S.22
26. Anon., Back Journal 1990/H.6/S.48
27. Freund W, Back Journal 1989/H.8/S.6
28. Baur X, Dt Bäcker Ztg 1993/H.19/S.10
29. Wiewrodt R et al, Forschung Frankfurt 1993/H.2/S.12
30. Kläui H in: Aebi H et al (Hrsg), Kosmetika, Riechstoffe und Lebensmittelzusatzstoffe. Stuttgart 1978/S.86
31. Kanny, Moneret-Vautrin, J Allergy Clin Immunol 1995/95/S.132
32. Brümmer JM et al, Getreide Mehl Brot 1994/48/S.38
33. Fischer G, Brot & Backwaren 1995/H.5/S.26
34. Baur X, Sander I, Getreide Mehl Brot 1995/49/S.58
35. Heyl U, Reinert-Dilthey I, Berufsdermatosen 1968/16/S.204
36. Strahlmann B, Mühle & Mischfuttertechnik 1970/107/S.331
37. Sander I et al, Allergologie 1993/16/S.87
38. Jorde W et al, Allergologic 1986/9/S.522
39. Baur X, Allergologie 1993/16/S.502
40. Baur X et al, Dt Med Wochenschr 1988/113/S.1275
41. Wüthrich B, Baur X, Schweiz med Wochenschr 1990/120/S.446
42. Schata M, Jorde W, Allergologie 1992/15/S.57
43. Thomas M, Hughes RE, Fd Chem Toxicol 1983/21/S.449
44. Brümmer JM et al, Getreide Mehl Brot 1980/34/S.173
45. Anon., Spiegel 1995/H.18/S.102

46 Anon., BÄKO-Magazin 1996/H.3/S.8
47 Heidolph BB, Cereal Foods World 1996/41/S.118
48 Wassermann L, Ernährungsumschau 1979/26/S.385
49 Brose E, Getreide Mehl Brot 1985/39/S.56
50 Anon., Frankfurter Allg Ztg 3.4.1987: Diamalt sucht einen neuen Partner
51 Anon., Nature 1989/338/S.363
52 Schäfer W, Getreide Mehl Brot 1981/35/S.248
53 Stauffer CE, Functional Additives for Bakery Foods. New York 1990
54 Rao MR et al, Life Sciences 1971/10/S.1081
55 Weidner H, Z PflKrank PflSchutz 1987/94/S.88
56 Majumder SK, Bano A, Nature 1964/202/S.1359
57 Thewlis BH, Getreide Mehl Brot 1972/26/S.243
58 Hamama AA, Nawar WW, J Agric Food Chem 1991/39/S.1063
59 Evtusenko EN, Ernährung/Nutrition 1987/11/S.327
60 Geittner J, Getreide Mehl Brot 1978/32/S.124
61 Zaplinski W, Dragoco Bericht 1984/29/S.45
62 Solms J et al (Hrsg), Food Acceptance and Nutrition. London 1987
63 Häberle M, Vortrag in Davos, 17.9.1993
64 Ashai Denka, US-Patent 4,861,602 vom 29.8.1989
65 Novo Nordisk, Biotimes 1993/Sept/S.2
66 Krohn A, Pfleger H, ZLR 1994/21/S.511
67 Pollmer U et al, Prost Mahlzeit. Köln 1992
68 Hui YH, Encyclopedia of Food Science and Technology. New York 1991
69 Gesellschaft für Rationelle Psychologie, Gordian 1986/86/S.229
70 Matheis G, Dragoco Bericht 1989/34/S.43
71 Feron G et al, Trends Food Sci Technol 1996/7/S.285
72 Dettweiler GR, Berger RG, Lebensmittelchemie 1992/46/S.111
73 Potthast K, Fleischwirtsch 1993/73/S.1376
74 Kommission der EG, Berichte Wissenschaftl. Lebensmittelausschufl 1995/34/S.1
75 Ingelmann J-J, Diplomarbeit Gieflen 1993, Phytinsäure als antinutritiver Faktor und die Bedeutung von Phytasen für die Verwertung von Mengen- und Spurenelementen.
76 Fricker A, Lebensmittel mit allen Sinnen prüfen. Berlin 1984
77 Gerhartz W, Enzymes in Industry. Weinheim 1990
78 Sambraus HH, Dt Tierärztl Wschr 1980/87/S.91
79 Kraft General Foods, US-Patent 5,128,253 vom 7.7.1992
80 Genencor International, US-Patent 5,298,265 vom 29.3.1994
81 Gray PP, Tribe DE, Food Technol Austr 1979/31/S.254
82 Pfannhauser W et al, Ernährung/Nutrition 1982/6/S.107
83 Toppan Printing Co., US-Patent 5,328,703 vom 12.7.1994
84 Yoshida A et al; J Assoc Off Anal Chem 1991/74/S.502
85 Schwab H, Mitt Gebiete Lebensm Hyg 1988/79/S.227
86 Novo Nordisk, Biotimes 1994/Sept/S.12
87 Novo Nordisk, Biotimes 1994/Juni/S.8
88 Tulip Slagterierne, EP-Anmeldung 362,177 vom 4.4.1990
89 GDCh, Schriftenreihe Lebensmittelchemie, Lebensmittelqualität 1983/H.5
90 Novo Nordisk, Biotimes 1989/H.1/S.8
91 Salzer U-J, ZFL 1993/44/S.524
92 Kraft General Foods US-Patent 5.053,236 vom 1.10.1991
93 Nestec US-Patent 5,196,219 vom 23.3.1993
94 AromenVO, zuletzt geändert durch Änderung der ExtraktionslösungsmittelV vom 20.12.1993, BGBl I/S.2304

95   Nestec, US-Patent 5,002,790 vom 26.3.1991
96   Novo Nordisk, Biotimes 1994/Juni/S.2
97   Stenzenberger HD, Papier 1981/35/S.V9
98   Novo Nordisk, Biotimes 1989/H.4/S.12
99   Ziegelitz R, Int Food Ingred 1991/H.4/S.18
100 Richtlinie 94/36/EG über Farbstoffe, die in Lebensmitteln verwendet werden dürfen vom 30.6.1994, ABl Nr. L 237/13
101 Sesselmann U et al, Fleischwirtsch 1995/75/S.1288
102 Mirna A, Nagata Y in: DFG, Rückstände in Fleisch und Fleischerzeugnissen. Boppard 1975/S.167
103 Kasper W, Neue Fleischer Ztg 18.9.1976/Nr.112, Sonderdruck
104 Hausner A, Die Fabrikation der Konserven und Kanditen. Wien 1912
105 Pribilla O, Beiträge z ger Medizin 1965/23/S.207
106 Greenberg M et al, Am J Publ Health 1945/35/S.1217
107 Schmidt H et al, Dtsch Med Wochenschr 1949/74/S.961
108 Hein H, Ärztl Wochenschr 1948/3/S.696
109 Rupprecht H.; Samml. von Vergiftungsfällen 1943/13/S.165
110 Schulze W, Scheibe E, Z f d ges Inn Med 1948/3/S.580
111 Ausführungsbestimmung Lebensmittelgesetz, 21.3.1930, RGBl I/S.100
112 Zusatzstoff-VerkehrsVO, zuletzt geändert durch VO zur Änderung d. Vorschriften über jodiertes Speisesalz vom 14.12.1993, BGBl I/S.2092
113 Eisenbrand G et al in: IARC Sci Publ No 19. Lyon 1978/S.311
114 Scanlan RA et al, J Agr Food Chem 1974/22/S.149
115 Eisenbrand G, N-Nitrosoverbindungen in Nahrung und Umwelt. Stuttgart 1981
116 Sinell HJ, Einführung in die Lebensmittelhygiene. Berlin 1992
117 JECFA, WHO Food Additives Series 1996/35/S.269
118 Zusatzstoff-ZulassungsVO, zuletzt geändert durch ÄndV der TabakV u.a. am 8.3.1996, BGBl I/S.460
119 KäseVO, zuletzt geändert MilchVO vom 24.2.1995, BGBl I/S.544
120 Protan Biopolymer A/S, Firmenschrift: Food and Petfood Applications, Norderstedt 1992
121 Moiser G et al, Fachkunde für Fleischer. Braunschweig 1984
122 Schweigmann A, Seeger H, Fleischwirtsch 1988/68/S.970
123 Neufassung der FleischVO, zuletzt geändert 15.12.1995, BGBl I/S.1777
124 Hoechst AG, OS-PS 32 33 876 vom 15.3.1984
125 Hoechst AG, OS-PS 38 01 344 vom 27.7.1989
126 Hoechst AG, OS-PS 39 00 343 vom 12.7.1990
127 Hoechst AG, OS-PS 37 11 712 vom 27.10.1988
128 Leitsätze für Fleisch und Fleischerzeugnisse vom 31.1.1994, GMBl 1994/S.350
129 Pollmer U, Wirtz W, Chancen 1987/H.4/S.99
130 Weber H, Fleischwirtsch 1995/75/S.1305
131 Lebensmittel- und Bedarfsgegenständegesetz, zuletzt geändert am 25.11.1994,BGBl I/S.3538
132 von Känel U et al, Mitt Gebiete Lebensm Hyg 1990/81/S.319
133 Krohn A, Pfleger H, ZLR 1994/21/S.511
134 Thumel H, Fleischwirtsch 1995/75/S.1274
135 Lebensmittel-KennzeichnungsVO, zuletzt geändert am 8.3.1996, BGBl I/S.460
136 Stamm H, Fleischwirtsch 1985/65/S.691
137 Hoffmann-La Roche AG, Firmenschrift: Ascorbylpalmitat. Grenzach-Wyhlen
138 Zusatzstoff-VerkehrsVO, zuletzt geändert durch VO zur Änderung d. Vorschriften über jodiertes Speisesalz vom 14.12.1993, BGBl I/S.2092

139 Horst M, Verbraucherinformationen bei verpackten Lebensmitteln. Köln 1988
140 Vesa TH et al, Am J Clin Nutr 1996/64/S.197
141 Condemi JJ in Metcalfe DD et al: Food Allergy. Berlin 1991/S.392
142 Hertzler SR et al, J Am Diet Assoc 1996/96/S.243
143 Luck T et al, Fleischwirtsch 1995/75/S.1308
144 Eckes P, EP-Anmeldung o 062 799 vom 20.10.1982
145 SmithKline Beecham Pharma: Bencard Allergologischer Leitfaden. München Stand 1996
146 Allergopharma Joachim Ganzer KG: Verzeichnis der Allergene und Präparate. Reinbek 1995
147 Scherax Arzneimittel GmbH, Allergenkatalog. Hamburg 1995
148 HAL Allergie GmbH: HAL-Allergenverzeichnis In vivo-Diagnostik und Therapie. Düsseldorf 1996
149 De Weck AL, Ann Allergy 1984/53/S.583
150 Mehlhorn G (Hrsg), Lehrbuch der Tierhygiene. Jena 1979
151 Strathenwerth I, Richter K, Öko-Test-Magazin 1992/H.8/S.48
152 Ring J, Angewandte Allergologie. München 1995
153 Rietschel RL, Lancet 1996/347/S.1202
154 Kayser D, Schlede E, Bundesgesundhbl 1996/39/S.111
155 Strathenwert I, Öko-Test-Magazin 1988/H.6/S.68
156 Knop J, Saloga J in: Eisenbrand G (Hrsg), Food allergies and intolerances. Weinheim 1996/S.65
157 Shakib F in: Brostoff J, Challacombe SJ, Food Allergy and Intolerance. London 1987/S.898
158 Pickler WJ et al, Umweltmedizin 1996/1/S.43
159 de Weck AL in: Weck AL, Sampson HA, Intestinal Immunology and Food Allergy. New York 1995/S.143
160 Lieberman P et al, J Am Med Assoc 1975/231/S.728
161 Vieths S et al in: (156) S.130
162 Vieths S, Haustein D, GIT Fachz Lab 1996/H.4/S.360
163 Ortolani C et al, J Allergy Clin Immunol 1989/83/S.683
164 Ende H, Rdsch Fleischhyg Lebensmittelüberwachung 1988/40/S.69
165 Anon., EU.L.E.n-Spiegel 1996/H.4/S.4
166 Sher T, Schwartz HJ, Ann Allergy 1985/54/S.224
167 Taylor SL et al in: Metcalfe DD et al, Food Allergy. Berlin 1991/S.239
168 Pollmer U, Naturheilpraxis 1991/H.4/S.345
169 Falbe J, Regitz M, Römpp Chemie Lexikon. Stuttgart 1989-1992
170 Kuhnert P et al, Handbuch Lebensmittelzusatzstoffe. Hamburg Stand Feb.1997
171 Wainwright M, Biotechnologie mit Pilzen. Hamburg 1995
172 Gottschalk G, Biotechnologie. Köln 1986
173 Heyer N, Allergologie 1987/10/S.78
174 Twarog FJ, Leung DM, J Am Med Assoc 1982/248/S.2030
175 Anderson JA, J Allergy Clin Immunol 1986/78/S.140
176 Anon., arznei-telegramm 1984/H.8/S.63
177 Gracey-Whitman L, Ell S, Brit Med J 1995/311/S.1204
178 Mori H et al, Fd Chem Toxicol 1991/29/S.585
179 Yunginger JW, N Engl J Med 1992/327/S.421
180 Kommission der EG, Berichte Wissenschaftl. Lebensmittelausschufl 1982/12/S.1
181 Clemmensen O, Hjarth N, Contact Dermat 1982/8/S.1
182 Jäger L, Klinische Immunologie und Allergologie. Stuttgart 1987
183 Pollmer U et al, Liebe geht durch die Nase. Köln 1997

184 Sampson HA et al, N Engl J Med 1992/327/S.380
185 Häberle M et al, Allergologie 1988/11/S.22
186 Yunginger JW, J Allergy Clin Immunol 1986/78/S.220
187 Niggemann B et al, Monatsschr Kinderheilkd 1996/144/S.65
188 Wittenberg K, Natur Heilpraxis mit Naturmedizin 1993/46/S.24
189 Hennig K, Grundlagen und Fortschritte im Garten- und Weinbau 1938/H.43
190 EWG-VO Nr. 822/87 über die gemeinsame Marktorganisation für Wein, zuletzt geändert durch EG-VO 1592/96 vom 30.7.1996, ABl Nr. L 206/31
191 Jakob L, Kellerwirtschaft. Mainz 1996
192 Kommission der EG, Die Lebensmittelzusätze und der Verbraucher. Brüssel-Luxemburg 1980
193 Kling L et al, Die Weinwirtschaft Technik, 1984/H.4/S.103
194 Kuhnert P, Gordian 1991/H.5/S.77
195 Ecelbarger CA, Greger JL, J Nutr 1991/121/S.1755
196 Maurer R, Rebe & Wein 1987/H.10/S.370
197 Urlaub R, Ernährungsindustrie 1992/H.3/S.6
198 Schmitt A et al, Rebe & Wein 1987/H.1/S.20
199 Groflmann M, Rapp A, Dt Lebensm Rundsch 1988/84/S.35
200 Flitsch W, Wein. Berlin 1994
201 Weeber K-W, Die Weinkultur der Römer. Zürich 1993
202 Sigler J, Martin N, Lebensmittelchemie 1994/48/S.109
203 Marten R et al, Dt Lebensm Rundsch 1996/92/S.209
204 Kommission der EG, Berichte Wissenschaftl. Lebensmittelausschufl 1992/26/S.33
205 Espe P, Verbraucherrundschau 1986/H.4/S.2
206 Anon., Die Weinwirtschaft Technik, 1984/H.1/S.12
207 Beutling DM, Biogene Amine in der Ernährung. Berlin 1996
208 Pollmer U, natur 1993/H.2/S.77
209 Fricker A, Dracogo Bericht 1986/31/S.12
210 F.H.Diedrichs GmbH Mannheim, Spezifikation zu Savorlac - Natürlicher Geschmacksverstärker, Trockenaroma
211 F.H. Diedrichs GmbH Mannheim, Spezifikation zu Serusweet A
212 Kirkpatrick K, Walker NJ, Deutsche Molkerei-Ztg 1984/H.42/S.1374
213 Schwab C, Lebensmitteltechnik 1995/H.6/S.46
214 Engl R, ZFL 1985/H.5/S.344
215 Büch O, Samml Vergiftungsfälle 1952-54/14/S.53
216 Ternes W, Naturwissenschaftliche Grundlagen der Lebensmittelzubereitung. Hamburg 1990
217 Engl R, ZFL 1982/H.7/S.514
218 Klupsch HJ, Saure Milcherzeugnisse, Milchmischgetränke und Desserts. Gelsenkirchen-Buer 1992
219 Nyfeler B, alimenta 1983/22/S.101
220 Schlimme E et al, Gordian 1986/H.7+8/S.131
221 Jongsma I, Visser FMW, Lebensmitteltechnik 1984/H.1-2/S.28
222 Nemitz G, Ernährungs-Umschau 1977/24/S.163
223 Huffman LM, Food Technol 1996/H.2/S.49
224 Lorenzen P, Lebensmitteltechnik 1984/H.10/S.612
225 Kessler HG, ZFL 1978/29/S.37
226 Milei GmbH Stuttgart, Technische Information: Ultrafiltierte Molkenproteinkonzentrate
227 Blenford DE, Intern Food Ingred 1996/H.1/S.42
228 Hendrick T, Intern Food Ingred 1996/H.1/S.37

229 DMV International, Veghel, Firmenschrift: Produkt Overview
230 Swartz M et al in: (68) S.310
231 Smart J et al, Food Australia 1994/43/S.386
232 Sienkiewicz T, Riedel C-L, Whey and Whey Utilization. Gelsenkirchen-Buer 1990
233 EU.L.E.n-Spiegel 1996/H.4
234 Milchverordnung vom 24.4.95, BGBl I/S.544
235 Houts SS, Food Technol 1988/H.3/S.110
236 Harris M, Wohlgeschmack und Widerwillen. Stuttgart 1988
237 Karjalainen J et al, N Engl J Med 1992/327/S.302
238 Hoorfar J et al, Br J Nutr 1993/69/S.57
239 Scott FW et al, Trends Food Sci Technol 1994/5/S.111
240 Pardini VC et al, Diabetes Care 1996/19/S.126
241 Auvinen J, Oy P; Intern Food Ingred 1992/H.2/S.10
242 Wüthrich B in: (156) S.31
243 Pollmer U, Wirtz W, Chancen 1987/H.10/S.6
244 EU.L.E.n-Spiegel 1995/H.5
245 De Palma A, Genetic Engineering News 1994/H.9/S.8
246 Bedford PGC, Clarke EGC, The Veterinary Record 1971/88/S.599
247 Bedford PGC, Clarke EGC, The Veterinary Record 1972/90/S.53
248 Gardner LK, Lawrence GD, J Agric Food Chem 1993/41/S.693
249 Lück E, Jager M, Chemische Lebensmittelkonservierung. Berlin 1995
250 Fey H, Otte I, Wörterbuch der Kosmetik. Stuttgart 1991
251 Sieber R et al, Mitt Gebiete Lebensm Hyg 1990/81/S.484
252 GDCh, Schriftenreihe Lebensmittelchemie, Lebensmittelqualität 1984/H.2
253 Classen HG et al, Toxikologisch-hygienische Beurteilung von Lebensmittelinhalt- und Zusatzstoffen sowie bedenklicher Verunreinigungen. Berlin 1987
254 E Merck, Darmstadt, Firmenschrift: Benzoesäure/Natrium-Benzoat
255 JECFA, WHO Food Additives Series 1983/18/S.29
256 Futtermittelverordnung idF der Bek vom 11.11.1992, BGBl I/S.1898
257 Behrends HH, Gordian 1979/H.11/S.302
258 Kommission der EG, Berichte des Wissenschaftl. Lebensmittelausschuß 1989/21/S.54
259 Budavari S et al, The Merck Index. Rahway 1989
260 Magda RR, Food Market & Technol, 1989/nov/S.14
261 Glauert HP et al, Food Cosmet Toxicol 1981/19/S.281
262 Protan Biopolymer A/S, Firmenschrift: Food and Petfood Applications, Tangen 10/92
263 JECFA, WHO Food Additives Series 1993/30/S.210
264 Leung AY, Foster S, Encyclopedia of common natural ingredients. New York 1996
265 Littlecott GW, Food Technol Australia 1982/34/S.412
266 Burger A, Wachter H, Hunnius Pharmazeutisches Wörterbuch. Berlin 1993
267 Askar A, alimenta 1982/21/S.165
268 Gene A (Hrsg), Handbook of dietary fiber in human nutrition. Boca Raton 1993
269 McDowell RH, Properties of Alginates, Firmenschrift der Kelco International, London 1986
270 Thomson AW et al, Lancet 1981/1/ S.671
271 Kommission der EG, Berichte des Wissenschaftl. Lebensmittelausschuß 1978/7/S.14
272 Sherry B et al Am J Clin Nutr 1993/58/S.715
273 Nicklin S, Miller K, Fd Chem Toxicol 1984/22/S.615
274 Nicklin S, Miller K, Food Addit Contam 1989/6/S.425
275 Hopkins J, Fd Cosmet Toxicol 1981/19/S.779
276 Hydralco Shemberg GmbH Düsseldorf, Firmenschrift: Natürliche Gelier- und Verdickungsmittel - Carrageen

277 Turner EV, Higginbotham RD, J Reticul Soc 1977/22/S.545
278 Tarlo SM et al, J Allergy Clin Immunol 1995/95/S.933
279 Thomas H, Lebensmitteltechnik 1980/H.7-8/S.34
280 Klepp R, Ernährung/Nutrition 1989/13/S.746
281 Baird JK, Pettitt DJ in: Goldberg I, Williams RA, Biotechnology and food ingredients. New York 1991/S.223
282 Igoe RS, Food Technol 1982/H.4/S.72
283 Krämer J, Lebensmittelmikrobiologie. Stuttgart 1992
284 Bachmann E et al, Pharmacology 1978/17/S.39
285 Anderson DMW et al, Toxicology Letters 1984/21/S.83
286 Schöneberg H-J, Pharmazie in unserer Zeit 1989/18/S.33
287 Tulung B et al, J Nutr 1987/117/S.1556
288 Gollhausen R et al, J Am Acad Dermatol 1989/21/S.1196
289 Anderson DMW, Food Addit Contam 1986/3/S.225
290 Hoechst AG, Frankfurt, Firmenschrift: Sorbinsäure von Hoechst
291 E Merck, Darmstadt, Firmenschrift: Sorbinsäure/Kaliumsorbat
292 Westöö G, Acta Chimica Scand 1964/18/S.1373
293 Ulmer Spatz, Diamalt, Rezept Nr. 999 401: Panaktiv Brot
294 Fingerhut M et al, Biochem Z 1962/336/S.118
295 Lang K, Arzneimittelforsch 1960/10/S.997
296 Kommission der EG, Berichte Wissenschaftl. Lebensmittelausschuß 1996/35/S.19
297 Ehlers D, Littmann S, Dt Lebensm Rundsch 1984/80/S.44
298 Van Ketel WG, Contact Derm 1984/10/S.180
299 Bundesamt Gesundheitswesen, Mitt Gebiete Lebensm Hyg 1991/82/S.311
300 JECFA, WHO Food Additives Series 1990/26/S.77
301 Franke W, Nutzpflanzenkunde. Stuttgart 1992
302 Ash M, Ash I, Handbook of Food Additives. Aldershot 1995
303 Belitz HD, Grosch W, Lehrbuch der Lebensmittelchemie. Berlin 1987
304 EG, Richtlinie Nr. 95/2 über andere Lebensmittelzusatzstoffe als Farbstoffe und Süßungsmittel vom 20.02.1995, ABl Nr. L 61/1
305 Haigawa MM et al, Fd Chem Toxicol 1984/22/S.501
306 Münzner R et al, Fd Chem Toxicol 1990/28/S.397
307 The Gum arabic Co, Firmenschrift: Gum arabic a product of nature. 1993
308 Schiffmann D, Schlatter J, Fd Chem Toxicol 1992/30/S.669
309 Eastwood MA et al, Toxicology Letters 1984/21/S.73
310 Anderson DMW, Food Addit Contam 1989/6/S.1
311 Rietschel RL Contact Derm 1978/4/S.347
312 Lück E, Seifen Öle Fette Wachse 1982/108/S.291
313 JECFA, WHO Food Additives Series 1987/20/S.253
314 Kommission der EG, Berichte Wissenschaftl. Lebensmittelausschuß 1978/7/S.26
315 Kommission der EG, Berichte Wissenschaftl. Lebensmittelausschuß 1989/21/S.51
316 Pankratz M, ZFL 1981/32/S.253
317 Carrol LE, Food Technol 1989/H.6/S.96
318 Kinkel HJ et al, Naturwissenschaften 1982/69/S.241
319 KosmetikVO, zuletzt geändert am 21.12.1995, BGBl I/S.2098
320 Grosse L, Deutsche Molkerei Ztg 1981/H.46/S.1542
321 JECFA, WHO Food Additives Series 1987/21/S.130
322 Kommission der EG, Berichte Wissenschaftl. Lebensmittelausschuß 1978/7/S.28
323 Anderson DMW et al, Food Hydrocolloids 1986/1/S.37
324 JECFA, WHO Food Additives Series 1990/26/S.81
325 Wucherpfennig K et al, Die Weinwirtschaft Technik 1984/H.1/S.13

326 Blaschek W, Pharmazie in unserer Zeit 1990/19/S.73
327 Herrmann K, Exotische Lebensmittel, Inhaltsstoffe und Verwendung. Berlin 1987
328 Rhône-Poulenc, BioTop 1995/H.1/S.4
329 Marckhoff U, ZFL 1986/H.5/S.321
330 Strahlmann B, Ernährungs-Umschau 1976/23/S.331
331 Institute of Food Technologists, Food Technol 1991/H.3/S.116
332 BeMiller JN in: (68) S.1338
333 Wielinga WC, ZFL 1977/28/S.16
334 Mero Rousselot Satia GmbH, Firmenschrift: Verdicken-Gelieren-Stabilisieren mit Hydrokolloiden
335 Pollmer U, Natur Sonderheft: 1000 Ideen für den Alltag, ohne Jahr/S.33
336 Dziezak JD, Food Technol 1990/H.11/S.88
337 The Nutra Sweet Kelco Company, Firmenschrift: Kelcogel Gellan Gum. 1990
338 Schmidt R, ZFL 1995/46/S.15
339 Schmidt R, ZFL 1996/47/S.15
340 Pszczola DE, Food Technol 1993/H.9/S.94
341 Pollmer U, E-Nummern-Liste, Öko-Test Verlag, Frankfurt, 5. Auflage 1996
342 Davis ME et al, Arch Toxicol 1986/59/S.7
343 Bernacchi AS et al, Biomed Environ Sci 1993/6/S.172
344 Stord Bartz A/S, DE-PS 30 50 466 vom 9.2.89
345 Diamalt AG, OP-PS 3712 825 vom 3.11.88
346 Brümmer JM et al, Getreide Mehl Brot 1980/34/S.173
347 Riha III WE et al, J Agric Food Chem 1996/44/S.1847
348 Neufassung der Diätverordnung, zuletzt geändert 24.6.1994, BGBl I/S.1416, 1420
349 Rote Liste Service GmbH, Rote Liste 1997. Aulendorf 1997
350 Hrurrell RF et al, Br J Nutr 1994/71/S.85
351 Schürch S, Dübendorfer G, Mitt Gebiete Lebensm Hyg 1989/80/S.324
352 Eriksen KE, Arch Dermatol 1975/111/S.791
353 JECFA, WHO Food Additives Series 1972/3/S.121
354 Akzo Nobel Chemicals, Firmenschrift: Dissolvine, Chelating Agents And Metal Chelates
355 Kahn G et al, Arch Dermatol 1974/109/S.506
356 Kommission der EG, Berichte Wissenschaftl. Lebensmittelausschuß, 1976/2/S.21
357 JECFA, WHO Food Additives Series 1993/32/S.5
358 Van der Heijden CA et al, Fd Chem Toxicol 1986/24/S.1067
359 Brun R, Dermatologica 1970/140/S.390
360 Burckhardt W, Fierz U, Dermatologica 1964/129/S.431
361 Kommission der EG, Berichte Wissenschaftl. Lebensmittelausschuß 1989/22/S.74
362 Clapp NK et al, Proc Am Assoc Cancer Pro 1976/17/S.168
363 Cottrell S et al, Fd Chem Toxicol 1994/32/S.589
364 Schlumberger HD, Ann Allergy 1983/51/S.317
365 Takahashi O, Arch Toxicol 1986/58/S.177
366 Steiner I, Dt Lebensm Rundsch 1991/87/S.11
367 JECFA, WHO Food Additives Series 1996/35/S.5
368 Olsen P et al, Fd Chem Toxicol 1986/24/S.237
369 Day AJ et al, Aust J exp Biol 1959/37/S.295
370 Williams GM et al, Fd Chem Toxicol 1990/28/S.799
371 Warner CR et al, Fd Chem Toxicol 1986/24/S.1015
372 Conacher HBS, Fd Chem Toxicol 1986/24/S.1159
373 Kawano S et al, Japan J Phamacol 1981/31/S.459
374 Ito N et al, Gann 1982/73/S.332

375 Ito N et al, Gann 1984/75/S.471
376 Turner TW, Contact Derm 1977/3/S.282
377 Kommission der EG, Berichte Wissenschaftl. Lebensmittelausschuß 1984/14/S.33
378 Witschi HR, Doherty DG, Fundam Appl Toxicol 1984/4/S.795
379 BedarfsgegenständeVO, zuletzt geändert am 20.7.1995, BGBl I/S.954
380 JECFA, WHO Food Additives Series 1987/21/S.173
381 Huang AS, Fraser WM, N Engl J Med 1984/311/S.542
382 Feron VJ, Wensvoort P, Path Europ 1972/7/S.103
383 DGE, Der Fremdstoff "Schweflige Säure". Frankfurt 1969
384 Acosta R et al, Ann Allergy 1989/62/S.402
385 Kommission der EG, Berichte Wissenschaftl. Lebensmittelausschuß 1981/11/S.49
386 Königer M, Wallnöfer PR, Dt Lebensm Rundsch 1990/86/S.251
387 Königer M, Wallnöfer PR, Dt Lebensm Rundsch 1993/89/S.384
388 Bushway, RJ et al, J Ass Off Anal Chem 1995/78/S.815
389 Battistini F et al, Arch Dermatol 1974/109/S.695
390 Campbell WC, Cuckler AC, Texas Rep Biol Med 1969/27Suppl.2/S.665
391 Eaton LG et al, Texas Rep Biol Med 1969/27Suppl2/S.693
392 Spaeth GL et al, Arch Ophthalm 1964/71/S.359
393 Franz KH, Am J trop Med Hyg 1963/12/S.211
394 Rückstands-HöchstmengenVO, zuletzt geändert am 7.3.1996, BGBl I/S.455
395 Kommission der EG, Berichte Wissenschaftl. Lebensmittelausschuß 1978/6/S.7
396 Fujii T et al, Fd Chem Toxicol 1986/24/S.207
397 Kommission der EG, Berichte Wissenschaftl. Lebensmittelausschuß 1996/35/S.23
398 Jacobson MF, N Engl J Med 1985/313/S.453
399 Nagy SM et al, J Food Protect 1995/58/S.95
400 Imoto R, Drug Intelligence Clin Pharmacy 1986/20/S.765
401 Eapen KC et al, J Food Sci and Technol 1983/20/S.231
402 Deichmann WB et al, J Industr Hyg Toxicol 1947/29/S.1
403 Enum, Version 2.0. PC-Programm von Bencard. München 1996
404 Häkkinen I et al, Arch Environ Health 1973/26/S.70
405 Shibata MA et al, Cancer Letters 1989/48/S.19
406 Nabors L, Gelardi RC, Alternative Sweeteners. New York 1991
407 AGEFKO, Düsseldorf, Firmenschrift: Carbosafe Verpacken unter CO_2-Schutz
408 JECFA, WHO Food Additives Series 1991/28/S.231
409 Bayer AG, Produkt-Information: Velcorin. Leverkusen 1990
410 JECFA, WHO Food Additives Series 1993/31/S.37
411 DFG, Occupational Toxicants (Vol. 5). Weinheim 1993
412 Poulsson E, Lehrbuch der Pharmakologie. Kristiana 1915
413 Bauer U, Deppe W, Lebensmittelchem gerichtl Chem 1982/36/S.112
414 Orme J et al, J Toxicol Environ Health 1985/15/S.315
415 Harrington RM et al, J Toxicol Environ Health 1986/19/S.235
416 Cantor KP et al, J Nutr Clin Immun 1987/79/S.1269
417 Vaittinen S-L et al, Fd Chem Toxicol 1995/33/S.1027
418 Racioppi F et al, Fd Chem Toxicol 1994/32/S.845
419 Anon., Fd Chem Toxicol 1985/23/S.121
420 Rauter W, Wolkerstorfer W, Ernährung/Nutrition 1993/17/S.228
421 Amberger K, Ernährungsindurstrie 1992/H.11/S.60
422 Chemie und Filter GmbH, Firmenschrift: Chlordioxid-Erzeugungsanlagen BelloZon, 3/81
423 Anon., Ztg Umweltmedizin 1996/4/S.88
424 TrinkwasserVO idF der ZuständigkeitsanpassungsV vom 26.2.1993, BGBl I/S.278

425 Ayuto M, Rohns G, Z Lebensm Unters Forsch 1984/179/S.243
426 Stoya W et al, Dt Lebensm Rundsch 1986/82/S.217
427 Teubner M, Vortrag auf der gemeinsamen Tagung d. milchw. Versuchsanstalten Kiel u. Weihenstephan 17.01.1986
428 JECFA, WHO Food Additives Series 1993/30/S.25
429 Digan ME et al, Bio/Technology 1989/7/S.160
430 Steuer H, neuform Kurier 1988/H.10/S.18
431 Proctor VA, Cunningham FE, Crit Rev Food Sci Nutr 1988/26/S.359
432 Kreft D et al, Nahrungsmittelallergene. Berlin 1995
433 Parida L et al, zitiert nach CAS Food Toxicity 1993/H.19/119: 115826s
434 US Environ Protect Agency, zitiert nach CAS Food Toxicity 1993/H.22/119: 179556m
435 Heindel JJ et al, Fundam Appl Toxicol 1992/18/S.266
436 Von Schlotheim B, Chemische Industrie 1989/H.9/S.80
437 Brümmer J-M, Morgenstern G, Getreide Mehl Brot 1984/38/S.52
438 GDCh, Schriftenreihe Lebensmittelchemie, Lebensmittelqualität 1989/H.14
439 EssigVO, zuletzt geändert 13.6.1990, BGBl I/S.1053, 1066
440 Bässler KH, Ernährungs-Umschau 1988/35/S.71
441 Den Uijl CH, Van Burik AMC, Intern Food Ingred 1990/H.2/S.34
442 Kuipers PK, Intern Food Ingred 1992/H.3/S.13
443 Shelef LA, J Food Protect 1994/57/S.445
444 Perlmutter DH et al, J Pediat 1983/102/S.234
445 Giesecke D et al, Z Ernährungswiss 1985/24/S.172
446 Kandler O, Diaita 1969/15/S.1, Sonderdruck
447 Giesecke D, Sonderdruck aus Ärztl Praxis 1978/62/S.1776
448 Hunger W, deutsche molkerei-ztg 1984/H.20/S.654
449 CCA biochem b.v., Firmenschrift: Lactic Acid and Lactates
450 JECFA, WHO Food Additive Series 1975/6/S.22
451 Moresi M et al, Agro-Ind Hi-Tech 1991/2/S.25
452 arznei-telegramm, Arzneimittelkursbuch 96/97. Berlin 1996
453 Bartek, Firmenschrift: Bartek Malic Acid, Applications in Flavours, Concentrates, Syrups and Extracts. Ontario
454 Bartek, Firmenschrift; Malic Acid. Ontario 4/1995
455 Croda Colloids Ltd, Firmenschrift: Foodstuffs, Malic acid, Mai 1992
456 EG, Richtlinie 94/35 über Süßungsmittel, die in Lebensmitteln verwendet werden dürfen vom 30.6.1994, ABl Nr. L 273/3
457 Unilever NV, EP-PS 0 054 330 vom 17.09.1986
458 JECFA, WHO Food Additives Series 1987/20/S.239
459 GDCh, Schriftenreihe Lebensmittelchemie, Lebensmittelqualität 1992/H.19
460 Van Velthuijsen JA, Blankers IH in: (406) S.283
461 Marie S, Pigott JR, Handbook of Sweeteners. Glasgow 1991
462 Tombs MP, Biotechnologie in der Lebensmittelindustrie. Berlin 1994
463 Makkee M et al, starch/stärke 1985/37/S.136
464 JECFA, WHO Food Additives Series 1987/21/S.123
465 Nasrallah SM, Iber FL, Am J Med Sci 1969/258/S.80
466 Sträter PJ, Irwin WE in: (406) S.309
467 Mäkinen KK, Scheinin A, Ann Rev Nutr 1982/2/S.133
468 Rekola M, Scan J Dent Res 1981/89/S.393
469 Gehring F, Karle E, Kakao+Zucker 1975/H.5/S.162
470 Kracher F, Kakao+Zucker 1975/H.4/S.108
471 Kracher F, Kakao+Zucker 1975/H.3/S.68
472 Hoffmann-La Roche AG, Grenzach-Wyhlen, Firmenschrift: Xylit

473 Anon., ZFL 1996/47/S.12
474 Shyu K-W, Hsu M-Y, Proc Natl Cxi Counc ROC 1980/4/S.21
475 Zoster S.A., Technical Bulletin Grupo Ferrer, Neohesperidine DC (Citrosa) Properties and Applications, 1995
476 Borrego F et al, Intern Food Ingred 1991/H.2/S.23
477 Zoster SA, EP-Anmeldung 0 500 977 A1 vom 02.09.92
478 Schiffman SS, Gatlin CA, Neurosc Biobehav Rev 1993/17/S.313
479 Horowitz RM, Gentili B in: (406) S.97
480 Von Rymon Lipinski G-W, Lebensmittelchem Gerichtl Chem 1987/41/S.101
481 Hoechst AG, Frankfurt, Firmenschriften: sunett
   a) Das Sunett Multi-Sweetener-Konzept
   b) Süß- und Backwaren.
   c) Milchprodukte.
   d) Erischungsgetränke.
482 JECFA, WHO Food Additives Series 1991/28/S.183
483 Von Rymon Lipinski, G-W, alimenta 1986/6/S.150
484 Kroyer G et al, Ernährung/Nutrition 1993/17/S.546
485 Stellman S, Garfinkel L, Prevent Med 1986/15/S.195
486 JECFA, WHO Food Additives Series 1993/32/S.105
487 Bause R, Lubach D, Allergologie 1987/10/S.245
488 Lorenz S, Großklaus R, SozEpBerichte 1982/H.5
489 Brem L, Sorbit in der Medizin und Pharmazie. Deutsche Maizena Werke Hamburg 1966
490 JECFA, WHO Food Additives Series 1987/20/S.207
491 Blumberg GB, Heaton AM, J Chromatog 1970/48/S.565
492 JECFA, WHO Food Additives Series 1982/17/S.66
493 Limacher H, Tanner H, alimenta 1985/24/S.33
494 Mallett AK et al, Fd Chem Toxicol 1985/23/S.1029
495 Hahn H, Lebensmittelchemie 1996/50/S.52
496 Maher TJ, J Allergy Clin Immun 1987/79/S.413
497 JECFA, WHO Food Additives Series 1980/16/S.28
498 Nutra Sweet, Reference Guide to Aspartame Scientific Research, Searle Food Resources, Inc. S.20
499 Johns DR, N Engl J Med 1986/315/S.456
500 Kuhl P, Pharmazie 1990/45/S.881
501 Pardridge WM, J Appl Nutr 1987/39/S.94
502 Roberts HJ, J Appl Nutr 1988/40/S.85
503 Graves DJ, Luo S, J Agric Food Chem 1987/35/S.439
504 Wurtman, RJ, N Engl J Med 1983/309/S.429
505 Malizia E et al, Acta pharm Tox 1977/41 Suppl.II/S.342
506 Nitzan M et al, Clin Toxicol 1979/15/S.273
507 De Koos JT, Agro-Food-Ind Hi-Tech 1992/H.May-June/ S.14
508 Kommission der EG, Berichte Wissenschaftl. Lebensmittelausschuß, 1992/26/S.23
509 Anon., EU.L.E.n-Spiegel 1996/H.3/S.6
510 JECFA, WHO Food Additives Series 1996/35/S.326
511 Gunshin H et al, Agric Biol Chem 1991/55/S.1919
512 Mineral- und TafelwasserVO, zuletzt geändert 27.4.1993 BGBl I/S.512, 527
513 Simon C et al, Archiv Kinderheilkd 1966/175/S.42
514 Merck E, Darmstadt, Firmenschrift: 4-Hydroxybenzoesäure-Ester zur Konservierung von Lebensmitteln
515 Kopsch F, Anat Anz 1949-50/97/S.158

516 Braun W, Der Hautarzt, 1971/22/S.531
517 Brun R, Berufsdermatosen 1964/12/S.281
518 Kommission der EG, Berichte Wissenschaftl. Lebensmittelausschuß, 1996/35/S.9
519 Rudner EJ, Contact Derm 1977/3/S.208
520 Heymann E, Haut, Haar und Kosmetik. Stuttgart 1994
521 Charlet E, Kosmetik für Apotheker. Stuttgart 1989
522 Lindner E, Toxikologie der Nahrungsmittel. Stuttgart 1990
523 Harrison PTC, Fd Chem Toxicol 1992/30/S.333
524 Griem W, Bundesgesundhbl 1985/28/S.322
525 JECFA, WHO Food Additives Series 1972/3/S.110
526 Slanina P et al, Fd Chem Toxicol 1984/22/S.391
527 Edelmeyer H, Hameyer P, Fleischwirtsch 1980/60/S.1860
528 Gupta SK et al, J Dairy Sci 1984/67/S.764
529 Ecelbarger CA et al, J Agric Food Chem 1994/42/S.2220
530 Hoffmann-La Roche AG, Grenzach-Wyhlen, Produkte für Lebensmittel: Ein Wegweiser durch das Verkaufsprogramm
531 Löffler G in: Löffler G, Petrides PE, Biochemie und Pathobiochemie. Berlin 1997/S.483
532 Norkus EP, Rosso P in: Second Conference on Vitamin C, Ann. NY Acad Sci 1975/258/S.401
533 Barness LA in: (532) S.523
534 Takeda Chemical Industries Ltd., Osaka: Food Processing with Vitamin C Series No.2
535 Oste RE, Friedman M, J Agric Food Chem 1990/38/S.1687
536 Blanc B, Von der Mühll M, Int Z Vitaminforsch 1967/37/S.156
537 Cochrane WA, Canad Med Ass J 1965/93/S.893
538 Lamden MP, N Engl J Med 197?/284/S.336
539 Von Haselberg C, Lüdders P, Erwerbsobstbau 1997/39/S.15
540 Kromann NP et al, Br J Dermat 1983/109/S.45
541 Regnault Roger C, Experientia 1988/44/S.725
542 Fukushima S et al, Fd Chem Toxicol 1983/21/S.59
543 Thomas M, Hughes RE, Fd Chem Toxicol 1983/21/S.449
544 Fukushima S et al, Cancer Letters 1984/23/S.29
545 Friedman M, Oste R, zitiert nach CAS Food Toxicity 1991/H.20/115: 134404m
546 Gerster H, Ernährung/Nutrition 1986/10/S.614
547 JECFA, WHO Food Additives Series 1972/3/S.25
548 Macrae R et al, Encyclopaedia of Food Science Food Technology and Nutrition. London 1993
549 E. Merck Darmstadt, Firmenschrift: Vitamin C
550 Chamberlain N in: Counsell JN, Hornig DH, Vitamin C. London 1981/S.87
551 Pfizer Specialty Chemicals, Information Sheet No. 2034: Use of Sodium Erythrobate in Cured Meats
552 Chadwick VS et al, Clin Sci Molecul Med 1978/54/S.273
553 Robin Hood Multi Food, US-Patent 4,931,297 vom 5.6.90
554 Watine P, Intern Food Ingred 1995/H.3/S.39
555 JECFA, WHO Food Additives Series 1987/21/S.165
556 Karlsson P, Kurzes Lehrbuch der Biochemie. Stuttgart 1980
557 Streuli H in: Aebi et al, Kosmetika, Riechstoffe und Lebensmittelzusatzstoffe. Stuttgart 1978/S.199
558 Pschyrembel W, Klinisches Wörterbuch. Berlin 1994
559 Gutamat Informationsdienst, Kronberg: Glutamat Fakten
560 Kempski O, Schneider G-H, Forschungsmagazin Johannes Gutenberg-Universität 1992/8/S.76

561 Folkers K et al, Z Physiol Chem 1984/365/S.405
562 Rudin O et al, Beiträge Gerichtl Med 1989/47/S.69
563 Chafetz MD, Nutrition and Neurotransmitters. Englewood Cliffs1990
564 Allen DH in: Metcalfe DD, Sampson HA: Food Allergy. Berlin 1991/S.261
565 Pradhan SN, Lynch JF, Arch Int Pharmacodyn 1972/197/S.301
566 Sartin JL et al, Endocrine Research 1985/11/S.145
567 Reddy VM et al, Physiol Behav 1986/38/S.465
568 Araujo PE, Mayer J, Am J Physiol 1973/225/S.764
569 Bellisle F et al, Physiol Behav 1991/49/S.869
570 Nascimento Curi CMO et al, Biochem Int 1991/24/S.927
571 Sun YM et al, zitiert nach CAS Food Toxicity 1993/H.23/119:202048h
572 Kommission der EG, Berichte Wissenschaftl. Lebensmittelausschuß 1978/7/S.18
573 JECFA, WHO Food Additives Series 1988/22/S.97
574 Noguchi M et al, J Food Sci 1975/40/S.367
575 Moneret-Vautrin DA in: (157) S.836
576 JECFA, WHO Food Additives Series 1983/18/S.82
577 Schrieber R, Gordian 1975/75/S.218
578 Weissenbach MJ, Brauwelt 1983/46/S.2136
579 Marggrander K et al, Ernährungsindustrie 1992/H.9/S.62
580 Kleinhans D, Allergologie 1987/10/S.242
581 Feddern H, Deutsche Molkerei-Ztg 1981/H.36/S.1158
582 Ottenbacher H, Deutsche Molkerei-Ztg 1977/H.20/S.635
583 Krishnakumar V, Gordon I, Intern Food Ingred 1995/H.1/S.17
584 Harris P in: (548) Vol.4, S.2176
585 Valet R, Gierschner K, ZFL 1982/33/S.212
586 Schrieber R in: Heiss R, Lebensmitteltechnologie. Berlin 1988, S.62
587 Gelatine-Informationsdienst, Themen: Gelatine - eine Welt der unbegrenzten Möglichkeiten, Remagen-Rolandseck ohne Jahr
588 Ockerman HW, Hansen CL, Animal By-Product Processing. Weinheim-Chichester 1988
589 PB Gelatins, Firmenschrift: Solugel
590 Babel W, Chemie in unserer Zeit 1996/30/S.86
591 Bernaola G et al, Allergy 1994/49/S.189
592 Euston SE et al, J Food Sci 1996/61/S.916
593 Mosterst JF, Roberts JJ in: (548) Vol.7, S.4888
594 König E, Diplomarbeit Gießen 1993: Die Milcheiweißallergie-Ursache, Diagnose, Behandlung.
595 Cochet B et al, Gastroenterology 1983/84/S.935
596 Mayer H, Henninger M, Ernährung/Nutrition 1990/14/S.205
597 Crabtree RH, Food Australia 1991/43/S.402
598 Johnson AO et al, Am J Clin Nutr 1993/57/S.399
599 Schuette SA et al, Am J Clin Nutr 1989/50/S.1084
600 Suarez FL et al, N Engl J Med 1995/333/S.1
601 Estelmann H, Ernährungsindustrie 1985/H.3/S.58
602 Steinegger E, Hänsel R, Lehrbuch der Pharmakognosie und Phytopharmazie. Berlin 1988
603 Kanerva L et al, Clin Allergy 1988/18/S.245
604 Von Seebach A, Allergologie 1987/10/S.155
605 Rajput LP et al, J Food Sci 1987/52/S.1755
606 Elsenhans B, Caspary WF, J Nutr 1989/119/S.380
607 Vartiainen T, Gynther J, Fd Chem Toxicol 1984/22/S.307

608 Misra BK et al, J Agric Food Chem 1984/32/S.1075
609 Tasneem R, Subramanian N, J Agric Food Chem 1990/38/S.1926
610 Rhône-Poulenc, BioTop News 1995/H.2/S.4
611 Aqualon Company, Wilmington, Firmenschrift: Supercol Guar Gum, Bulletin VC-543
612 Shree Ram Gum & Chemicals Jodhpur, Firmenschrift: Guar Gum
613 Nittner E, Galaktomannane: Gewinnung, Aufbau und Eigenschaften, Meyhall Chemical AG Kreuzlingen
614 Rhône-Poulenc Frankfurt, Firmenschrift: Rhodigel Xanthan-Lebensmittelqualität
615 Mero Rousselot Satia Paris, Firmenschrift: Satiaxane Food-Grade Xanthan Gum
616 Protan Biopolymer A/S Drammen, Firmenschrift: Protanal Esters Propylene Glycol Alginates
617 JECFA, WHO Food Additives Series 1993/32/S.159
618 Pankratz M, ZFL 1981/32/S.333
619 Vom Dorp M, Ernährungsindustrie 1994/H.9/S.48
620 Til HP et al, Fd Chem Toxicol 1986/24/S.825
621 Hodgkinson A et al, Fd Chem Toxicol 1982/20/S.371
622 De Vries JA, Intern Food Ingred 1991/H.1/S.51
623 Heyns K in: The Contribution of Chemistry to Food Supplies. London 1974/S.55
624 Pennwest Foods Co., US-Patent 5,436,025 vom 25.7.1995
625 Rapaille A, Vanhemelrijck J, Cerestar, Euro Centre Food, Belgium, Session 4 no.5
626 Purac biochem, Lacty. A unique reduced calorie sweetener. Niederlande 9/96
627 Unipektin AG, Firmenschrift: Natural Food Additives, 10/96
628 Croda Colloids Ltd, Firmenschrift: Health food supplements Fish gelatin. Widnes 1996
629 Croda Colloids Ltd, Firmenschrift: Quality gelatin from Croda. Widnes 1994
630 The Copenhagen Pectin Factory Ltd, Lille Skensved. Firmenschrift: Carrageen
631 Chemische Fabrik Budenheim RA Oetker, Firmenschrift: Phophorsäure Phophate Spezialitäten
632 Monk PR, Costello PJ, Food Technol Austr 1984/36/S.25
633 Anon., Phophorus & Potassium 1985/H.137/S.26
634 Haavik S et al, J Behav Med 1979/2/S.365
635 Spencer H et al, Am J Clin Nutr 1984/40/S.219
636 Morse GK et al, Ambio 1995/24/S.112
637 FMC, Bulletin No.5, Phosphates in the potato industry
638 FMC, Mitteilungsbl Nr.1, FMC-Lebensmittelphosphate-Chemie, Nomenklatur und allgemeine Funktionen
639 Peleg M, Hollenbach AM, Food Technol 1984/H.3/S.93
640 Dwivedi BK in: (406) S.333
641 Bano A, Majumder SK, J Invertebrate Pathol 1965/7/S.384
642 Van Wazer JR, Callis CF, Chem Rev 1958/58/S.1011
643 Arneth W, Fleischwirtsch 1987/67/S.1294
644 Feron G et al, Trends Food Sci Technol 1996/7/S.285
645 Croda Food Services Ltd, Firmenschrift: Low fat spreads. Okt. 1996
646 JECFA, WHO Food Additives Series 1996/35/S.141
647 Riley KA, Kleyn DH, Food Technol 1989/H.10/S.64
648 Krupp GmbH, DE-PS 35 33 562 vom 18.02.88
649 Bär A in: (406) S.349
650 LeBlanc DT, Akers HA, Food Technol 1989/H.4/S.78
651 Farrar G et al, Fd Chem Toxicol 1988/26/S.523
652 Gralla EJ et al, Toxic Appl Pharmacol 1969/15/S.604
653 Bertholf RL et al, Toxic Appl Pharmacol 1989/98/S.58

654 JECFA, WHO Food Additives Series 1980/16/S.124
655 Al-Mossawi J, Environm Intern 1983/9/S.145
656 Callaway JL, Tate WE, Arch Dermatol 1974/109/S.909
657 Branen AL et al, Food Additives. New York 1990
658 Hardie RA et al, Contact Derm 1978/4/S.121
659 Grattan-Smith TM et al, Med J Austr 1987/147/S.93
660 Browne GF, Coppel DL, Human Toxicol 1984/3/S.399
661 Kommission der EG, Berichte Wissenschaftl. Lebensmittelausschuß 1989/21/S.39
662 JECFA, WHO Food Additives Series 1993/30/S.81
663 JECFA, WHO Food Additives Series 1974/6/S.168
664 Sulser H, Mändli H, Mitt Gebiete Lebensm Hyg 1987/78/S.133
665 Drewitt PN et al, Fd Chem Toxicol 1993/31/S.235
666 Berglund F, Toxicology 1989/58/S.237
667 Riedel R, Kakao+Zucker 1985/H.5/S.16
668 Gierschner K, Gordian 1981/81/S.171
669 Lohmann R, Gordian 1975/75/S.231
670 Lohmann R, Gordian 1982/82/S.148
671 Kroll J et al, ZFL 1991/42/S.635
672 Borzelleca JF et al, Fd Chem Toxicol 1996/34/S.21
673 JECFA, WHO Food Additives Series 1984/19/S.3
674 Baer RL, Leider M, J Invest Dermatol 1949/13/S.223
675 Calnan CD, Contact Derm 1978/4/S.58
676 Bertram B, Farbstoffe in Lebensmitteln und Arzneimitteln. Stuttgart 1989
677 Wagner G, Lubach D, Allergologie 1987/10/S.14
678 Wilska-Jeszka J, Zajac KB, Intern Food Ingred 1991/H.3/S.10
679 Hendry GAF, Houghton JD, Natural Food Colorants. Glasgow 1992
680 EG-Richtlinie 95/45 zur Festlegung spezifischer Reinheitskriterien für Lebensmittelfarbstoffe vom 26.Juli 1995, ABl Nr. L 226/1
681 JECFA, WHO Food Additives Series 1996/35/S.173
682 JECFA, WHO Food Additives Series 1987/21/S.73
683 Kuramoto Y et al, Biosci Biotech Biochem 1996/60/S.1712
684 Gündisch J, Arch Lebensmittelhyg 1991/42/S.129
685 Nieber L, Arch Lebensmittelhyg 1992/43/S.68
686 Petersen U, Arch Lebensmittelhyg 1993/44/S.13
687 Herbert V, Am J Clin Nutr 1991/53/S.573
688 JECFA, WHO Food Additives Series 1990/26/S.45
689 JECFA, WHO Food Additives Series 1996/35/S.155
690 JECFA, WHO Food Additives Series 1993/30/S.235
691 Astorg P et al, Fd Chem Toxicol 1994/32/S.735
692 Boudreault G et al, Can J Ophth 1983/18/S.325
693 Marcus F-K, Hanssen H-P, Food Market & Technol 1996/aug/S.20
694 Kommission der EG, Berichte Wissenschaftl. Lebensmittelausschuß 1989/21/S.1
695 Chem. Fabrik Budenheim R. Oetker, Firmenschrift: Modernes Backen
696 Chem. Fabrik Budenheim R. Oetker, Firmenschrift: Fleischverarbeitung
697 Chem. Fabrik Budenheim R. Oetker, Firmenschrift: Fischbehandlung
698 Chem. Fabrik Budenheim R. Oetker, Firmenschrift: Käse komponieren
699 Vom Dorp M, Food Technol Magaz 1996/7/S.16
700 Rudi OM, Dairy Ind Intern 1996/61/S.45
701 Anon., ArÙmes IngrÈd Additifs 1996/H.6/S.74
702 Herbstreith & Fox, Firmenschrift: Pektin Das Naturprodukt
703 Lavin JH et al, Kongreßbericht aus Aberdeen, zitiert nach EU.L.En-Spiegel

1995/H.4/S.11
704 JECFA, WHO Food Additives Series 1993/30/S.261
705 Timberlake CF, Workshop "Non-nutritive protective substances in plant foods", 14.09.1995, zitiert in EU.L.E.n-Spiegel 1995/H.5/S.11
706 Wolever TMS in: (548) S.2284
707 EuGH, Urteil vom 28.09.1994, Aktz. C-144/93, ZLR 1995/22/S.181
708 Reid M, Hammersley R, Appetite 1994/22/S.221
709 Walter T, ZFL 1995/46/S.12
710 Seifert D, Intern Food Ingred 1992/H.3/S.4
711 Hunter D, Ross DS, Science 1991/251/S.1056
712 Sturm W, Ernährung/Nutrition 1995/19/S.80
713 Müller JP et al, Z Lebensm Unters Forsch 1993/197/S.332
714 Anon., EU.L.E.n-Spiegel 1995/H.4/S.2
715 McLachlan DR et al in: Aluminium in Biology and Medicine, Ciba Foundation Symposium 1992/169/S.87
716 EiprodukteVO vom 17.12.1993, BGBl I/S.2288
717 Graves AB, J Clin Epidem 1990/43/S.35
718 KakaoVO, zuletzt geändert durch EWR-AusführungsG vom 27.4.1993, BGBl I/S.512, 526
719 Schuster G, Emulgatoren für Lebensmittel. Berlin 1985
720 JECFA, WHO Food Additives Series 1983/18/S.15
721 Kroyer G, Ernährung/Nutrition 1986/10/S.465
722 JECFA, WHO Food Additives Series 1980/16/S.45
723 García JM et al, J Agric Food Chem 1996/44/S.30
724 MilcherzeugnisVO, zuletzt geändert durch MilchVO vom 24.4.1995, BGBl I/S.544)
725 JECFA, WHO Food Additives Series 1993/30/S.245
726 Friedrich A, Fleischwirtsch 1995/75/S.80
727 Anon., EU.L.E.n-Spiegel 1995/H.2/S.6
728 Malkinson AM, Thaete LG, Cancer Research 1986/46/S.1694
729 Bilkei-Gorzó A, Fd Chem Toxicol 1993/31/S.357
730 Copestake P, BIBRA Bulletin 1993/32/S.61
731 Pollmer U, EU.L.E.n-Spiegel 1995/H.4/S.1
732 Brancaccio D et al, Lancet 1989/II/S.736
733 Schillinger U et al, Trends Food Sci Technol 1996/7/S.158
734 GDCh, Schriftenreihe Lebensmittelchemie, Lebensmittelqualität 1990/H.18
735 Loblay RH, Swain AR, Food Technol Austr 1985/37/S.508
736 Winkelmann RK in: (157) S. 602
737 AgV, FlbLMK 1984/H.2/S.13
738 AgV, FlbLMK 1985/H.7/S.14
739 Amberg RD, Kronos Information 6.20, NL Chemicals, Inc. 1986
740 JECFA, WHO Food Additives Series 1984/18/S.10
741 JECFA, WHO Food Additives Series 1987/20/S.73
742 Gaunt IF et al, Fd Cosmet Toxicol 1974/12/S.1
743 Gist-Brocades nv, product bulletin Del-02/81.04.Am.10, Delvocid
744 JECFA, WHO Food Additives Series 1976/10/S.76
745 Daschner F, arznei-telegramm 1996/H.5/S.49
746 JECFA, WHO Food Additives Series 1980/15/S.5
747 Kommission der EG, Berichte Wissenschaftl. Lebensmittelausschuß 1979/3/S.23
748 Gölitz H, Schuster G in: (719) S.375
749 GDCh, Schriftenreihe Lebensmittelchemie, Lebensmittelqualitität 1983/H.1
750 Adams WF, Schuster G in: (719) S.55
751 Bollinger H, Backers T, Food Market & Technol 1996/okt/S.12

752 Andams WF, Schuster G in: (719) S.347
753 Lucas Meyer, Hamburg, Firmenschrift: Lecithine-Eigenschaften und Anwendungen
754 Morton Chemical Netherlands, Firmenschrift: Food Colours
755 Szejnwald Brown H et al, Am J Publ Health 1984/74/S.479
756 Borzelleca JF et al, Fd Chem Toxicol 1987/25/S.723
757 Kurebayashi H et al, J Toxicol Sci 1988/13/S.61
758 JECFA, WHO Food Additives Series 1991/28/S.171
759 Anon., ArÜmes IngrÈd Add 1996/H.6/S.78
760 Universal Flavors, Milton Keynes, Firmenschrift: Caramel Colours
761 Lehmann G, Binkle B, Lebensmittelchem Gerichtl Chem 1987/41/S.9
762 Ding XD et al, J Agric Food Chem 1991/39/S.1954
763 JECFA, WHO Food Additives Series 1984/19/S.86
764 JECFA, WHO Fodd Additives Series 1980/16/S.74
765 Quimica Universal, Boletin Tecnico No 110, 130, Lima 1992
766 JECFA, WHO Food Additives Series 1983/18/S.101
767 JECFA, WHO Food Additives Series 1993/30/S.231
768 Brusewitz GH, Singh RP, J Food Proces Preserv 1985/9/S.1
769 JECFA, WHO Food Additives Series 1993/32/S.87
770 JECFA, WHO Food Additives Series 1988/22/S.77
771 Mitsubishi-Kagaku Foods Corporation, Technical Information: Ryoto Sugar Ester
772 Sisterna Firmenschrift: Sucrose Esters of Fatty Acids
773 Schuster G, Adams W, Sonderdruck aus ZFL 31. Jahrgang 1980/H.8
774 Schuster G, Adams W, ZFL 1980/31/S.60
775 Schuster G, Adams W, ZFL 1980/31/S.265
776 Schuster G, Adams W, ZFL 1980/31/S.174
777 Uldo Backmittel: Produkt Übersicht. Neu-Ulm 1995
778 Boehringer Ingelheim, Backmittel GmbH, Firmenschrift: Olympia Malz
779 Ireks GmbH, Firmenschrift: Frisch und Frostig
780 JECFA, FAO Nutr Meet Rep Ser 1974/53A/S.246
781 Tomassi G, Silano V, Fd Chem Toxicol 1986/24/S.1051
782 JECFA, WHO Food Additives Series 1987/21/S.55
783 JECFA, FAO Nutr Meet Rep Ser 1974/53A/S.16
784 Pfizer Specialty Chemicals, Firmenschrift zu Erythrobinsäure: Frozen Bananas
785 Pfizer Specialty Chemicals, Firmenschrift zu Erythrobinsäure: Avocados
786 Lessig U, Lebensmittelchem Gerichtl Chem 1984/38/S.64
787 Rabe E et al, Brot & Backwaren 1988/H.5/S.142
788 Seibel W, Brümmer J-M, Dt Lebensm Rundsch 1987/83/S.171
789 Tschiersky H, Baltes W, Z Lebensm Unters Forsch 1989/189/S.132
790 Patey AL et al, Food Addit Contam 1987/4/S.9
791 Hardt R, Baltes W, Lebensmittelchem Gerichtl Chem 1988/42/S.93
792 Droß A, Baltes W, Lebensmittelchem Gerichtl Chem 1988/42/S.94
793 Hammer GF, Fleischwirtsch 1985/65/S.1451
794 Gurr M, Lipid Technology 1996/8/S.15
795 Nir Z et al, Intern Food Ingred 1993/H.6/S.45
796 Gordon TG, Bauernfeind JC, CRC Food Sci Nutr 1982/18/S.59
797 Bauernfeind JC et al in: Isler O, Carotenoids. Basel 1971/S.743
798 Mayer H, Isler O in: Isler O Carotenoids. Basel 1971/S.325
799 Schwartz SJ, Lorenzo TV, CRC Food Sci Nutr 1990/29/S.1
800 DFG Farbstoff-Kommission, Farbstoffe für Lebensmittel. Weinheim 1988
801 Clode SA et al, Fd Chem Toxicol 1987/25/S.937
802 Fukuma M et al, J Toxicol Sci 1986/11/S.169

803 Supramaniam G, Warner JO, Lancet 1986/II/S.907
804 Khera KS, Munro IC, CRC Crit Rev Toxicol 1979/6/S.81
805 Hariparsad D et al, Clin Allergy 1984/14/S.81
806 Stevenson DD et al, J Allergy Clin Immunol 1986/78/S.182
807 Phillips JC et al, Fd Cosmet Toxicol 1980/18/S.7
808 Etournaud A, Aubort J-D, Mitt Gebiete Lebensm Hyg 1991/82/S.152
809 JECFA, WHO Food Additives Series 1977/12/S.103
810 Schuster G, Adams W, ZFL 1984/35/S.25
811 Classen H-G et al, Toxikologisch-hygienische Beurteilung von Lebensmittelinhalts- und zusatzstoffen sowie bedenklicher Verunreinigungen. Berlin 1987
812 Schuster G, Adams W, ZFL 1984/35/S.222
813 DFG, Bewertung von Lebensmittelzusatz- und Inhaltsstoffen. Weinheim 1985
814 Schuster G, Adams W, ZFL 1983/34/S.39, S.189
815 Schuster G, Adams W, ZFL 1983/34/S.401, S.617
816 Schuster G, Adams W, ZFL 1982/33/S.362, S.522
817 Schäfer W, Wywiol V, Lecithin. Frankfurt 1986
818 Schäfer W, Brot & Backwaren 1985/H.4/S.85
819 Huber H, Kakao+Zucker 1982/H.6/S.111
820 Wijnans G et al, Intern Food Ingred 1993/H.6/S.27
821 Ebeler SE, Walker CE, J Food Sci 1984/49/S.380
822 Marshall DL, Bullerman LB, J Food Sci 1986/51/S.468
823 Koster Keunen Holland, Firmenschrift: cera bellina
824 Brüschweiler H et al, Fat Sci Technol 1989/91/S.73
825 Wienands A, EU.L.E.n-Spiegel 1996/H.8/S.10
826 Parent RA et al, Fd Chem Toxicol 1983/21/S.85
827 Parent RA et al, Fd Chem Toxicol 1983/21/S.89
828 Puleo S, Rit TP, Lipid Technol 1992/4/S.82
829 Schäfer W, Getreide Mehl Brot 1988/42/S.26
830 JECFA, WHO Food Additives Series 1993/32/S.67
831 Schiffman SS, Food Technol 1987/H.6/S.72
832 Niederauer T, Fleischwirtsch 1995/75/S.28
833 Maga JA, CRC Food Sci Nutr 1982/18/S.231
834 Batlle DC et al, N Engl J Med 1988/318/S:594
835 Schneeweiß R, Technologie der industriellen Backwarenproduktion. Leipzig 1981
836 Von Zeddelmann, H, Brot & Backwaren 1987/H.11/S.310
837 Wittmann R, Z Lebensm Unters Forsch 1991/193/S.224
838 Tada Y et al, Fd Chem Toxicol 1996/34/S.709
839 Murray MJ et al, Br Med J 1980/June/S.1351
840 Weiss G et al, Immunol Today 1995/16/S.495
841 Hughes RT et al, Lancet 1987/1/S.929
842 Oppenheimer SJ et al, Lancet 1984/1/S.389
843 Gordeuk V et al, N Engl J Med 1992/327/S.1473
844 Leytens J, Schütz GH, Brot & Backwaren 1984/H.1-2/S.16
845 Wyler DJ, N Engl J Med 1992/327/S.1519
846 Miller JF et al, Science 1989/243/S.916
847 JECFA, FAO Nutr Meet Rep Ser 1974/53A/S.284
848 Kommission der EG, Berichte Wissenschaftl. Lebensmittelausschuß 1991/25/S.16
849 Kommision der EG, Berichte Wissenschaftl. Lebensmittelausschuß, 1992/29/19
850 Matheis G, Dragoco Bericht 1997/H.1/S.5
851 Kraft General Foods Inc., US-Patent 5,128,253 vom 7.7.1992
852 Cerestar Holding BV, US-Patent 5 480 785 vom 2.1. 1996

853 Kraft General Foods Inc., US-Patent 5 132 134 vom 21.7. 1992
854 Kahl R, Kappus H, Z Lebens Unters Forsch 1993/196/S.329
855 MHP Shellac GmbH, Firmenschrift: Entwachste Blätterschellacke. Hamburg 1990
856 Penning M, Seifen Öle Fette Wachse 1990/116/S.221
857 Schmidt H, Fette Seifen Anstrichmittel 1982/84/S.478
858 KaffeeVO, zuletzt geändert durch EWR-AusführungsG vom 27.4.1993, BGBl I/S.512, 527
859 TabakVO, zuletzt geändert am 8.3.1996, BGBl I/S.460
860 Olney JW et al, J Neuropathol Exp Neurol 1996/55/S.1115
861 Blundell JE, Hill AJ, Lancet 1986/1/S.1092
862 Niederauer T, AID-Verbraucherdienst 1988/33/S.163
863 Durkee Industrial Foods Corp. Cleveland, Firmenschrift: Durkee encapsulates
864 Anon., Ernährungsindustrie 1985/H.3/S.45
865 Schwab C, Food Market & Technol 1996/Okt/S.8
866 Sych J et al, J Food Sci 1990/55/S.356
867 Hiraga K, Fujii T, Fd Chem Toxicol 1984/22/S.865
868 Colmenero FJ, Trends Food Sci Technol 1996/7/S.41
869
870 Anon., Ernährungsindustrie 1996/H.6/S.70
871 Anon., EU.L.E.n-Spiegel 1995/H.3/S.4
872 Sprößler B, Brot & Backwaren 1986/H.3/S.50
873 DFG, Starterkulturen und Enzyme für die Lebensmitteltechnik. Weinheim 1987
874 Gerhardt U, Gordian 1986/H.3/S.34
875 Wucherpfennig K, Flüssiges Obst 1983/50/S.348
876 Van Oort M, Intern Food Ingred 1996/H.4/S.42
877 Anon., EU.L.E.n-Spiegel 1995/H.3/S.5
878 Röhm GmbH, Firmenschrift: Enzympräparate zur Weinbereitung, Darmstadt 1988
879 Tarlo SM et al, Clin Allergy 1978/8/S.207
880 Hagen BF et al, J Food Sci 1996/61/S.1024
881 Law BA, Dairy Ind Intern 1980/H.5/S.16
882 Großklaus R, Bundesgesundhbl 1990/33/S.578
883 BK Ladenburg, Firmenschrift: JOHA Schmelzsalze
884 JECFA, WHO Food Additives Series 1982/17/S.13
885 Basset F, Arômes Ingréd Additifs 1996/6/S.57
886 JECFA, WHO Food Additives Series 1980/15/S.127
887 Löffler G in: (531) S.647
888 Kommission der EG, Berichte Wissenschaftl. Lebensmittelausschuß 1994/31/S.93
889 Johnson NE et al, Fd Chem Toxicol 1995/33/S.265
890 Bayer W, Schmidt K, Vitamine in Prävention und Therapie. Stuttgart 1991
891 Hudson PJ, Vogt RL, J Food Protect 1985/48/S.249
892 Sugerman AA, Clark CG, J Am Med Assoc 1974/228/S.202
893 Kommission der EG, Berichte Wissenschaftl. Lebensmittelausschuß 1994/31/S.100
894 JECFA, WHO Food Additives Series 1987/21/S.115
895 Arbeitsgruppe ÑBackwareni, Lebensmittelchemie 1996/50/S.34
896 Georg Plange GmbH & Co Düsseldorf, Firmenschrift: Bergisches Krustenbrot, Spezialmehl für Roggenmischbrot
897 Ghyczy M, Getreide Mehl Brot 1995/49/S.352
898 BASF Health and Nutrition, Firmenschrift: Vitamins, Carotenoids and Omega-3 Fatty Acids for the pharmaceutical and food industry
899 Ulmer Spatz, Firmenschrift: eisella Apfelfüllung
900 Schaumburg H et al, N Engl J Med 1983/309/S.445
901 Dalton K, Lancet 1985/1/S.1168

902 Gardner LI et al, Lancet 1985/1/S.636
903 Herbert V, Am J Clin Nutr 1988/48/S.852
904 Jackman RL, Smith JL in: (679) S.183
905 Rivlin RS, Ann NY Acad Sci 1990/587/S.55
906 Gross EM et al, J Food Protect 1992/55/S.116
907 Bertling L, Tietz I, Fleischwirtsch 1978/58/S.621
908 Combs GF, The Vitamins: Fundamental Aspects in Nutrition and Health. San Diego 1992
909 Sugerman AA, Clark CG, J Am Med Assoc 1974/288/S.202
910 Mosher LR, Am J Psychiat 1970/126/S.1290
911 Einstein N et al, Digestive Diseases 1975/20/S.282
912 Manzke U et al, Pharm Ind 1996/58/S.837
913 Bash JA, Vago JR, J Reticul Soc 1980/28/S.213
914 Schiweck H, alimenta 1980/19/S.5
915 Anon., New Scientist 1988/120/S.37
916 JECFA, WHO Food Additives Series 1983/18/S.95
917 Houben GF, Penninks AH, Toxicology 1994/91/S.289
918 de Heer C et al, Toxicology 1995/100/S.203
919 Allen DH et al, N Engl J Med 1981/305/S.1154
920 Speer K, Montag A, Dt Lebensm Rundsch 1984/80/S.103
921 Heimhuber B, Herrmann K, Dt Lebensm Rundsch 1990/86/S.205
922 Humphreys DJ, Veterinary Record 1976/98/S.219
923 Streuli H, Ernährungs-Umschau 1977/24/S.298
924 Weber N, Fd Chem Toxicol 1994/32/S.297
925 Schelle H, Fleischwirtsch 1995/75/S.1281
926 de Vrese M, Barth CA, Z Ernährungswiss 1991/30/S.131
927 Wurtman RJ, Lancet 1985/II/S.1060
928 Kulczycki A, Ann Intern Med 1986/104/S.207
929 The alpha-Tocopherol, beta-Carotene Cancer Prevention Study Group, N Engl J Med 1994/330/S.1029
930 Anon., Brot & Backwaren 1990/H.11/S.380
931 Lina BAR et al, Fd Chem Toxicol 1990/28/S.507
932 Stahl W, Sies H, Lebensmittelchemie 1994/48/S.55
933 Henry BS in: (679) S.39
934 Britton G in: (679) S.141
935 Würgler F, Naturwiss Rundsch 1989/42/S.108
936 Littlewood JT et al, Lancet 1988/1/S.558
937 Jelen P, Renz-Schauen A in: (68) S.2225
938 Kommission der EG, Berichte Wissenschaftl. Lebensmittelausschuß 1992/29/S.1
939 Kommission der EG, Berichte Wissenschaftl. Lebensmittelausschuß 1996/35/S.1
940 Weber N, Fd Chem Toxicol 1989/27/S.259
941 Weber N, Fd Chem Toxicol 1994/32/S.297
942 Jones AR et al, Naturwiss 1979/66/S.425

Stichwortverzeichnis

A

Aceton 80
Additive, funktionale 107
Aktivkohle 68
Alginate 47, 49, 59
Allergene 15
–, Kennzeichnung 30
Allergie 63, 91ff.
Allergietests 93
Alpha-Amylase 42, 44
Aluminiumammoniumsulfat 50
Aluminiumsulfat 50
Amine, biogene 72
Ammoniumchlorid 85
Ammoniumsulfat 80
Amyloglucosidasen 42
Anreichern mit Zucker 70
Antibiotika 80
Antiklumpmittel 64
Antikörper 95
Äpfel 76, 87, 97
Apfelaroma 84
Apfeleiweiß 97
Appetit 90
Aromaextrakte 84
Aromen 52, 83ff.
–, künstliche 85
–, naturidentische 84
–, natürliche 22, 83f.
Ascorbinsäure E 300 38, 40, 57
Ascorbylpalmitat E 304 57
Asthma bronchiale 41, 98

Äthylacetat 84
Äthylvanillin 85

B

Bäckerasthma 41
Backhefen 65
Backmittel 33ff.
–, Deklarationsvorschriften 44
–, Kennzeichnung 34
Backpulver 37, 57
Bactofugieren 112
Ballaststoffe 46
Baumwollfasern 46
Beaujolais primeur 70
Bentonit 63, 72
Benzoesäure E 210 14, 102
Benzoylperoxid 42
Benzpyren 85
Bestrahlung, radioaktive 80
BHA 38
Biertreber 46
Bioresonanz 96
Birkensägemehl 46
Blauschönung 65
Blei 69
Bleiacetat 69
Bleichmittel 42
Bleizucker 69
Bluthochdruck 27
Blutlaugensalz 65
Bluttests 94
–, Cytotest 95
–, Immunglobulin (Ig)G 94
–, RAST 94

Böckser 68
Brot 26, 33ff., 85
–, Reinheitsgebot 35
Brotvielfalt 45
Brötchen 33f., 36, 40
Brühwürste 52

C

Cadmium 78
Calciumcaseinat 108
Carboxymethylcellulose 50
Casein 62, 107f.
Caseinate 107
Cellulose 50
–, modifizierte 41
Chaptalisieren 70
China-Restaurant-Syndrom 107
Chinin 85
Chips 99
Chlor 42
Chloroform 68
Chymosin 55, 79
Citronensäure E 330 65, 99
Cochenille 49
Codex Alimentarius 26, 28f.
Cystein E 920 39f., 58
Cytotest 96

D

Darm 49
Dermatosen 41
Deutscher Kaviar 103
Diabetes 27, 114
Diafiltration 113

Diethylenglykol 70
Diglyceride 52
Dimethylpolysiloxan E 900 54

E

E 120 49
E 172 100
E 202 57
E 210 14, 102
E 300 58, 40, 57
E 304 57
E 330 65, 99
E 420 50
E 422 50
E 460 50
E 466 50
E 501 65
E 520 50
E 523 50
E 621 107
E 900 54
E 920 39f., 58
E 921 112
Eipulver 77
Eisenoxide E 172 100
Eiweiß, pflanzliches 50
Emulgator 108f.
Emulgatoren 40, 52
Entsäuerung des Weins 71
Entschäumer 54
Enzyme 23, 39f., 42, 44, 55, 64, 66, 75f.
Epikutantest 94
Erdbeeraroma 85
Eßverhalten 90

F

Fällungsmittel 64
Farbstoffe 13f., 103
—, in Wurst 47
Fertigmehl 33
Fettbinder 109
Filterhilfsmittel 64
Filtrationstechniken 110
Fischblasen 62
Flavanole 72
Fleisch 51
—, Qualitätsanforderungen 28
Flüssigräuche 85
Flüssigzuckerskandal 70
Formaldehyd 50, 111
Fremdeiweiß 50
Frostschutzmittel 70
Fruchtzucker 77
funktionale Additive 107
Fuselalkohole 72
Futteraromen 86
Futterprägung 86f.

G

Gefrierfleisch 52
Gelatine 63
Gelbildner 109
Gen-Chymosin 55
Gentechnik 79
Germanisieren 70
Geschmack 83f.
Geschmacks-Ersatzstoffe 21
Geschmacksprüfung 67
Geschmacksverbesserer 23
Geschmacksverstärker 52, 88, 107
Gewürzzubereitungen 111
Gift-Rückstandsmengen 26
Glucosesirup 76
Glucosidasen 42, 66
Glutamat 23, 52, 88, 107
Glutaminsäure 52, 107
Glyzerin 50
Guanylat 52, 88
Guarkernmehl 40

H

H-Milch 87, 112
Hautausschläge 41
Hautreaktionen 102
Hauttests
—, Epikutantest 94
—, Intrakutantest 95
—, Patch-Test 94f.
—, Prick-Test 94
—, Reib-Test 94
Hefe 63
Herzkrankheiten 27
Hexan 64
Homogenisieren 112
Hörnchen 33
Hühnereiklar 62
Hühnereiweiß 50
hyperaktives Syndrom 25

I

Immunglobulin E (IgE) 95
Immunglobulin G (IgG) 95
Innereien 51

Inosinat 52, 88

Instant-Rindersuppe 88

Intrakutantest 95

Ionenaustauschverfahren 112

J

Jodat 42

K

Kaffee 75

Kaliumcarbonat E 501 65

Kaliumsorbat E 202 57

Kaolin 63

Käse 79

–, Gentechnik 79

Käseherstellung 55, 79, 109

Katalysatoren 64

Kaviar 81

–, Deutscher 103

Kavitationsschäden 112

Kekse 58

–, Antischnurrmittel 39

Kennzeichnung von Allergenen 30

– von Backmitteln 34

Kennzeichnungsregeln 28

Kennzeichnungsvorschriften 26

Klärmittel 64

Kochgeschmack 112

Kohlendioxid 40

Komplexierungsmittel 64

Konfekt 111

Konfitüre 77

Konfitürenherstellung 54

Konservierungsmittel 101

Konservierungsstoffe 13f.

Kontakt-Allergene 94

Kontaktgefriermittel 64

Kopfschmerzen 11, 72

Korken, gebleichte 69

Krebs 27

Kuchen 33

Kunstdärme 50

– aus Kunststoffen 50

Kunstsauer 37, 43

Kupfersulfat 68

Kutterhilfsmittel 52

L

L-Cystin E 921 112

Lab 78f.

Lactose 111

Lactoseintoleranz 113

Lakritz 85

Leberwurst 51, 111

Lecithin 40, 88, 115

Lifestyle-Krankheiten 27

Light-Limo 89

Lightprodukte 90

Likör 26

Limonade 59

Lipoxygenasen 39

Lösungsmittel 59, 64

Lysozym 77

M

Maisstengel 46

Maltodextrine 77

Malzmehle 42

Marmelade 58, 77

Mäuseln des Weins 68

Mehlbehandlungsmittel 42

Mehlstauballergien 41

Methanol 76

Migräne 12f.

Mikrofiltration 110

Mikrowellenaromen 86

Mikrowellenprodukte 111

Milch, Bactofugieren 112

–, Diafiltration 113

–, Homogenisieren 112

–, Pasteurisieren 112

–, Separieren 111

–, Ultrafiltration 112

–, Ultrahocherhitzen 112

–, Umkehrosmose 113

Milcheiweiß 50, 52, 62, 114

–, aufgeschlossenes 50, 107

Milcherzeugnisse 105f.

Milchsäure 49

Milchsäurebakterien 71

Milchzucker 98, 109, 111, 113f.

Mindestfleischeinwaage 59

Molke 109ff., 114

Mundgefühlregulator 109

N

Nahrungsmittel-Allergiker 16

Nahrungsmittelallergien 27

Natamycin 41, 47, 49

Natriumcaseinat 108

Natriumglutamat E 621 107

Naturdärme 49

Nesselsucht 102

Neurodermitis 12

Nichtzusatzstoff 54f.

Nichtzutaten

–, Alginate 58f.

–, Cystein E 920 58

–, Lösungsmittel 59

Nickel 64

Nitrat 47f.

Nitrit 47ff.

Nitritpökelsalz 48

Nitrosamine 48

Nudeln 77

O

Oberflächenbehandlungsmittel 65

Obst, Totalverflüssigung 76

Osteoporose 27

P

Packgase 65

Pasteurisieren 112

Patchtest 94f.

Pektinasen 66

Penicillin 65

Perborat 42

Persulfat 42

Phenol 94

Phosphat 37, 40, 52

Phosphatausscheidung 77

Phosphate 37, 40

Phytase 77

Phytin 78

Plunder 33

Polyäthylenglycol 80
Polyvinylpolypyrrolidon 67
Pökellake 53
Pökeln 47
Präkursoraromen 86
Prick-Test 93f.
Proteasen 66
Provokationstest, oraler 96
Pseudoallergie 97
Psychophysiker 88
PVPP 67

Q
Qualitätsanforderungen für Fleisch 28
Qualitätswein 71
Quark 98, 112

R
RAST-Test 95
Raucharomen 85
Reaktionsaromen 85
Reib-Test 94
Reizhunger 89
Rinderalbumin 114
Rosinen 80
Rotwein 62
Rotwein, Hühnereiklar 62
Rückstandsmengen 28

S
Saft, Totalverflüssigung 76
Salpeter 48
Sauerteig 43
Säuglingsmilch 114

Schälmittel 65
Schaumbildner 109
Schaumverhüter 64, 76
Schaumverhütungsmittel 53, 66
Schimmelpilze 99
Schnaps 26
Schock, anaphylaktischer 15f.
Schokolade 88, 100f.
Schokoriegel 15
Schönen des Weins 63
Schwefeldioxid 72, 111
Schweflige Säure 62
Schweine, Phosphatausscheidung 78
Schweineblut 115
Separieren 111
Serumalbumin, bovines 114
Siliciumdioxid 63
Sofortreaktionen 95
Soja 50
Soja-/Lecithin und Guarkernmehl 42
Sojamehl 40
Sojaspelzen 46
Sorbit 50
Spätlese 71
Spätreaktionen 95
Speisekarte 56
Spritzmittelrückstände in Wein 63
Stabilisator 109
Stärken, modifizierte 41
Stickoxid 42
Sulfit 72, 98ff.
Surimi 20, 88
Süßreserve 70
Süßstoffe, künstliche 89

T

Tagetesöl 84

Tannin 63

Tartrazin 14

Technische Hilfsstoffe 54, 63f., 81

– –, Antiklumpmittel 64

– –, Backhefe 65

– –, Enzyme 64

– –, Fällungsmittel 64

– –, Filterhilfsmittel 64

– –, Hexan 64

– –, Kaliumcarbonat 65

– –, Katalysator 64

– –, Komplexierungsmittel 64

– –, Kontakt-Gefriermittel 64

– –, Lösungsmittel 64

– –, Nickel 64

– –, Oberflächenbehandlungsmittel 65

– –, Packgase 65

– –, Penicillin 65

– –, Schälmittel 65

– –, Schaumverhüter 64

– –, Treibgase 65

Testlösungen 93

Texturgeber 109

Threonsäure 38

Tiefkühlteige 40

Toastbrot 39

Totalverflüssigung von Obst 76

Transglutaminasen 42

Traubenzucker 77

Treibgase 65

Trockenfrüchten 80

Trübstoffe 61f.

Tütensuppen 14

U

Übergewicht 27, 90

Ultrafiltration 110, 112

Ultrahocherhitzen 112

Umkehrosmose 113

Umrötung 48, 57

Urticaria 102

V

Vanillin 55, 86f.

Verdauungsstörungen 113

Vitamin C 38

Vollkorn 44, 46

Vollkornbrot 43

W

Wasserbinder 109

Wasserstoffperoxid 111

Weichmacher 50

Wein 61, 81

–, alkoholfreier 59

–, Anreichern mit Zucker 70

–, Bentonit 63

–, Bleigehalt 69

–, Chloroformbildung 69

–, Entsäuern 71

–, Flüssigzuckerskandal 70

–, Frostschutzmittel 70

–, Fuselöle 84

–, Mäuseln 68

–, Schönen 63

–, Schwefeldioxid 71

–, Spritzmittelrückstände 63

–, Süßreserve 70

–, technische Hilfsstoffe 63f.

–, Trübstoffe 61f.

–, Zuckerzusatz 70

Weißwein 62

Weißwein, Fischblase 62

Weizenstroh 46

Wurst 26, 47ff.

–, Farbstoff 47

Z

Zedernholzöl 83

Zucker, Anreichern mit 70

Zuckerzusatz im Wein 70

Zusatzstoffimitate 107

Zutatenverzeichnis 56, 59

Essen auf Rezept

Wie Functional Food
unsere Ernährung verändert

Von Marcus Brian.
2000. 174 Seiten.
(HIRZEL *Menu*).
Gebunden mit Schutzumschlag.
ISBN 3-7776-0977-3

Lebensmittelhersteller und Agrounternehmen wollen unsere Nahrung gesünder machen: Functional Food heißt das Zauberwort der schönen neuen Welt des Essens. Probiotische Jogurts mit Wunderbazillen, Brot mit Fetten aus dem Fisch und gentechnisch veränderte Turbo-Tomaten sollen nicht nur lecker schmecken, sondern auch vor Krebs schützen, den Herzinfarkt verhindern und das Immunsystem auf Vordermann bringen.

„Essen auf Rezept" deckt nicht nur auf, was wirklich hinter den vielen Versprechungen steckt, sondern erzählt auch Geschichten, die die Ernährungswissenschaft schreibt. Unterhaltsam und fundiert zugleich – für alle, die wissen wollen, was auf den Teller kommt.

Marcus Brian
hat Chemie, Biochemie und Toxikologie in Freiburg, Konstanz und in den USA studiert. Seit 1996 arbeitet er als Redakteur beim **ÖKO-TEST** -Magazin in Frankfurt am Main und kümmert sich dort um die Warentests. Seine Kolleginnen und Kollegen schätzen ihn wegen seiner Kochkünste.

HIRZEL

Birkenwaldstraße 44 • 70191 Stuttgart • Telefon 0711/25 82-0 • Fax 0711/25 82-290
E-Mail: Service@Hirzel.de • Internet: http://www.Hirzel.de

Ernährung ist die beste Medizin

Rosemarie Franke /
Prof. Dr. med.
Ingrid Mühlhauser
Ernährung ist die beste Medizin: Bluthochdruck
(rororo sachbuch 60448 / Großformat)
Erfahren Sie hier, was Sie schon immer über Ihren erhöhten Blutdruck und eine gesunde Ernährung wissen wollten. Lassen Sie sich verführen von köstlichen blutdrucksenkenden Rezepten und vielen einfachen Tips, die auch das Abnehmen erleichtern.

Rosemarie Franke /
Prof. Dr. med.
Armin Steinmetz
Ernährung ist die beste Medizin: Erhöhter Cholesterinspiegel
(rororo sachbuch 60447 / Großformat)

Rosemarie Franke /
Prof. Dr. med. Hans Hauner
Ernährung ist die beste Medizin: Diabetes Typ 2
(rororo sachbuch 60446 / Großformat)

Herbert Jost
Wege zum Wunschgewicht
Schlank und gesund mit dem Kombi-Programm
(rororo sachbuch 19792 / Großformat)
Mit dem dreiteiligen Kombi-Programm und vielen wertvollen Tips können Sie Ihr Wunschgewicht langfristig halten.

Neal Barnard
Iß dich fit *Die vitalisierende Kraft natürlicher Ernährung*
(rororo sachbuch 60534)

Gudrun Dalla Via
Power-Nahrung fürs Gehirn
Tips und Rezepte für mehr Konzentration und Kreativität
(rororo sachbuch 60371)

Regina Naumann
Bioaktive Substanzen: die Gesundmacher in unserer Nahrung *Heilstoffe und ihre Wirkung. Einkaufstips und Rezepte*
(rororo sachbuch 60211)

Robyn Landis
BodyFood *Schlemm dich schlank und fit*
(rororo sachbuch 60278)
BodyFood bietet eine bahnbrechende Methode, durch die richtige Nahrung neue Kraft zu schöpfen, die Energien des Körpers optimal zu nutzen, die Leistungsfähigkeit zu erhöhen, mehr Lebensfreude zu gewinnen und in der Folge quasi wie von selbst Fettgewebe zu reduzieren.

Rowohlt im Internet:
www.rowohlt.de

rororo gesundes leben

Dietmar Juli / Angelika Schulz
Stressverhalten ändern lernen
Vorbeugung und Hilfe bei psychosomatischen Störungen und Krankheiten
(rororo sachbuch 60214)
Stress als Krankheitsfaktor ist nicht mit einfachen Rezepten zu bewältigen. Die gutgemeinten Empfehlungen populärer Ratgeber lassen meist außer acht, daß die Reaktion auf Belastungen individuell sehr verschieden ist. Jedes gesundheitsschädliche Stressverhalten ist Folge einer persönlichen Entwicklung, die erkannt werden muß, damit Änderungen möglich werden. Hier setzt dieses Buch an; es verbindet das medizinische Stresskonzept mit Aussagen der psychologischen Lerntheorie.

Gisa Briese-Neumann
Herausforderung Stress
Gesund durch Körper- und InnerManagement
(rororo sachbuch 60212)
Das vorliegende Buch soll Sie in die Lage versetzen, Stress und Konfliktpotential zu erkennen und deren Ursachen gezielt zu vermeiden und zu überwinden. Das Besondere an Gisa Briese-Neumanns Ansatz ist, daß dies auf drei Ebenen geschieht: im körperlichen, im geistigen und im seelischen Bereich.

Paul Wilson
Wege zur Ruhe *100 Tricks und Techniken zur schnellen Entspannung*
(rororo sachbuch 60119)

Paul Wilson
Zur Ruhe kommen *Einfache Wege zur Meditation*
(rororo sachbuch 60533)

Rolf Degen
Der kleine Schlaf zwischendurch
In Minuten frisch, erholt und fit
(rororo sachbuch 60213)
Nickerchen, Powerschlaf, Siesta, Nap – der kleine Schlaf zwischendurch hat viele Namen und ist so alt wie die Menschheit selbst. In unserer modernen Stressgesellschaft bekommt er als Fitness- und Wellnessbringer eine völlig neue Bedeutung. Der Minischlaf hat nicht nur gesundheitsfördernde Wirkungen, sondern kann auch gezielt eingesetzt werden, um den Nachtschlaf ganz oder teilweise zu ersetzen.

Ein Gesamtverzeichnis aller lieferbaren Titel der Reihe *rororo gesundes leben* finden Sie in der *Rowohlt Revue*. Vierteljährlich neu kostenlos in Ihrer Buchhandlung.

Heilmethoden & Heilmassagen

Ilona Daiker /
Barbara Kirschbaum
Die Heilkunst der Chinesen
*Qigong · Akupunktur ·
Massage · Ernährung ·
Heilkräuter*
(rororo sachbuch 60275)
Zwei erfahrene und spezialisierte Heilpraktikerinnen geben interessierten Laien einen Überblick über alle Bereiche der chinesischen Medizin – praxisbezogen, fundiert und ohne jedes «Fachchinesisch»: Geschichte, Grundbegriffe des chinesischen Denkens und Therapieverfahren werden vorgestellt.

Ilona Daiker
Shiatsu *Heilende Berührung für Körper, Geist und Seele*
(rororo sachbuch 60529)
Sie erfahren alles über die Grundlagen des Shiatsu und das Wirkungsspektrum des professionellen Shiatsu. Wer sich selbst, seinem Partner oder seinen Freunden etwas Gutes tun möchte, findet zudem einfache Techniken und entspannende Dehnungsübungen für zu Hause.

Inga-Maria Richberg
Praktische Homöopathie heute
*Anleitung zur
Selbstbehandlung*
(rororo sachbuch 60276)
Die Homöopathie erfreut sich immer größerer Beliebtheit, und das Bedürfnis nach Selbstbehandlung nimmt entsprechend zu. Dieser Band ermöglicht medizinischen Laien, eigenständig mit der Homöopathie zu experimentieren, ohne dabei fahrlässig zu handeln.

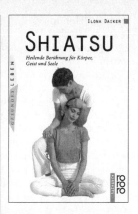

Kuan Hin
Chinesische Massage und Akupressur *Eine Anleitung zur Selbsthilfe*
(rororo sachbuch 19346)
Die in diesem Band vorgestellten, besonders sanften Methoden dienen sowohl der Vorbeugung und Gesunderhaltung von Körper und Geist als auch der Linderung und Heilung von akuten Beschwerden wie Nervosität, Depressionen, Schlafstörungen, Ekzeme und vieles mehr.

Mathias Dorcsi
Homöopathie heute *Ein praktisches Handbuch*
(rororo sachbuch 18562)

Ein Gesamtverzeichnis aller lieferbaren Titel der Reihe *rororo gesundes leben* finden Sie in der *Rowohlt Revue*. Vierteljährlich neu. Kostenlos in Ihrer Buchhandlung.

Rowohlt im Internet:
www.rowohlt.de

rororo gesundes leben

Gesundheit rundum

Richard Hallam
Leben mit Tinnitus *Wie Ohrgeräusche erträglicher werden*
(rororo sachbuch 19932)
Da bei Tinnitus eine medikamentöse oder chirurgische Behandlung nur in wenigen Fällen möglich ist, müssen die meisten Betroffenen lernen, mit Ohrgeräuschen zu leben. Richard Hallam, führender Tinnitus-Forscher und -Therapeut, gibt hierzu kompetente und zugleich einfühlsame Anleitung.

Lisette Scholl
Das Augenübungsbuch *Besser sehen ohne Brille – eine ganzheitliche Therapie*
(rororo sachbuch 19136)

Joachim Grifka
Die Knieschule *Hilfe bei Kniebeschwerden*
(rororo sachbuch 19186)
Das Buch zeigt, wie man sich bei Kniegelenksbeschwerden selbst helfen kann und welche Erkrankungen ärztlich behandelt werden müssen. Es gibt dem Patienten die Möglichkeit, genaue Fragen zu stellen und die ärztliche Behandlung besser zu verstehen.

Louis J. Rosner / Shelley Ross
Multiple Sklerose *Neue Hoffnung für Menschen mit MS*
(rororo sachbuch 19759)
«Das beste Buch über Multiple Sklerose für Betroffene.»
The New England Journal of Medicine

rororo gesundes leben

Benno Werner
Im Rhythmus der Jahreszeiten *Gesund leben im Einklang mit der Natur*
(rororo sachbuch 60279)
Der Autor zeigt auf, welche Organe in welcher Jahreszeit besonders aktiv sind und welche Emotionen in dieser Zeit dominieren. Mit zahlreichen Übungen für Körper, Geist und Seele gibt er wertvolle Hinweise für ein gesundes Leben im Einklang mit der Natur.

Nicole Ronsard
Das Anti-Cellulite-Erfolgsprogramm
(rororo sachbuch 60370)
Die Autorin hat ein erfolgversprechendes, ganzheitliches Programm zusammengestellt, das der «Orangenhaut» gezielt zu Leibe rückt.

Ein Gesamtverzeichnis aller lieferbaren Titel der Reihe *rororo gesundes leben* finden Sie in der *Rowohlt Revue*. Vierteljährlich neu. Kostenlos in Ihrer Buchhandlung.

Schönes Leben

Wer möchte nicht verwöhnt werden, das Leben genießen und mit allen fünf Sinnen Spaß haben? Die vorliegenden Bände der Reihe **Schönes Leben** regen an, sich etwas Gutes zu tun und so Körper und Geist zu pflegen.

Gisela Krahl, Autorin der erfolgreichen Wunderlich-Titel *Wonnestunden* und *Tausendschön* hat diese Bände aus ihrem riesigen Schatz an Rezepten und Geschichten rund um die Themen «Naturkosmetik, Schönheit, Wohlfühlen, Genießen, Sinnlichkeit» zusammengestellt.

Gisela Krahl

Rundum fit und schön *Pflege für aktive Körper*
(rororo sachbuch 60190)

Schnupperinseln und Parfüms *Ätherische Öle für wohlige Momente*
(rororo sachbuch 60192)

Von Kopf bis Fuß, mit Haut und Haar *Naturkosmetik für jeden Tag*
(rororo sachbuch 60194)

Streicheldüfte und Schmusespiele *Vergnügliches und Wohltuendes für Mütter und Babys*
(rororo sachbuch 60191)

Badefeste *Das reine Vergnügen*
(rororo sachbuch 60193)

Strahlende Augen, schöne Lippen *Aussehen wie Samt und Seide*
(rororo sachbuch 60195)

Ein Gesamtverzeichnis aller lieferbaren Titel der *Rowohlt Verlage, Wunderlich, Wunderlich Taschenbuch* und *Rowohlt Berlin* finden Sie in der *Rowohlt Revue*. Vierteljährlich neu. Kostenlos in Ihrer Buchhandlung.

Rowohlt im Internet:
www.rowohlt.de

Ratgeber

Recht bekommen, recht behalten mit Ratgebern von rororo:

Hans-Georg Faustmann / Winfried Ludwigs
Das Betreuungsrecht *Hilfe und Beistand für Erwachsene, Behinderte und Kranke unter gerichtlicher Obhut*
(rororo sachbuch 60173)

Wilhelm Funke
Patientenrechte *Ansprüche und Leistungen im Arzt-Patienten-Verhältnis*
(rororo sachbuch 19947)

Marcus Matthias Keupp
Ratgeber Zivildienst
(rororo sachbuch 60836 / März 2000)

Horst Peter Wickel
Ratgeber Wehrdienst
(rororo sachbuch 60895 / März 2000)
Dieses Buch ist keine Sammlung von Patentrezepten. Es vermittelt vielmehr Orientierungs- und Entscheidungshilfen für den Alltag in der Bundeswehr, die so sonst nirgend zu finden sind.

Sigrid Nolte-Schefold
Rechtsratgeber für Stieffamilien *Was Mütter und Väter wissen müssen*
(rororo sachbuch 60896)
Die Anzahl der Stieffamilien steigt. Hier werden Themenkreise angesprochen, mit denen sich eine Stieffamilie auseinandersetzen muß. Anhand von Fallbeispielen aus der Rechtsprechung werden Probleme anschaulich dargestellt, die immer wieder im Zusammenleben auftauchen.

rororo sachbuch

Gabriele Kaufmann / Martina Meißner / Wolfgang Meyer
Existenzgründung *Rechtliche Voraussetzungen und betriebswirtschaftliche Hilfen*
(rororo sachbuch 19949)
Wie schafft man den Sprung zur Gründung einer eigenen Firma? Der Ratgeber erklärt alle notwendigen Schritte.

Ernst Heinrich v. Bernewitz / Konrad von Bonin
Das Grundgesetz verstehen *Didaktisches Sachbuch zu Verfassungsrecht und Gesellschaftswirklichkeit. Erläuterungen – Materialien – Arbeitsvorschläge*
(rororo sachbuch 16995)

Hans Emge
Wie werde ich Unternehmer? *und die knallharte Antwort für 15 Mark*
(rororo sachbuch 60745)

Weitere Informationen in der **Rowohlt Revue**, kostenlos in Ihrer Buchhandlung, und im **Internet: www.rororo.de**